U0088720

臺灣歷史與文化研究輯刊

八　編

第7冊

日治酒麴管制與臺灣禮俗紅麴之探討

王鵬龍　著

花木蘭文化出版社

國家圖書館出版品預行編目資料

日治酒麴管制與臺灣禮俗紅麴之探討／王鵬龍 著 -- 初版 --
新北市：花木蘭文化出版社，2015〔民 104〕
目 4+198 面；19×26 公分
（臺灣歷史與文化研究輯刊 八編；第 7 冊）
ISBN 978-986-404-433-7（精裝）
1. 禮俗 2. 臺灣文化 3. 文化研究
733.08　　　　104015134

臺灣歷史與文化研究輯刊
八　編　第 七　冊　　ISBN：978-986-404-433-7

日治酒麴管制與臺灣禮俗紅麴之探討

作　　者　王鵬龍
總 編 輯　杜潔祥
副總編輯　楊嘉樂
編　　輯　許郁翎
出　　版　花木蘭文化出版社
社　　長　高小娟
聯絡地址　235 新北市中和區中安街七二號十三樓
　　　　　電話：02-2923-1455／傳真：02-2923-1452
網　　址　http://www.huamulan.tw 信箱 hml 810518@gmail.com
印　　刷　普羅文化出版廣告事業
初　　版　2015 年 9 月
全書字數　141096 字
定　　價　八編 29 冊（精裝）台幣 58,000 元

日治酒麴管制與臺灣禮俗紅麴之探討

王鵬龍　著

作者簡介

王鵬龍，畢業於國立花蓮師範學院，擔任國小教職，工作十餘年後於國立臺北大學古典文獻與民俗藝術研究所進修，於民國 102 年取得碩士學位，現任職於新北市中和區光復國民小學。近日考取臺灣師範大學臺灣語文所博班，在往後學習的過程中期望能有所成。

碩士論文得以完成，感謝俞美霞教授的細心提點與反覆詰問，才對主題能有較深入的理解與較寬廣的視野。

從小生長在活字印刷廠，現在工作內容是文化傳承，成家立業後學習的是臺灣文化，生命過程與臺灣文化息息相關，生命中有此機緣真是一大幸福！

提　　要

紅麴文化在臺灣清領時期有著高度的發展，並且可區分成紅酒文化與紅糟文化，日治時期因為財政的需求實施酒稅以及酒麴管制，從 1907 年實施酒造稅開始，臺灣紅麴文化開始因政令而發生變化，在 1922 年實施酒專賣之後，紅麴文化開始由量變產生質變。

紅酒文化在酒造稅實施之後，民家不得私釀並且限制民家釀酒習俗，而酒專賣之後，價格飛升並且品質下滑，因此釀造紅酒消失、再製紅酒沒落、混成紅酒氾濫，因此養生禮俗以米酒取代紅酒。

紅糟文化隨紅麴管制開始，民家在不得私釀紅酒的情況下，人民不再有無償紅糟可供運用，甚至到無處取得合法紅糟，因此民間開始以紅膏取代紅糟，而紅膏分成紅花米以及紅番米兩類，紅花米原料是紅花的菊科花瓣，但紅番米原料是蘇木心材，最後這兩種替代物被麻栗葉所取代。

紅酒在臺灣禮俗中是重要的物件，祭祀、餽贈、飲宴當中紅酒才能達到人神盡歡的程度，而紅糟在供品物項與餽贈糕餅是必然出現的元素，也代表各項儀式備受重視，隨著相關政令的實施，禮俗所需物質產生取得不易與品質降低，種種改變顯示政策對文化是較為快速的改變因素。

日治時期紅麴文化轉變，代表人民以沉默的方式反抗政權，被殖民族群以調整文化物質，以延續主流文化。

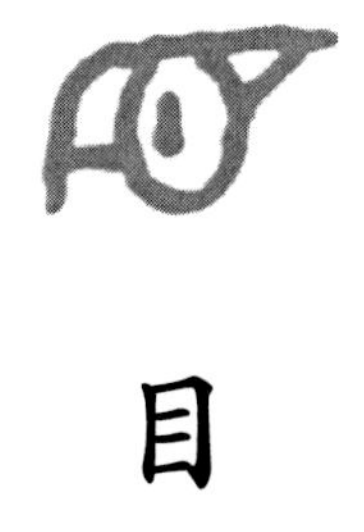

目次

圖目錄

表目錄

第一章　緒　論

一、研究動機與目的

紅麴文化節活動引發了思緒，紅麴是什麼？紅麴的重要在哪裡？紅麴在生活中常見嗎？在這些問題的驅使之下，開始尋找資料想對紅麴有所認識，多數有關紅麴的研究成果，集中在紅麴的生化科技以及醫學運用，其中以台大潘子明教授帶領的團隊爲主要，但這些成果無法回應我的疑惑，而關於我思緒軸線的問題卻無相關研究成果。

飲食的目的在於延續生命，著重在養生的需求，祭品的目的在謝天賜風調雨順、謝地賜五穀豐登、謝神保四季平安、謝祖給血脈延續，著重在虔誠的感謝；然而日治時期實施酒稅之後，在飲食上發生了兩種變化，（一）紅麴這項食材必須以其他材料進行代替，紅花、蘇木與麻栗葉爲原料的紅色染料，以接力方式取代紅麴，最後以麻栗葉作爲最終取代品原料，（二）紅麴爲紅酒的重要原料，紅麴的特質就是酸，因此紅酒釀成後，必須經過一至三年的陳放，才能轉化酸味成甜味，但爲求縮短釀造時程，以紅麴當作染色原料加入蒸餾酒之中，以砂糖做爲調味原料，數日之後即可出廠銷售，這種作法形成酒品的速成，這些改變使得飲食的養生能力不再那麼強烈，祭品所代表的虔誠也有所改變。

「紅麴」在清領時期的臺灣常民生活中是隨處可見，如養生、飲食、釀造以及禮俗等方面，它主要以紅酒與紅糟這兩種型態提供健康與服務，就禮俗而言，紅酒是祭祀時必備的供品，紅龜粿、紅桃粿、圓仔、麵龜、壽桃、紅圓、紅米糕以及紅糟肉是禮俗儀式中常見的食物，都必須以紅糟進行染色甚至醒麵，祭祀時敬酒以及祭祀後親友飲宴以紅酒最受重用與喜愛，在養生方面，成長進補、懷胎害喜、產後月子、節令進補，必定以紅酒或紅糟作爲調養家人健康的重要食材。

日治時期總督府在近十年之間，將釀酒稅賦從地方稅提升至間接國稅，當中增加的稅額可觀，從間接國稅到酒專賣的十五年，先是稅額增加兩倍有餘，最後以專賣結束多變的政令，這樣多變並且趨於嚴厲的財稅政策，導致民家無法自行製造紅麴以及紅酒，就連紅糟都必須以購賣的方式取得，而法令的限制使得紅麴取得不便，導致紅麴在飲食方面的運用必須有因應的變通方法，然而替代物的運用使得飲食品質發生改變。

酒類專賣之後，紅麴與紅糟因爲提供者的快速消失，導致紅麴的取得更加困難，並且提供範圍出現區域性的現象，如樹林酒廠與宜蘭酒廠的周邊，其餘地區各以不同原料取代紅麴在食物的製作，尤其是禮俗中必定需要的食物，專賣局在此時期提供「速成紅酒」，此時紅酒的原料酒甚至可以一粒白米都不必使用，日本政府的酒稅、酒專賣所致的現象，在民間生活習俗中的樣態如何，乃是本文所關注的重點。

二、研究範圍

酒麴是一種歷史悠久的產物，在臺灣漢民族的生活中酒麴有著舉足輕重的分量，因爲不論是禮俗、養生、藍染都有它的身影；酒麴的種類因原料的多元也相當繁多，經由它的發酵所產生的品項也相當眾多，最重要的是它以及它的衍生物在庶民生活中的運用相當多元且廣泛，其一它的歷史綿延數千年，其二區域涵蓋廣大的漢文化傳播區，其三酒麴種類多元，其四衍生物類別多樣。

麴與糱同是具有麴菌的物品，但其用途有所不同而作區別，麴主用於釀酒製醋，糱主用於製作豆醬，糱多以黃衣稱之，麴糱此一類原料在飲食方面的影響力相當巨大，在沒有現代科技的保存設備與技術的年代，這一類物品更能凸顯出其保存食材這方面的功能，食材的保存代表著生命延續的可能，以及面對環境中存在著許多不確定的變數時可以保有的應變彈性。

麴糱的運用相當廣泛，其衍生出的技術可用盤根錯節來形容，第一層是麴糱的製造技術，第二層是釀造技術的衍生，其中包含了酒、醋、醬的釀造以及醬菜的醃漬，第三層是糟粕的運用技術，當中包含了麵粉的發酵、醬菜的醃漬、禽畜飼料以及麴糱的再製造。

「麴」同「麯」、「粬」、「曲」，不同地區、不同時代典籍會用不同的「麴」表示，而「粬」是臺灣清領之後才出現的新字，在康熙字典查無此字，粬的出現在強調酒麴原料的不同；如大陸典籍資料多以「紅曲」呈現，現今臺灣坊間或資料多以「紅麴」呈現，《臺灣文獻叢刊》以「紅麴」、「紅麯」、「紅粬」並用，日治時期文獻多以「紅粬」呈現，因此受過日式教育的臺灣學者的文章受日治時期資料的影響會用「紅粬」。

臺灣麴的原料爲米與豆，米麴主釀造酒醋、豆麴主製豆醬，依據製麴的方式可分成口嚼發酵、直接發酵、粉末發酵與米粒發酵四種，口嚼發酵法以生米口嚼發酵是臺灣原住民傳統製麴法，直接發酵法以豆類直接發酵成麴後立即進入產品的製作流程，豆麴與豆糟也是醃漬物品時的重要物件，黑豆發酵是釀造醬油，其烏豆粕爲豆豉，白豆發酵是製作味噌，味噌分成豆醬、蕃薑醬以及米醬，日治後黃豆取代黑豆與白豆成爲主有原料，粉末發酵法以米粉發酵成白麴，清領時以米粉拌草葉成草麴、日治時以米粉接菌成特許白麴，米粒發酵法以米粒發酵製成紅麴，紅麴製作最爲繁複但功能最多樣因此也是最珍貴的，紅麴釀酒、製醋而其酒糟另有用途絕不浪費。

在臺灣文獻記載中麴糱主要有三大類，其一原住民的口嚼製麴，此一類麴糱並無技術性，功能也侷限在釀酒而已，飲用時多以濁酒型態進行。其二臺灣白麴當中包含了草麴以及白麴，草麴的運用漢、蕃皆有，草麴的運用早在晉代文獻已有紀錄，所以是早期漢人移民時帶入的技術，或是漢人與平埔互動後成爲共同的釀酒方式，目前不宜下定論，此一麴釀技術也不高，而白麴經白米粉著菌發酵培養而成，技術程度較高應用範圍可涵蓋大部分的麴糱運用。其三臺灣紅麴其製作技術最高，製作程序最繁瑣，在臺灣會被重視是其功能是臺灣酒麴中最廣泛的，因此以紅麴爲主題進行研究，也因爲紅麴紅色的染色功能使得民俗必須借重它。

本文所指紅酒是以糯米與紅麴釀造的紅麴酒，與 1949 之後的紅露酒是同一系列但等級不同，而紹興酒的原料是紅麴、白麴以及糯米所釀製的黃酒，並非本文探討的主題，在日治時期紅酒與葡萄酒是晉渭分明，到 1949 之後漸漸的紅酒成爲葡萄酒的代名詞；二十一世紀臺灣在回歸傳統的浪潮之下，開始有將紅酒與葡萄酒作區隔的現象，從宜蘭酒廠出產的紅麴酒酒標可見其變化。

紅酒在諸多喜慶場合增添喜色，在健康調理紅酒是首選，臺灣禮俗飲食中一定有它的身影，釀酒成敗的主要關鍵在酒麴，紅麴是釀造紅酒的酒麴，紅酒的特色皆由其造成，再者紅麴在醫書中的行血化瘀以及去瘴癘的療效，對於移民臺灣進行墾殖的先民也是非常重要的依靠。

臺灣歷經日治時期統治，因應總督府財稅自主的需求，實施三階段的酒稅制度，造成酒稅節節高升的情況，商人必須發展出因應之道，必然影響人民在日常生活中紅麴運用，此一變化自然牽動臺灣禮俗與養生形式的改變。從《臺灣文獻叢刊》與日治時期關於紅麴的相關資料的對照，發現釀造方式改變，同時替代紅麴的現象開始出現，民家禁止釀酒必須轉而購買，酒粕運用可能消失，日治時期臺灣紅酒，出現節節高漲的價格與漸漸下降的品質，因此在禮俗方面紅酒的運用也被米酒取代的趨勢，紅麴相關的運用，在日治時期的稅制下，成爲能夠快速改變民俗傳承的因素。因此本文聚焦探討此時期生命禮俗與歲時禮俗中紅麴的運用模式。

進一步而言，紅麴有其製作的複雜性、功能的多樣性以及其珍貴性不同於其他麴糵，因此本文以日治時期臺灣紅麴爲討論範圍，探討全米麴（紅麴）在政治力量介入下的運用方式，探討紅麴在對庶民生活中養生與禮俗是如何運作。

三、研究方法

本文研究方法即將廣蒐既有的文獻，再加上運用田野調查所得的資料加以統整，針對本文探討的主題以上述所得諸多資料加以分析研究，有關文獻資料分析和田野調查的作業茲在進一步陳述如下：

著手研究本文主題時先藉由宋、元、明三代典籍中有關紅麴的記載，以了解紅麴在製作流程上所發生的變化以及紅麴經常的使用方式；整理典籍中關於紅麴替代物的資料，了解紅花、蘇木與柚木葉的發展。

透過《臺灣文獻叢刊》以及日治時期記載資料，了解紅麴、紅酒與風俗的相關程度以及臺灣當時紅麴的製程，並且比對紅麴的運用在清領時期與日治時期的差異；整理《臺灣文獻叢刊》與日治時期資料有關紅花、蘇木與柚木葉的資料，了解在常民生活中紅麴替代物運用的方式。

根據日治時期總督府官方公文的記載以及日治時期報刊的資料，了解酒稅實施後紅麴的管制方式以及紅酒製成的轉變；經由日治時期期刊有關紅酒資料的整理，掌握紅麴替代品的面貌。

其次，研究過程中將透過紅麴相關資料的年代排序，了解紅麴發展的脈絡與演變，例如紅麴製作流程的變遷、紅酒釀造方式的改變、紅糟使用的差異、禮俗中紅酒運用的轉換，由這些變異中探討背後的因素所產生的影響力以及影響的運作模式。紅麴與紅糟的混淆，經由資料的排序找出兩者的分辨方式，而紅麴替代物紅膏，也將透過資料的排列，探討三種紅膏物質的出現順序，以探究四者逐一替代的因素。即禮俗當中運用紅麴與紅糟的情況，在資料的排序中，藉以了解也能呈現相關的改變。

在做文獻資料蒐集分析的同時，將進行田野調查工作，其情形陳述如下：

日治時期實施酒專賣後，紅酒由台北、樹林、宜蘭、花蓮四酒廠釀造，其中以樹林酒廠爲紅麴供應中心，配發台北、宜蘭、花蓮三酒廠，現今紅露酒的釀造僅存宜蘭酒廠，而台北與樹林合併於林口酒廠，所以目前保有相關技術只剩宜蘭酒廠以及林口酒廠而已。

台酒林口觀光酒廠的參訪中獲益良多，廠方展示純米釀清酒的釀造流程與解說以及紅麴製作的流程，與廠方工作人員的對談中，了解運用在來米釀造清酒的詳細流程，製程中細節的要求以及步驟的掌握都顯示出技術層面的差異，在實際品嘗純米釀清酒之後，對酒品的口感辛辣、氣味嗆鼻的刻板印象完全改觀，發現酒可以如此香甜可口又迷人。

在品嘗過樹林民家自釀紅酒以及台酒純米釀清酒的滋味後，了解《齊民要術》中闡述的釀酒時米足則酒香的眞諦，台酒林口觀光酒廠的工作人員表示曾經嘗試以紅麴製作純米釀的紅酒，但在色澤一致性的控制並不容易，樹林民家自釀紅酒陳放後色澤會由紅轉橘紅偏黃，氣味會由酸而回甘轉成香甜帶微酸，然而台酒的紅露酒有嗆辣味，何來的香甜？

釀造紅酒之後的糟粕，會有保存的措施，因紅糟在生活禮俗中有重要責任，如圓仔、龜粿、桃粿、麵龜、壽桃、紅圓、紅米糕與紅糟肉的製作，都需要紅糟的染紅與麵粉發酵，歷經日治時期一連串酒稅政令的推行，現今這些禮俗儀式中重要食品，多採用俗稱紅花米或紅蕃米的食用紅色染料進行調色，祭祀場合必用祭品食材發生改變，並且導致部分祭品製作程序也發生變化，對民粹有著一定程度的影響。

第二章　紅麴的歷史沿革

第一節　典籍文獻中紅麴的記載

一、先秦六朝的紅麴

先秦資料已有紅麴的紀錄，但須經由推論得之，魏晉時代詩文紅麴資料有異，唐代紅麴明確無須推論但資料有限，宋代紅麴紀載大量出現。

《周禮・酒正》「辨五齊之名。一曰泛齊。二曰醴齊。三曰盎齊。四曰緹齊。五曰沈齊。泛者。成而滓浮泛泛然。如今宜成醪矣。醴猶體也。成兒汁滓相符。如今恬酒矣。盎猶翁也。成而翁翁然蔥白色。如今酇白矣。緹者。成而紅赤。如今下酒矣。沈者。成而滓沈。如今造清矣。自醴以上。尤濁縮酌者。盎以下差清。其象類則然。古之法式。未可盡聞。杜子春讀齊皆爲粢。又禮器曰。緹酒之用。玄酒之尙。玄謂齊者。每有祭祀。以度量節作之。」〔註1〕。

五齊是五種祭祀的酒，泛齊其特徵是酒糟浮於酒液，即是未濾糟粕的濁酒，醴齊是濾過糟粕的清酒，盎齊是白色酒液，緹齊是紅色酒液，沈齊是糟粕沉於酒甕底部，綜合酒液呈現的情況爲紅、白、濁、清，其中緹齊的顏色是最突出，也能迎合漢人喜慶的紅色調，並且緹齊也是祭祀場合中最高等的用酒。

〔註1〕漢・鄭玄注，唐・賈公彥，〈酒正〉《周禮注疏》（《景印文淵閣四庫全書》第90冊，台北：臺灣商務，1983），卷5，頁13～25。

秫稻必齊、麴櫱必時，可確定古代酒的製作原料是糯米與酒麴，酒麴是釀酒過程的主要靈魂，它的菌種是轉化糯米成爲酒液的微生物，也會影響酒的優劣以及酒液的色調，五齊中的緹齊爲赤紅色的酒液，由此可知緹齊是運用紅麴所釀製的糯米紅酒，由此可推知先秦時期已經有紅麴的使用。

曹魏・王粲〈七釋〉「西旅遊梁，御宿清稌。瓜州紅麯，參糅相半。軟滑膏潤，入口流散。」〔註2〕，王粲將旅行過程中的飲食經驗記錄下來，但在資料中有瓜州紅麯與瓜州紅麵兩種版本的差異，因此只能確定王粲紀錄的食物是呈現紅色的外觀，就難以論定是否與紅麴有關。

西晉・潘尼〈釣賦〉「紅麯之飯，糅以菰粱。五味道洽，餘氣芬芳。」〔註3〕，潘尼將美好的用餐經驗，以詩歌方式記錄，但資料中會出現紅麯之飯與紅麵之飯的不同版本，同樣只能確定潘尼紀錄的食物爲紅色外觀，魏晉時期的兩筆資料都有版本的差異，因此引爲論據容易造成問題。

先秦到魏晉這段期間，《周禮》的紅麴運用在釀酒方面是確立的，並且是在祭祀方面的運用，可見紅麴在禮俗中是舉足輕重的角色，至於紅麴衍生物（紅糟）在食物調理的使用，存在一些變因，如〈七釋〉與〈釣賦〉在文獻資料的流傳上發生變異。

二、唐宋時代的紅麴

唐代紅酒的記載不多，李賀〈將進酒〉中的紅酒在北宋時期阮閱《詩話總龜》證實爲紅麴酒，自北宋開始，關於紅麴的資料被明確紀錄下來並且內容也豐富了起來，從南宋開始關於紅麴的製作與運用被有系統的整理與記載，而元代關於紅麴的記載最爲豐富並且完整，宋元兩代的記載其中包含了紅麴的製作技法、紅麴酒釀造的技法、紅麴的運用以及紅麴的藥性，搭配同時期的的詩文更可了解紅麴在生活中的影響。南宋時期的〈禁造紅麯榜〉，明確標明江西盛產紅麴，並在荒年時造成麴與糧的對立，同時也顯示紅麴的區域性。

中唐・李賀〈將進酒〉「琉璃鐘，琥珀濃，小槽酒滴眞珠紅。烹龍炮鳳玉脂泣，羅幃繡幕圍香風。吹龍笛，擊鼉鼓；皓齒歌，細腰舞。況是青春日將

〔註2〕宋・李昉，〈七釋〉《太平御覽》（《景印文淵閣四庫全書》第893～901冊，台北：臺灣商務，1983），卷850，頁11。

〔註3〕宋・李昉，〈釣賦〉《太平御覽》（《景印文淵閣四庫全書》第893～901冊，台北：臺灣商務，1983），卷850，頁12。

暮，桃花亂落如紅雨。勸君終日酩酊醉，酒不到劉伶墳上土！」〔註4〕。中唐時期，紅酒在搭配高貴酒器、精緻菜餚、華麗歌舞的奢華的宴席中出現，可推斷紅酒是酒肆中的高等酒品。

依據晚唐・褚載〈翠旗樓〉的文句「有興欲沽紅曲酒，無人同上翠旗樓。」〔註5〕翠是青綠色、旌是旗幟，青旗即是酒旗，酒旗標示酒樓的所在，酒樓是文人雅士飲酒尋歡之所，代表露水鴛鴦的情事，李賀與褚戴是中唐之後的詩人，顯示自中唐至晚唐紅酒都是高等酒品並且購買不易，必須至酒樓才可以獲得，也是喜慶氣氛中必備的佳釀。

宋初・陶穀所著《清異錄》是雜錄五代與宋初資料所成，其中「孟蜀尙食掌《食典》一百卷，有賜緋羊。其法以紅麴煮肉，緊卷石鎮，深入酒骨淹透，切如紙薄乃進，注云『酒骨糟』也。」〔註6〕顯示最晚在五代已有紅麴運用在肉類菜餚的處理當中的調理方式，呈現紅麴軟化肉類纖維的能力在五代已被宮廷廚師所掌握並運用。

根據李保《北山酒經・題北山酒經後》「大隱先生朱翼中。壯年勇退著書釀酒。僑居西湖上而老焉。屢朝廷大興醫學。求深於道術者爲之。官師乃起公爲博士與余爲同僚。明年翼中坐東坡詩貶達州。」〔註7〕可知蘇軾、蘇轍、朱翼中、李保四人爲同時期的北宋文人。

宋・朱翼中《北山酒經》明確的提出，紅麴製作技術中，溫度的高低是決定性的因素「造麴水多則糖心，水脈不勻則心內青黑色；傷熱則心紅，傷冷則發不透。面體重惟是；體輕，心內黃白，或上面有花衣，乃是好麴。」〔註8〕由此可判斷北宋時期已掌握到溫度是製作紅麴的關鍵因素。李保《續北山酒經》中僅存〈春紅酒法〉其目，配合《北山酒經》對紅麴的說明可知紅酒是紅麴酒，顯示北宋中期之後已經以紅酒稱呼紅麴酒。

〔註4〕清・徐倬，〈將進酒〉《御定全唐詩》(《景印文淵閣四庫全書》第1472～1473冊，台北：臺灣商務，1983)，卷393，頁14。

〔註5〕宋・葉庭珪，〈翠旌樓〉《海錄碎事》(《景印文淵閣四庫全書》第921冊，台北：臺灣商務，1983)，卷4，頁26。

〔註6〕宋・陶穀，《清異錄》(《景印文淵閣四庫全書》第1047冊，台北：臺灣商務，1983)，卷下，頁72。

〔註7〕宋・朱翼中，〈題北山酒經後〉《北山酒經》(《景印文淵閣四庫全書》第844冊，台北：臺灣商務，1983)，頁1。

〔註8〕宋・朱翼中，《北山酒經》(《景印文淵閣四庫全書》第844冊，台北：臺灣商務，1983)，卷中，頁2。

根據蘇轍所作〈效韋蘇州調嘯詞二首〉「漁父漁父。水上微風細雨。青簑黃簑裳衣。紅酒白魚暮歸。暮歸暮歸歸暮。長笛一聲何處。歸雁歸雁。飲啄江南南岸。將飛卻下盤桓。塞北春來苦寒。苦寒苦寒寒苦。藻荇欲生且住。」〔註9〕詞中提及紅酒，連漁夫都可獲得，表示北宋時期紅酒已經比唐代普遍。

李之儀〈閩僧饋紅糟炒笋〉「食飽舐指老更深。飢腸南北常歆崟。曾作閩山對岸客。海舶供肴常相尋。一路埃塵春幾換。葷羶裂腦愁舉按。淮陵巨海不多程。多情誰殺能鳴雁。道人雅好逾千金。短茁漬味羞春林。呼兒續飯不知飽。未徹已到閩山陰。孤風冷石常齒齒。不忘南音似君子。寂寞相求義愈高。豈特今朝共隣里。」〔註10〕文中僧侶餽贈紅糟炒笋，而紅糟炒笋的美好滋味令李之儀沉溺在美味中而不知食量多少，然而此物是臘八時節僧侶收到的供養物，可見紅糟是僧侶度過嚴冬的重要養生物，如《夢粱錄》「大刹等寺俱設五味粥，名曰臘八粥，亦設紅糟以麩孔，諸果笋芋爲之，供僧或饋送檀施貴宅等家。」〔註11〕。

北宋·莊綽《雞肋篇》「江南、閩中公私醞釀，皆紅麴酒，至秋盡食紅糟，蔬菜魚肉，率以拌和，更不食醋。信州冬月，又以紅糟煮鯪鯉肉賣。」〔註12〕描述長江流域釀製紅酒是不分官民，因此紅酒在常民生活當中必然是相當普及，也顯示在北宋末年，紅麴的製作能力已經相當的純熟，才有能力供應如此廣泛的需求，文中提及紅糟的特性是酸中帶甜可代替「醋」在日常食物的調理上，這與樹林地區民家自釀紅麴酒的程序上可以得到應證，紅酒新成上糟時，酒味尚淡、酸味較濃，此時的紅糟確實如醋的酸味，紅酒中殘存比濾布細的紅酒粕一直保持著活性，並無酸化的疑慮，擺放處無所禁忌，紅酒經一年的陳放，經過醇化的過程，因此口味才會由酸轉香甜，色調由紅轉橘紅，靜置時酒液清澈、酒色紅嫩。

〔註9〕宋·蘇轍，〈效韋蘇州調嘯詞二首〉《欒城後集》（《景印文淵閣四庫全書》第1112冊，台北：臺灣商務，1983），卷13，頁20。

〔註10〕宋·李之儀，〈閩僧饋紅糟炒笋〉《姑溪居士後集》（《景印文淵閣四庫全書》第1120冊，台北：臺灣商務，1983），卷1，頁5。

〔註11〕宋·吳自牧，《夢粱錄》（《景印文淵閣四庫全書》第590冊，台北：臺灣商務，1983），卷6，頁6。

〔註12〕宋·莊綽，《雞肋編》（《景印文淵閣四庫全書》第1039冊，台北：臺灣商務，1983），卷下，頁42。

南宋・黃震〈六月二十八日禁造紅麵榜〉〔註 13〕，呈現宋代江西地區紅麴製造風氣之盛，即使在荒年亦不稍減，致使身爲撫州知州必須連出三榜，藉由官方公權力禁造紅麴，以達到保存足夠米糧以度過荒年，並且提議提高長久不變的麴稅，可見南宋的稅制並無應地制宜，以北方的白麴制定稅則，因紅麴的售價高於白麴但稅則一致，造成紅麴製造商的獲利相當高，導致在荒年時，廠家依然以製造紅麴爲先，如此的誘因形成紅麴主要產區的米、麴之爭。

黃震爲求釜底抽薪再出〈咸淳八年中秋勸種麥文〉榜文，倡導改變糧食作物的種植，以杜絕紅麴製造之風。在《江西通志・風俗近古》之中「宋祖無擇記萬載。風俗三絕句云。居民覆其屋。大半施白瓦。山際兩三家。如經新雪下。官酤米爲麵。釀出成紅酒。里社醉豐年。便是宜城酎。田中多峭石。蒼玉亂欹斜。怪似湘中見。封域近長沙。」〔註 14〕以及阮閱〈萬載縣〉「門横路斷竹爲籬。雪色漫漫瓦屋稀。黃嶺青腰虛市罷。盡沽紅酒夕陽歸。」〔註 15〕這兩筆記載都是描繪江西萬載地區紅酒的景況。

綜合上述資料可知宋代之前，紅酒是不容易釀造以及不容易購買的產品，此一現象與這一段時期的政治、經濟、文化中心皆位於黃河流域有著極高的關係，因黃河流域的氣候不適合紅麴的製造，即使擁有技術也不會刻意的釀造這種不具物資優勢與環境優勢的產品。

兩宋時期的政治、經濟、文化中心位於黃河與長江兩大河系接觸地區，主要糧食是米麥交雜的區域，並且氣候也較爲溫暖，形成紅麴發展的有利條件，紅麴的發展可歸納出幾個面向，（1）製造技術成熟，形成在糧荒時期的糧麴對峙的情況，（2）民間運用的普及化，從民家可自釀紅酒、市井酒肆販售相關食品，了解普及的趨勢，（3）紅麴與紅糟的運用多元，在釀造方面紅麴能被運用，食物的調理方面紅糟有其發揮空間；就紅麴發展的區域而言，是在米麥交替生產的華中地區，而其生產重鎮在江西撫州鄰近福建的丘陵地區。

〔註 13〕宋・黃震，〈六月二十八日禁造紅麵榜〉《黃氏日抄》（《景印文淵閣四庫全書》第 707～708 冊，台北：臺灣商務，1983），卷 78，頁 30～33。
〔註 14〕清・謝旻，〈風俗近古〉《江西通志》（《景印文淵閣四庫全書》第 513～518 冊，台北：臺灣商務，1983），卷 26，頁 10～11。
〔註 15〕清・謝旻，〈萬戴縣〉《江西通志》（《景印文淵閣四庫全書》第 513～518 冊，台北：臺灣商務，1983），卷 157，頁 33。

三、元明清三代紅麴

表 2-1、宋元時期紅麴資料對照表

時代	南宋	宋末元初	元
典籍	《中饋錄》	《事林廣記》	《居家必用事類》
釀造		東陽酒麯方、造紅麴法、東陽醞法	東陽酒麯方、造紅麴法、東陽醞法、天台紅酒方
菜蔬醃漬	胡蘿蔔鮓、造茭白鮓、造熟筍鮓、造藕稍鮓		胡蘿蔔鮓、造茭白鮓、造熟筍鮓、造蒲筍鮓、造藕稍鮓
肉類醃漬	魚醬法、黃雀鮓		紅魚、法魚、魚醬、魚鮓、貢御鮓、黃雀鮓、蟶鮓、鵞鮓、紅蛤蜊醬、紅熝腊、鵪雀兔魚醬

資料來源：據《中饋錄》〔註 16〕、《事林廣記》〔註 17〕、《居家必用事類》〔註 18〕，筆者製表。

元代紅麴的重要記錄是《居家必用事類全集》，表 2-1 的資料比較可知，《居家必用事類全集》的資料能最完整呈現宋元兩代與紅麴相關的資料，包含紅麴釀酒與食物調理時紅糟的運用，其中內容可涵蓋宋・吳氏《中饋錄》與宋・陳元靚《事林廣記》，《居家必用事類全集》在釀造方面還多收錄了天臺紅酒方，在製蔬方面增加一項，在脯鮓方面增加九項，相較之下《居家必用事類全集》在紅麴紀錄上比較完整。

宋・舒岳祥〈梅下洗盞酌台紅感舊〉「天台紅酒滇銀杯。清光妙色相發揮。甆髹玉石豈不雅。君第酌之應自知。我有銀杯何所宜。恕齋惠我前朝得。今朝把酒竟茫然。梅花萬里人南北。恕齋謝樞密堂也。」〔註 19〕從詩中可知天

〔註 16〕宋・吳氏《中饋錄》(《欽定古今圖書集成》第 88～90 冊，台北：鼎文，1976)，食貨典卷 259。

〔註 17〕宋・陳元靚《新編纂圖增類羣書類要事林廣記》(《續修四庫全書》第 1218 冊，上海：上海古籍，2002)，別集卷 8，頁 1～3。

〔註 18〕元・佚名《居家必用事類全集》(《續修四庫全書》第 1184 冊，上海：上海古籍，2002)，己集，頁 30～79，庚集，頁 9～11。

〔註 19〕宋・舒岳祥，〈梅下洗盞酌台紅感舊〉《閬風集》(《景印文淵閣四庫全書》第 1187 冊，台北：臺灣商務，1983)，卷二，頁 10。

台紅酒在宋代已存在，製作方式到元代才被收錄，可見《居家必用事類全集》資料的完備。

《農桑衣食撮要．老米醋》「將陳倉粳米三鬥或五鬥，淘淨，水浸七日，每日換水一遍，七日後，蒸熟，候飯冷，於席箔上攤開，以楮葉蓋覆，發黃衣遍，曬乾，臨下時簸淨。每黃子一鬥用水二鬥。入甕內，又用紅麴一合，溫水泡下，將甕口封閉，二十日看一遍，候白衣麵墜下，或白衣不下，澄清，以味酸爲度。去白衣，將醋鍋內熬一沸，又炒鹽少許，候冷，用潔淨瓶甕收貯，以泥封之，可留一、二年。」〔註 20〕，上文明確的指出紅麴運用在米醋的釀造中，根據文中提及的比例而言，一鬥（斗）黃衣對一合紅麴，兩者相差百倍，由此可知紅麴效用在米醋的染紅，並非是必要的原料，這種以米爲原料直接發酵製麴的黃衣才是釀醋主角。

明代有記載紅麴的書籍相當多《天工開物》、《本草綱目》、《物理小識》、《竹嶼山房》、《遵生八牋》以及多部醫藥書籍，其中內容包含紅酒釀造、食物調理以及醫藥運用，多數是整理前朝資料並無多大的改變，在眾多資料中，有三筆資料具有時代意義，(1)《天工開物．丹曲》「凡曲信，必用絕佳紅酒糟爲料。」〔註 21〕，這與宋元時代的紅麴製作方式不相同，代表明代紅麴製造技術提升，同時紅糟的運用又增加一項新用途，(2)《先醒齋廣筆記．紅麯》「亦出江西。陳久者良。吹淨炒研用。」〔註 22〕，資料顯示明代紅麴主要製造地區不是只有一個，也代表著江西紅麴製造已不具產業龍頭的地位，並且在文中提及紅麴品質的良莠與陳放時間有關，(3)《物理小識．紅麯》「向來瑞金造紅麯。福州古田最紅。其麯母出沙縣。」〔註 23〕，另一紅麴製造地是福建古田，其品質是較好的。

明．董紀在外任官與親人的書信中〈寄延平西芹河泊所官姪時雨十首〉「樹頭柑子如盆大。地上蘭花似草多。官舍日高初睡起。隔牕人語是鸚哥。漿調

〔註 20〕元．魯明善，〈老米醋〉《農桑衣食撮要》（《景印文淵閣四庫全書》第 730 冊，台北：臺灣商務，1983），卷上，頁 25。

〔註 21〕明．宋應星，〈丹曲〉《天工開物》（《續修四庫全書》第 1115 冊，上海：上海古籍，2002），卷下，頁 50。

〔註 22〕明．繆希雍，〈紅麯〉《先醒齋廣筆記》（《景印文淵閣四庫全書》第 775 冊，台北：臺灣商務，1983），卷 4，頁 38。

〔註 23〕明．方以智，〈紅麯〉《物理小識》（《景印文淵閣四庫全書》第 867 冊，台北：臺灣商務，1983），卷 6，頁 4。

紫蔗宜新壓。葖粲紅糟已慣嘗。在任久居諳土俗。方音食性逐他鄉。」〔註24〕詩中可明確知道紅糟是地區性的產物，並非是廣泛性的，也代表著紅麴是區域性的產物，這個區域就在現今江西、福建與浙江彼此接觸的丘陵地帶，宋代時以江西撫州爲中心，紅麴的販賣地區可至廣東，到明代製造重心已有轉移至福建的趨勢。

清代《皇朝文獻通考》中，雍正十四年的記載「閩省種麥原屬稀少。民間造酒不用麥麴。而以米爲之。其名紅麴。蓋麴價較之米價頗昂。小民於秋收之際不知珍惜。每多製造紅麴以圖厚利。訪得古田屏南永安平和等邑并汀邵二府。各屬縣是處俱有歲耗甚多。又聞建安縣之南。臺里地方專以上號食米製造紅麴。凡造紅麴者。又必先買紅糟。方能造麴。歷來雖經飭禁無如趨利之徒仍多不遵。請以民間零星自用者免其查禁。如多爲製造船裝運販者。槩行禁止。如運販五百觔以內及廣收米石製造。運販一千觔以上者分別治罪。紅麴變價入官。地方官失察賄縱。俱論如法疏。入下部議行。」〔註25〕，明代紅麴製作原料在《竹嶼山房》以粳米製作，在《天工開物》以秈米製作與《臺灣文獻叢刊》以糯米爲原料的差異，加入上文提及上號食米即是指高價白米，而白米中價位最高者爲糯米，在原料比較之下，得出文中臺里地方即是臺灣地區。

清代雍正十四年的禁運販紅麴、紅糟的政令，這與南宋黃震的《禁紅麴榜》有著相同的意義，這兩筆資料比對之後可發現紅麴歷代發展的變化，其一製造紅麴重鎮由江西轉至福建，從清代《福建通志》「紅麴出古田縣。」〔註26〕與清代《江西通志》不再出現紅麴產地的相關資料對照，也可對應主要產地轉移的清況，轉移的距離並不大僅是一山之隔，這樣轉變與糧食作物種植的環境有著絕對的關係。

江西於南宋禁紅麴並轉種麥作，改製麥麴，而福建爲米作地區，自然清代製作紅麴重鎮轉移至福建；其二紅麴製作方式改變，明清紅麴製作方式是根據《天工開物》的方式製作，因此製麴之前必須購賣紅糟；其三紅麴影響

〔註24〕明・董紀，〈寄延平西芹河泊所官姪時雨十首〉《西郊笑端集》（《景印文淵閣四庫全書》第1231冊，台北：臺灣商務，1983），卷1，頁109。

〔註25〕清，《皇朝文獻通考》（《景印文淵閣四庫全書》第632～638冊，台北：臺灣商務，1983），卷30，頁7～8。

〔註26〕清・郝玉麟，《福建通志》（《景印文淵閣四庫全書》第527～530冊，台北：臺灣商務，1983），卷10，頁3。

的層面不同，南宋時期黃震以知州的地方官面對荒災與失序，清代時期福建官員上報朝廷，中央政府重視並給予規範，由中央面對糧麴的對立問題，對於民家自行製造與使用並不予以限制，因此對臺灣紅麴運用在生活方面，有著相當便利。

表 2-2、宋明時期紅酒方對照表

酒方名稱	酒方內容
天臺酒方	每糯米一斗。用紅麴二升。使酒麴兩半或二兩亦可。洗米淨用水五升。糯米一合煎四五沸。放冷以浸米。寒月兩宿。暖月一宿。次日漉米炊十分熟。先用水洗紅麴。令淨用盆研或搗細。亦可別用溫湯一升發起麴候放冷。入酒麴不用發只搗細。拌令極勻熟如麻簽狀。入缸中用浸米泔拌。手劈極碎。不碎易酸。如欲用水多則添些水。經二宿後一一翻。三宿可榨。或四五宿可以香。更看香氣如何。如天氣寒暖消詳之。榨了再傾糟入缸內。別用糯米一升碎者用三升。以水三升煮爲粥。拌前糟更釀一二宿可榨。和前酒飲。如欲留過年則不可和。若用水拌糟浸作第三酒亦可。
東陽醞法	白糯米一石爲率。隔中將缸盛水浸米。水須高米面五寸。次日將米踏洗去濃泔。將籮盛起放別缸上。再用清水淋洗淨。卻上甑中炊以十分熟爲度。先將前東陽麴五斤搗爛。篩過勻撒放團箕中。然後將飯傾出攤去氣就將紅麴二斗於籮內攪洗再用清水淋之無渾方止。天色煖則飯放冷。天色冷放溫。先用水七斗傾在缸內。次將飯及麴拌勻爲度。留些麴撒在面上。至四五日沸定翻轉。再過三日上榨壓之。
建昌酒法	用好糯米一石，淘淨，傾缸內，中留一窩，內傾下水一石二斗。另取糯米二斗煮飯，攤冷，作一團放窩內。蓋訖，待二十餘日飯浮，漿酸，漉去浮飯，瀝乾浸米。先將米五斗淘淨，鋪於甑底，將濕米次第上去，米熟，略攤氣絕，翻在缸內中蓋下，取浸米漿八斗、花椒一兩，煎沸，出鍋待冷。用白麴三斤，捶細，好酵母三碗，飯多少如常酒放酵法，不要厚了。天道極冷放暖處，用草圍一宿。明日早，將飯分作五處，每放小缸中，用紅麴一升，白麴半升取酵，亦作五分。每分和前麴飯同拌勻，踏在缸內，將餘在熟盡放面上蓋定。候二日打扒。如面厚，三五日打一遍，打後，面浮漲足，再打一遍，仍蓋下。十一月，二十日熟；十二月，一月熟；正月，二十日熟。餘月不宜造。榨取澄清，併入白檀少許，包裹泥定。頭糟用熟水隨意副入，多二宿便可榨。

資料來源：據《居家必用事類》〔註 27〕與《遵生八牋》〔註 28〕內容，筆者整理製表。

〔註 27〕元・佚名《居家必用事類全集》(《續修四庫全書》第 1184 冊，上海：上海古籍，2002)，己集，頁 30～79，庚集，頁 9～11。

〔註 28〕明・高濂，《遵生八牋》(《景印文淵閣四庫全書》第 871 冊，台北：臺灣商務，

宋代的天臺酒方與東陽醞法以及明代建昌酒法這三種紅酒配方中，在紅酒的製程並未出現蒸餾酒的運用，顯示到明代紅酒是純米釀造，僅在《本草綱目》的紅麴酒是進行治療之用，將紅麴加入酒液中加熱後服用，而明清兩代紅麴製造需要紅糟作爲原料爲前提，因此必須保存紅糟的剩餘發酵能力，保存麴菌活性的環境必須處於酒精濃度百分之二十以下，在釀造酒自然發酵的過程中，到達發酵臨界濃度隨即停止發酵，由釀造酒的酒精濃度皆在百分之二十以下可證，運用蒸餾酒，酒精濃度過高必定扼殺麴菌活性，以致紅糟無法再被循環運用，並且紅麴只是染色而已，其酒糟並未進行完全發酵，因此可推估清代紅酒釀造過程還不需要運用蒸餾酒。

綜合元明清時代的資料，紅麴發生最大的變化有（1）《天工開物》中的資料出現紅麴製作以紅糟爲首要原料，形成紅麴與紅糟的循環運用模式，這與宋代《事林廣記》中紅麴製程是有所不同，（2）紅麴主要產區發生改變，從宋代的江西移轉到清代的福建。

元明清資料中，可得紅麴與紅糟的運用是有所不同，紅麴主要運用在釀造與藥材，紅糟主要運用在食物的保存與調理。紅麴與紅糟是不同物品必須區分，台灣多數人會將紅麴與紅糟統稱爲紅糟，其因在於紅糟在生活上的運用較頻繁，必定造成混淆，也容易造成溝通上的誤解，因此有必要加以區分。

四、日治時期的紅麴

清代對於民家自用所需的紅麴，並無進行控管，因此在台灣運用紅麴是相當方便的，因此整理《臺灣文獻叢刊》相關資料時，發現紅麴的運用是全台皆然，從清領時期一府三縣的方志資料就相當明確，並且隨著漢人開墾範圍擴大，紅麴的運用也伴隨漢人進入台灣東部地區，如《噶瑪蘭廳志》「冬至節，家家搗米粉爲湯圓，祭神祀先之後，各黏一丸於門棖，謂之餉耗。小兒女和紅麴諸色，作花、鳥、人物狀，以相誇耀。」〔註29〕。

臺灣紅酒方面的資料分成兩部分，其一是紅酒使用，從《重修台灣縣志》的物產資料中可得知，臺灣民眾宴客時飲用的酒，以老酒款待是對賓客的重視與尊重，資料中的老酒即是紅酒，〔註30〕只因紅酒必須經過陳放，才能將

1983），卷12，頁33～34。

〔註29〕清・陳淑鈞，《噶瑪蘭廳志》（《臺灣文獻叢刊》第160種，台北：臺灣銀行，1963），卷5，頁189。

〔註30〕清・王必昌《重修台灣縣志》（《臺灣文獻叢刊》第113種，台北：臺灣銀行，

其酸澀酒液轉化成香甜，紅酒開瓶後仍可存放於室溫下，在臺灣清領時期，舉辦喜慶宴會時紅酒是重要的飲料，紅酒除了是相聚時助興的飲品，其色調紅潤極具喜慶之義，深受臺灣移民的喜愛，因此紅酒使用的數量相當大，其二是紅酒釀造，《淡水廳志》「酒則蒸米拌麴自釀之，其色紅而味醲。」〔註 31〕，至臺灣清領時期的同治年間，紅酒的釀製依然是遵循古法的釀造方式，其中糯米的比例是相當高的，因此酒是香甜可口，加上紅酒的使用量大，紅麴的需求量也隨之大量，伴隨而來的是釀酒之後的副產品紅糟，其數量更是驚人。

康熙五十六年《諸羅縣志》「六月一日，雜紅麴於米粉為丸，俗呼為半年丸；頌禱團圓之意也。」〔註 32〕，此為臺灣使用紅麴一詞最早的文獻紀錄。至光緒 21 年《安平縣雜紀》「各家雜紅麯於米粉為丸，名日『半年丸』，以祀神及祖先。」〔註 33〕，紅麴一直是搓製紅圓仔的重要配料，圓仔是祀天、祭地、享祖時必備供品，而圓仔也可以是平時的主要餐點或農忙時的重要點心。

道光二十八年《東瀛識略》「遇喜慶事，以紅麴和米粉或麵，範如龜形，炊熟相貽，即以龜稱。澎湖則製成紅雞，為祀神之敬，殆取龜鶴齡長意，而訛為雞。」〔註 34〕，至光緒十七年《臺陽見聞錄》「遇喜慶事，以紅麴和米紛或麵，範如龜形，炊熟相貽，即以龜稱。澎湖則製成紅雞，為祀神之敬。」〔註 35〕，紅麴也一直是龜粿或麵龜的重要食材，而龜粿與麵龜在喜慶儀式中祭拜神明之用，祭拜結束後這類供品也是分發親友進行分福的物品，同時藉此分福的舉措告知親友相關喜訊，以及宣告當事者身分的提升。

臺灣日治時期初期，紅酒的使用方式與清領時期相同，仍然是酒類消耗量最大的品項，從《臺灣日日新報》〈酒國一新〉這則新聞記錄可資證明，「臺地從前宴客，以土釀老紅酒為佳，其次則支那之紹興酒、膏粱酒而已，至外

1961），卷 12，頁 413。

〔註 31〕清・陳培桂，《淡水廳志》(《臺灣文獻叢刊》第 172 種，台北：臺灣銀行，1963)，卷 11，頁 299。

〔註 32〕清・周鍾瑄，《諸羅縣志》(《臺灣文獻叢刊》第 141 種，台北：臺灣銀行，1962)，卷 8，頁 152。

〔註 33〕清・佚名，《安平縣雜記》(《臺灣文獻叢刊》第 052 種，台北：臺灣銀行，1959)，頁 4。

〔註 34〕清・丁紹儀，《東瀛識略》(《臺灣文獻叢刊》第 002 種，台北：臺灣銀行，1957)，卷 1，頁 2。

〔註 35〕清・唐贊袞《臺陽見聞錄》(《臺灣文獻叢刊》第 030 種，台北：臺灣銀行，1958)，卷下，頁 146。

洋運來之洋酒，不甚適也。」〔註 36〕，這則新聞更強調是臺灣產的老紅酒，而紹興酒並非是第一選擇，這與臺灣人惜物愛物的生活態度有關、與強調就地取材的生活觀念有關，因紹興酒的紅麴與白麴必須自大陸進口所費不貲，而白麴以麥麴的可能性較高，紅酒是在地的原料、在地的生產，自然形成臺灣居民的民粹與民俗技藝。

依據《臺灣日日新報》〈臺島酒類〉此一報導「臺島地方，市肆間消售之酒雖不一類，其中自異地運來者可勿論已，若本島自製之酒，日用時常所販賣者，不外雙料酒、紅酒、時酒等，分爲三類，其他如藥酒、烏豆酒、大粬燒等從三種外，而變通者消售無多。」〔註 37〕的記錄，可了解日治時期紅酒消費已經有自釀自用以及釀造市售這兩途徑，文中的大粬（麴）燒是運用紅酒糟加水後蒸餾所得，此爲劣等紅酒，即是天臺酒方中的三酒，此一酒品是商家提高獲利、增加客源的做法，由此可見紅酒的需求相當大，有需求的顧客層相當多元，此外也呈現臺灣紅麴的製造量相當充足，才會選擇將紅糟蒸餾取酒，糟粕無法再利用只能成爲豬隻飼料，並不選擇保存紅糟以供紅麴製作之用。

在紅酒消費量大、釀造量多的情況下，紅糟的產量是伴隨提升，當紅酒產量達到一定高峰時，紅糟會成爲尾大不掉的困擾，因此以大麴燒的方式提升酒量，減少紅糟，是必須的作法，出現此作法時也顯示當時的市場經濟相當活絡，日治時期臺灣紅酒與宋代紅酒的產量都達高峰，其因是紅酒市場活絡，人民需求量相當高所致。

日治時期因財政需求的局勢下，在明治四十年（1907 年）實施酒造稅後，紅酒的需求依然不斷成長，以致紅麴產能不足，根據《臺灣日日新報》〈紅酒需要增加〉一文提到「現今本廳下紅粬之使用額，一箇月二百餘石，然製出不過百石，所有不足之額，不得不仰給他廳，在桃園廳之製造紅粬，一箇月約百六十石，該廳所用者只百十石內外，尙餘五十石，可供給他廳，紅粬之不足於用，臺北廳下之製酒家，皆引以爲憂，近時紅酒之需要增加，其感益深，此時創立之新高釀造會社，計畫製造紅酒，兼製該原料之紅粬，以供廳下製造紅酒所需，該酒特有之異臭及澀味色澤，將極力改良云。」〔註 38〕，文中顯示在高額酒稅的情況下，由於紅酒需求量不斷提升，釀酒商還是前仆後繼的投入生產

〔註 36〕〈酒國一新〉，《臺灣日日新報》（漢文版），1897-03-27。
〔註 37〕〈臺灣酒類〉，《臺灣日日新報》（漢文版），1898-08-06。
〔註 38〕〈紅酒需要增加〉，《臺灣日日新報》（漢文版），1919-12-15。

的行列，同時也呈現官方對於各地紅麴製造數量的完全掌握，此景況全歸功於酒造稅的實施後的查稅措施。

綜合臺灣地區清領與日治這兩時期的資料，紅麴在臺灣有著蓬勃的發展，釀造紅酒時，紅麴的使用量是紅麴需求總量的第一位，除去釀造紅酒的紅麴使用，在生活的飲食中紅麴的運用也是相當的廣泛，如食品中紅腐乳、甜酒釀與紅醋的製作。

此一時期，紅麴衍生物（紅糟）產量也創新高，時令進補都有紅糟的運用，在禮俗方面如紅圓仔、龜粿、紅麵、紅米糕、紅糟肉以及紅酒都是禮俗儀式中必備的品項，這些供品都需要紅糟進行醒麵或染色，同時增加保鮮期限，這也就是本文所欲研究的重要動機之一。

第二節　麴的形式與製作

一、麴的重要性與分類

自《齊民要術》開始，有關常民生活記載的典籍中必定詳細記載麴糱，其因是麴糱在日常生活當中有著舉足輕重的影響力，俗話說：「開門七件事，柴、米、油、鹽、醬、醋、茶。」其中醬與醋這兩大項就必須經由麴糱的發酵方能產出，而這兩大類又是最重要的佐料，除此之外生活當中一項更重要的品項是酒，中國社會有無酒不成禮的現象，而酒也必須有酒麴的作用才能產出。綜合而言，麴糱在釀造方面很重要，經由它製出酒、醋、醬三大類生活用品，醬的產物又再細分成醬油與豆醬兩類，豆醬類是連原料一併使用並無糟粕，而酒醋的糟粕又是一項副產品，在生活上也是運用相當廣泛的品項如醃漬食材時的運用。

臺灣位在米食文化區之中，而紅麴在臺灣麴中相當特殊，因爲它自成一個米文化的次文化，欲釐清紅麴在臺灣文化發揮影響力的方式與模式，必需將紅麴文化在細分紅糟與紅酒兩個文化叢，方能清楚的了解臺灣紅麴文化的全貌。

（一）麴是發酵重要的媒介

麴與糱都是令穀物原料產生質變，形成另一種美好物品的媒介，如釀酒、造醋、製醬油，都要有它的著墨才可能完成；麴與糱發揮效用的主要成分是三種微生物，（1）麴菌，其主要能力是釋放多種分解酶，對穀物進行澱粉與蛋白質的分解，澱粉與蛋白質分解後成爲小分子的葡萄糖與胺基酸，（2）酵母菌，其主要能力是將葡萄糖發酵，產生酒精與二氧化碳，(3) 醋酸菌，它是嗜氧菌，因此它的能力被二氧化碳壓制，釀造過程中出現氧化的條件時，醋酸菌才會發揮作用。

麴與糱在藥用方面是獨當一面的物品，因為它就是未經濃縮的抗生素以及酵母菌。糟、粕是米麥豆三種物質經麴糱發酵後的剩餘物質，這些物質尚具麴糱的特性但沒有麴糱強大的力量，這些物質尚具酒、醋、醬特質卻沒有麴糱的珍貴，糟與粕在生活上的使用相當多元，運用相當頻繁，如祭品的保存處理，糟粕就可以勝任，糕餅的醒麵以糟粕來進行非常恰當，藍染的發酵過程有糟粕能增添顏色的厚實，過剩的糟粕以加水蒸餾取出尾酒，糟粕中菌種因加熱後消失，成為禽畜飼料的來源。酒麴與酒糟是永遠的配角，許多場合都有它們的身影，但看不到它們的出現，然而生活上許多事物的製作都需要它們的參與，缺少它們生活的便利與多樣也就無從享受。

（二）酒麴

圖 2-1、臺灣酒類釀造場一〔註 39〕

〔註 39〕臺灣總督府研究所，〈臺灣酒類釀造法〉，《臺灣總督府研究所報告（第二回）》（台北：臺灣總督府研究所，1913），附錄。

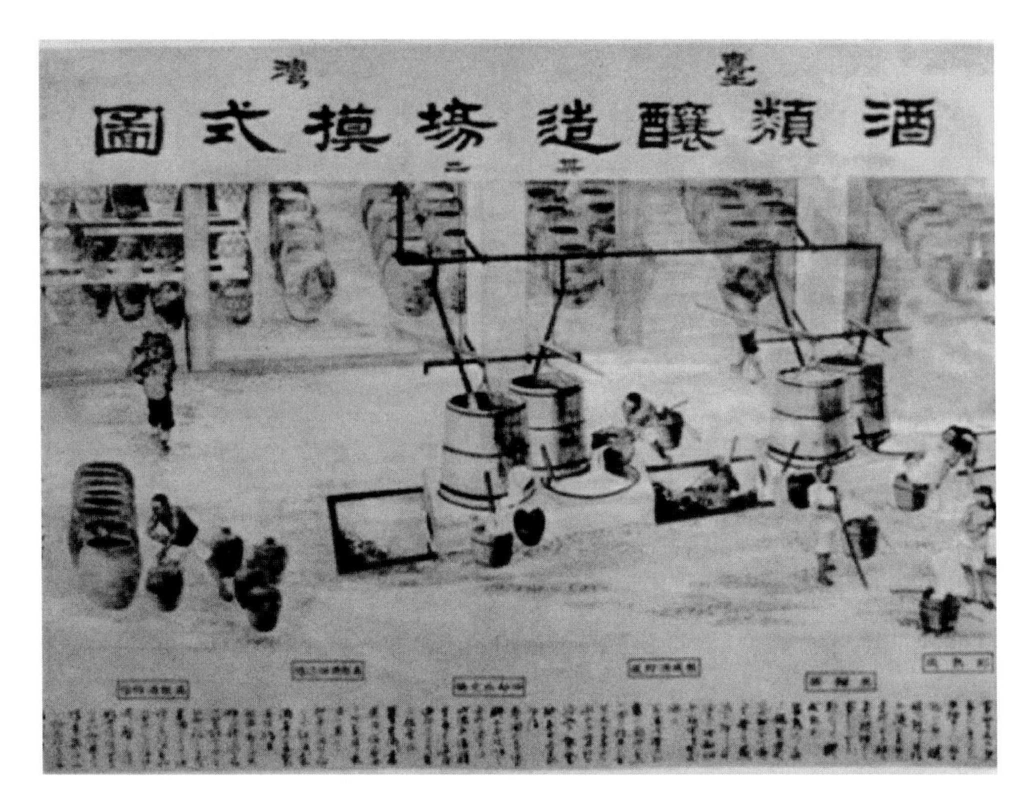

圖 2-2、臺灣酒類釀造場二

酒麴又稱酒母，它決定酒液的品質良莠，以及酒液的色調，因此製作酒麴是相當慎重並且重要的一件生活大事，而酒麴的功用不只是釀酒，並且是製醋的必要原料，部分醋的製造是釀酒後的再氧化，酒麴無法與釀酒、製醋形成一連貫的製作程序，必須先製麴陳放，待麴力充足後才運用在釀造。

以上二圖呈現酒廠的運作流程，透過上圖可掌握到傳統釀酒的程序，兩圖呈現的步驟（1）蒸熟原料米、（2）原料飯冷卻、（3）原料飯入酒缸、（4）酒麴入酒缸中拌合原料飯、（5）汲水入酒缸、（6）製成酒醪、（7）酒醪熟成、（8）酒液入蒸餾器、（9）成酒儲藏、（10）蒸餾器冷卻水交替、（11）再製酒釀製、（12）再製酒儲藏。

圖中的步驟必須補充避免產生誤解，在進入第五步驟前，必須等待麴與飯拌合數日後「生湯」才汲水入缸製成酒醪，一段時日之後酒醪熟成，著手蒸餾取酒的程序，在蒸餾取酒的過程中，蒸餾器上方的弧形鐵製盛水器相當重要，它是蒸餾過程中的冷卻器，保持低溫才能確保工作效能。

表 2-3、《北山酒經》酒麴種類表

製 法	麴 種	作 用
罨麴	頓遞祠祭麴〈麥麴〉、香泉麴〈麥麴〉、香桂麴〈麥麴〉、杏仁麴〈麥麴〉。	釀酒
風麴	瑤泉麴〈米麥麴〉、金波麴〈米麥麴〉、滑臺麴〈米麥麴〉、豆花麴〈麥麴〉。	釀酒
醒麴	玉友麴〈米麴〉、白醪麴〈米麴〉、小酒麴〈米麴〉、眞一麴〈麥麴〉、蓮子麴〈米麥麴〉。	釀酒

資料來源：依據《北山酒經》〔註 40〕資料，筆者整理製表。

《北山酒經》依據酒麴的保存方式分成三類，(1) 罨麴，製作過程需入模踏實，蓋竹篾保持發酵溫度，室內需潔淨因此需灑鹽米避免室內菌種汙染酒麴而失敗，室內必須不通風以維持溫度，此作法皆因氣溫不高麴種生長緩慢，容易被外在環境影響而失敗，加上原料皆爲麥，因此是寒冷華北地區酒麴的製法，(2) 風麴，製作過程需入模踏實，懸掛通風處，並且製麴的月份必在夏季，原料以米麥合用居多，因此是涼爽華中地區麴的製法，(3) 醒麴，製作過程將酒麴團壓成餅狀，待發麴熟透即曬乾或風乾以停止菌種生長，原料以米居多，因此這一類酒麴是溫暖華南地區酒麴的製法，其中只有眞一麴是以蒸餅方式停止菌種生長，其原料爲麥與其他醒麴不同，其中的差異與原料不同是否相關，尙待了解。

（三）醬麴

醬麴在古籍中稱爲黃衣，多爲穀物蒸熟後拌合麵粉後的直接發麴，其功能與酒麴大同小異，運用醬麴時必定伴隨鹽的使用，鹽在醬的製程中的作用有防腐、調味，根據《本草綱目》「麵醬有大麥、小麥、甜醬、麩醬之屬，豆醬有大豆、小豆、豌豆及豆油之屬。」將醬分爲豆醬、麵醬兩大類，然而豆油列爲豆醬的一種，〔註 41〕日治時期將在臺灣製造的豆醬、蕃薑醬、米醬以及蔭豉統稱爲「本島式味噌」，此一說法是相對應於在日本內地製法的「內地味噌」。〔註 42〕

〔註 40〕宋・朱翼中《北山酒經》(《景印文淵閣四庫全書》第 844 冊，台北：臺灣商務，1983)，卷中，頁 1～12。

〔註 41〕明・李時珍，《本草綱目》(《景印文淵閣四庫全書》第 772～774 冊，台北：臺灣商務，1983～1986)，卷 25，頁 27。

〔註 42〕福田要，《臺灣の資源と其經濟的價值（二）》(台北：新高堂，1922)，頁 182～192。

臺灣豆醬以白豆發麴後拌入鹽與少量的水形成糊狀，待其成熟後即可使用，與日本味噌相似，其差異在於原料是否研磨，而米醬與蕃薑醬都以豆醬爲原料再行製作而成，蔭豉則是醬油的糟粕製作而成。

圖 2-3、醬油製作 1（浸泡蒸煮）〔註 43〕

圖 2-4、醬油製作 2（製麴）

圖 2-5、醬油製作 3（入甕）

圖 2-6、醬油製作 4（曝曬）

圖 2-7、醬油製作 5（生油加熱）

〔註 43〕臺灣總督府研究所，〈臺灣產醬油類釀造法〉，《臺灣總督府研究所報告（第六回）》（台北：臺灣總督府研究所，1916），附錄。

圖 2-4 至圖 2-7 是日治時期臺灣醬油釀製程序，透過了解醬油的釀造，就可以了解四種本島式味噌的製作，醬油使用的醬麴是直接發酵製麴，並且醬麴本身就是原料，蒸熟黑豆之後拌合米粉或麵粉，置於篩子上待其發麴，而臺灣豆醬製麴程序與醬油相同，不同之處在於用水量的不同，在蔭豉方面，醬油醪熟成後，撈醬油糟滴出生油並且加熱，醬油糟即是蔭豉，一個釀造程序完成兩種本島式味噌。

二、製麴的原料

《齊民要術》第七卷所提及的酒麴分成神麴（神麴法三種、河東神麴方）、白醪麴（白醪麴法）以及笨麴（秦州春酒麴法、頤麴法、焦麥麴）三類，八種酒麴的原料皆爲小麥，製作過程皆須粉末化，白醪麴製作需用及草葉，神麴與笨麴製作不須草葉，但製作過程神麴較笨麴爲細緻，因此在相同米糧數量下，神麴的用量較笨麴少。《齊民要術》是魏晉南北朝的著作，紀錄中原地區的活動內容，而中原地區的正是小麥的產區，因此製麴原料皆爲小麥。北山酒經紀錄的酒麴分成三大類，其一麥麴，其二米麥麴，其三米麴，共通點是原料皆須粉末化。

歷代酒麴因主原料以及副原料的不同，而衍生出多樣的酒麴；就酒麴主原料而言可分成麥、米兩類，這兩類原料製作酒麴時的型態有麥麴、麵麴、米麴，依原料比例又可分成全麥麴、米麥麴、全米麴。各地酒麴的不同與當地風候、物產有直接的關係，因此酒麴種類的分布由溫帶的全麥麴至熱帶全米麴，中間的氣候過渡帶即爲米麥麴。這樣的分布與麥食文化區以及米食文化區的分布是完全符合的，因此酒麴的原料完全就地取材不另它求。

就醬麴而言，以豆麴爲主要，其原料是大豆，而大豆種類可區分成黑豆、黃豆以及白豆，在工業化之前俱是自發麴，不是以接麴的方式。台灣清領時期黑豆、黃豆以及白豆都能種植，但黃豆價格高、品質好，以回銷大陸爲主，製醬以黑豆與白豆爲主。

在台灣的物資條件下，製麴的原料以米與豆爲主，而麥麴在紹興酒的釀造有其必要性，但台灣無充足的麥類生產，自然麥麴必須以進口方式供應，並且紹興酒是純米釀酒，此一情況形成紹興酒高價位的劣勢，並且紹興酒僅限北台灣有相關的生產，造成普及性不高，此一現象與氣候條件與紹興酒原鄉相近有關，這兩個條件使得紹興酒並不是台灣釀酒的主流，也不是酒類消費的主要。

臺灣麴糵在日治時期發生的改變相當大，原住民酒麴的消失、豆麴原料的改變、白米麴的研發與量產並且取代草麴與口嚼製麴，唯獨不變的是紅麴，不變的因素有製作技術高不易被取代、運用層面廣、禮俗中不可或缺；這些改變直接影響到臺灣各族群的傳統生活型態，然而外來文化的進入、製作技術的突破以及官方政令的實施都是主要原因。

（一）稻米

臺灣米麴分成口嚼麴、草麴、特許白麴以及紅麴四項，而口嚼麴與草麴同是原住民經常運用的酒麴。

1. 口嚼麴

以黍米為原料，根據《臺海使槎錄》所載「酒二種：一用未嫁番女口嚼糯米，藏三日後，略有酸味為麴；舂碎糯米和麴置甕中，數日發氣，取出攪水而飲，亦名姑待酒。一種與新港等社同。飯亦如之。每年以二月二日為年，一社會飲；雖有差役，不遑顧也。」〔註 44〕，記載中的原住民釀酒的的原料為黍米與糯米，而釀造方式有兩種，一是未婚女口嚼糯米製麴，運用人體口腔的分解酶製麴，發麴後拌入生糯米粉，此為姑待酒，二是糯米蒸熟後拌麴，然而清領時期臺灣的草麴即是白麴，此法所拌之麴必是草麴。

在清初至清末之間，漢番爭地的情況是越趨激烈，由數次由官方劃定漢番界的政策可見一般，所以生番多被逼退必須進入山林中，而這群原住民是清領時期官方無法掌握也不想管制的化外之民，因法令無法深入並且無法管理，因此口嚼麴不易有紀錄呈現，在日治初期的調查報告中口嚼麴的記載，僅剩少數高山原住民如南澳與霧社有此紀錄，可知原住民口嚼麴被草麴取代。〔註 45〕

2. 草麴

草麴，以米粉拌麴藥而成，麴藥就是草葉以及草葉汁液，這種酒麴的歷史久遠，根據晉．嵇含《南方草木狀》所載「草麴，南海多美酒，不用麴糵，但杵米粉，雜以眾草葉，冶葛汁滫溲之。大如卵，置蓬蒿中，蔭蔽之，經月而成。用此合糯為酒，故劇飲之，既醒，猶頭熱涔涔，以其有毒草故也。南

〔註 44〕清．黃叔璥，《臺海使槎錄》（《臺灣文獻叢刊》第 004 種，台北：臺灣銀行，1957），卷 5，頁 100。

〔註 45〕杉本良，《專賣制度前の臺灣の酒》（東京：杉本良，1932），頁 439～466。

人有女，數歲，即大釀酒。既漉，候冬陂池竭時，寘酒罌中，密固其上。瘞陂中，至春，潴水滿，亦不復發矣。女將嫁，乃發陂取酒，以供賀客，謂之女酒。其味絕美。」紀錄著中國南方海島特有的製麴方式〔註 46〕，使用此項酒麴釀製的女酒，在婚嫁時是相當重要的酒，才會以埤塘之水密封陳放十多年，婚嫁必須使用時決堤取用，從決堤一事代表著用水量的減少，對生活會造成直接的衝擊，由此判斷婚嫁之事在生活當中是相當的盛大的人生歷程。

據《東瀛識略》原住民酒的紀錄「酒有二種：一番女嚼米，置地上，越宿成麴，調飯以釀，飲時沃以水，色白味酸，曰姑待酒；一將黍米合青草花同舂，草葉包煮數日，外清水漉之，藏於甕，曰老勿釀。」〔註 47〕老勿釀以小米爲製麴原料，並與青草花同舂，透過舂的動作將小米細碎化有利於與草葉汁液混合，以製成酒麴。

《臺海使槎錄》記錄著新港等社也有老勿釀製作方式，而新港等社是指當時台江內海外圍的平埔族部落，即是現今台南市的永康區、新市區、新化區、麻豆區、佳里區，是荷蘭人最早接觸的四大社，經過荷蘭時期與明鄭時期的交流，新港等社在清領當時已是熟番甚至漢化，由此可區別口嚼麴爲生番所用，草麴爲熟番所用，以草麴釀造之酒較爲美味以致不顧勤務必飲此酒的現象，至清末時期原住民的釀酒方式改以草麴爲多，至日治初期漢人與原住民釀酒所用酒麴，皆以草麴爲主。

圖 2-8、臺北產白麴〔註 48〕

圖 2-9、阿猴產白麴〔註 49〕

〔註 46〕晉・嵇含，《南方草木狀》（《景印文淵閣四庫全書》第 589 冊，台北：臺灣商務，1983），卷上，頁 4～5。

〔註 47〕清・丁紹儀，《東瀛識略》（《臺灣文獻叢刊》第 002 種，台北：臺灣銀行，1957），卷 6，頁 76。

〔註 48〕臺灣總督府研究所，〈臺灣產醱酵菌類ノ研究〉，《臺灣總督府研究所報告（第

台北產白麴對照《臺灣風俗誌》中對白麴的描述，如梅實大小相吻合，可知圖中白麴是草麴，阿猴產白麴形狀整齊，勢必是特許白麴，特許白麴的實驗，從明治末年由鈴木技師帶領試驗，至此時略有小成。清領時期臺灣原住民的酒麴以口嚼製麴以及草麴為釀酒的主要方式，而製麴的原料以糯米與黍米兩種，釀酒的原料都是糯米。

3. 特許白麴

特許白麴，此種酒麴是日治時期發展而成的純米麴，有別於草麴，日治時期原住民的酒麴，根據明治年間的舊慣調查資料以及 1916 年（大正五年）中澤亮治的調查報告的對照，得知高山原住民各部落採口嚼製麴或草麴方式釀酒，但傳統口嚼製麴方式已漸漸消失，而以草麴取代口嚼製麴的趨勢，藤本鐵治的調查報告顯示平地區域的漢人與已經漢化的平埔族都是以草麴方式釀酒，在日治時期特許白麴研究有所突破，特許白麴是不需草木為藥的白米麴，此麴自明治末年鈴木義直技師開始研究，鈴木義直指導研究有所成果，1917 年（大正六年）至 1918 年（大正七年）臺灣製麴所進行特許白麴嘗試性製作，1919 年（大正八年）臺灣製麴所進行特許白麴量產，臺灣製麴所結合總督府、學術界與產業界進行特許白麴的量產〔註 50〕，隨著總督府的軍警力量不斷地進入原住民部落，強力的實施政令，以及酒專賣令的實施，原住民酒麴被特許白麴取代，也可以說原住民麴在日治時期被特許白麴所取代而不再常見。

草麴自清領初期為原住民釀酒必須物品，至清領末期草麴已然為臺灣各族群重要的酒麴，此種白麴到日治初期尚是如此，藤本鐵治在《財海》一連發表十九篇以臺灣酒為調查研究對象的成果，以〈臺灣酒の研究一斑〉〔註 51〕為名的調查報告有十一篇，以〈臺灣酒の研究一斑補遺〉〔註 52〕為名的調查報告有九篇，但其中第一篇並未尋獲，其中第四篇關於白麴的記載依然是草麴的方式製作，此份完整調查在 1907 年至 1909 年之間陸續發表，中澤亮治

二回）》（台北：臺灣總督府研究所，1913），頁不詳。

〔註 49〕同註 47。

〔註 50〕杉本良，《專賣制度前の臺灣の酒》（東京：杉本良，1932），頁 288～290。

〔註 51〕藤本鐵治，〈臺灣酒の研究一斑 1～11〉，《財海》，第 16 期～第 28 期，1907 年 9 月～1908 年 9 月。

〔註 52〕藤本鐵治，〈臺灣酒の研究一斑補遺 2～8〉，《財海》，第 34 期～第 40 期，1909 年 3 月～1909 年 10 月。

自 1913 年開始在《臺灣總督府研究所報告》中發表數篇〈臺灣產醱酵菌類ノ研究〉〔註 53〕，一連串的研究成果呈現製作特許白麴的可行性，意味著白麴的製作可以完全擺脫麴藥的運用，以及酒麴製造的現代化，1921 年（大正十年）刊行的《臺灣風俗誌》記載的白麴中尚有麴藥，顯示在酒專賣之前特許白麴的普遍性還不高，特許白麴隨著酒專賣令的實施，深入臺灣各族群的生活之中，臺灣總督府專賣局檔案公文的整理可發現，自 1922 年（大正十一年）委託民間日商製麴所製造特許白麴至 1932 年（昭和七年），近十年的合作關係，隨著酒廠設備的不斷擴充之下，漸漸的特許白麴也由民間主導轉變成官方主導並且結束合作關係，由此一情勢可知特許白麴，在酒專賣實施後成爲主要酒麴，特許白麴在 1922 年（大正十一年）酒專賣之後，完全取代臺灣原有白麴（草麴）成爲臺灣白麴。

表 2-4、酒專賣後原住民酒麴販售規定

字　號	典藏號	文　件　名　稱	年代
專酒 2511	00100314011	蕃人製酒用白糀供給方ニ付總務長官ヨリ知事廳長ヘ通達	1922
專 1433	00100315006	蕃地交易所ニ白糀供給ハ相當價格ニテ拂下支障ナキ旨	1922
專 1910	00100315007	蕃人釀造用白糀ハ相當價格ヲ以テ拂下支障ナキ旨	1922
專酒 359	00100633001	蕃人造酒用白糀拂下數量單位「貫匁」ヲ「瓩」ニ改メ價格改正決議并所屬各局所、各州廳ヘ通知	1927

資料來源：臺灣文獻館（總督府專賣局檔案資料庫），筆者整理製表。

原住民釀酒所需的酒麴，在酒專賣後以特許的方式，由警察單位代售給原住民，以維持部落慶典所需的小米酒，現今台東部落自釀小米酒，所使用的酒麴還是以此方式購買，但購買對象不再是警察而是店鋪，可見此政令延續近百年，並無隨專賣結束而消失。

4. 紅麴

紅麴，自宋代有明確記錄後，一再的轉移其生產重鎮，到清代的台灣地

〔註 53〕臺灣總督府研究所，〈臺灣產醱酵菌類ノ研究〉《臺灣總督府研究所報告（第三四六七回）》（台北：臺灣總督府研究所，1912～1918）。

區，紅麴成爲台灣最重要的麴類，從紅麴酒的產量與消費量可得知。

傳說紅麴早在明鄭時期就引進原鄉的紅麴與技術人員，此說法可信度高，原因有四：(1) 王爺祭祀豈可無官酒，(2) 軍隊的犒賞豈可無官酒，(3) 明朝太常寺每年皇陵祭祀時，紅麴是必備的物品，每座皇陵配有四兩紅麴，太常寺一年需要四斤紅麴，〔註54〕(4) 在南明結束後，明朝親王與太常寺官員至台依附東寧，這四因素形成紅麴在台運用的必然，郡王釀酒主要目的是供祭祀之用，鄭氏率領數量不少的軍隊來臺以延續明朝正統，犒賞軍隊必用官酒，因此釀造紅酒是局勢的必然，因此鄭氏有大量酒麴的需求，釀製足夠的酒供王爺賞賜部下。

麴公還是必須透過貿易從大陸採購，而紅酒對氣候潮溼的臺灣有諸多的預防用途，而臺灣盛產稻米，麥類物資因禁海令反而不易取得或代價較高，臺灣氣溫高、濕度高符合紅麴製作的條件，因此全米麴的紅麴是最適合臺灣物資條件與氣候條件的酒麴。在需求、環境、物資的配合下有其必然性，但此說法無史料可資證明，僅能列入傳說。

臺灣紅麴的典籍記載從清領時期開始出現，其特徵與製作方式都是一致，以糯米爲原料，麴公從大陸進口至日治時期的記載尚是如此，但清領時期的資料看不出紅麴的製作過程，根據日治時期藤本鐵治調查資料得知由少量的進口麴公透過數道製作程序可衍生出數量可觀的紅麴。

（二）麥類

台灣並無麥麴的相關紀載，紹興酒的製作過程，必須運用到紅麴與白麴，其中白麴必須是自大陸進口，顯示草麴並不適合使用才必須進口，《齊民要術》酒麴紀載的資料中發現，以麥爲原料的白麴無須麴藥，在保生大帝的藥籤的內容會出現神麴，代表是使用進口麥麴，而紹興酒的原鄉是江浙一帶，是米麥一年依時序輪流種植的地帶，因此酒麴有著米麴、麥麴同時並用的情形，這與宋代的釀造配方以及宋代詩文是相互吻合，現今紹興酒的酒標上，標示著米與麥的運用。

《北山酒經》酒麴記載的資料中發現，以米與麥爲原料的白麴必須以麴藥輔助，在《本草綱目》表示有添加麴藥（草葉汁）的酒麴皆不可入藥，僅神麴可以入藥，在國民黨撤退至台灣後，美援供應大量的麥類原料，促使紹

〔註54〕明・不著撰人，《太常續考》(《景印文淵閣四庫全書》第599冊，台北：臺灣商務，1983) 卷4，頁28～34、卷7，頁22～23。

興酒有了充足的白麴原料。

（三）豆類

臺灣醬油與臺灣味噌皆屬醬的範圍，《臺灣の資源と其經濟的價值（二）》提及臺灣味噌涵蓋豆醬、蔭鼓、蕃薑醬、米醬四類，而臺灣醬油與臺灣味噌原料以烏豆與白豆爲主，醬油以烏豆爲多，味噌以白豆爲主。豆麴分黑豆麴與白豆麴兩種，豆麴皆可釀造醬油，黑豆醬油歷史較爲悠久其製程是，以烏豆蒸熟後自然發麴，製成醬油，其烏豆粕應爲豆豉，黃豆醬油是日治時期引進，以黃豆取代黑豆，而白豆麴用於豆醬的製造，其原料爲白豆略小於黃豆，醬油與豆醬這兩種麴製成之物品是醃漬物品時的重要物件也是日常食材調理的重要佐料。

以穀物釀造的醬分類包含了豆醬、麵醬、豆油三大類，而臺灣豆產量尚足，麥產量不足，所以臺灣在麵醬的部分並無記載，因此麵醬並非臺灣傳統飲食的佐料，就日治時期資料也尚未見麵醬的製作與販售，可知麵醬是國民政府來台後帶入的飲食習慣，而豆醬與豆油是臺灣常民生活中重要的調味料以及佐料。根據《臺灣府志》記載，臺灣豆麴有白豆麴與黑豆麴兩種「黃豆皮黃，粒大如榛，磨碎煮作腐，俗呼豆腐。白豆皮白、粒差小，和麵可作醬，亦可作腐。黑豆皮黑，可作豉，俗呼豆豉。」〔註55〕，黃豆麴記載開始於《噶瑪蘭志略》「白豆、黃豆（粒大倍於內地，土人與白豆和作豆醬）、黑豆（土產者粒不甚大，土人以作鹽豉，俱四、五月種，八、九月收）。」〔註56〕，顯示清領道光年間臺灣居民有運用黃豆製作豆醬的情況，在此之前黃豆收成之後多數銷往大陸，換取經濟利益，「黃豆：皮黃，粒大倍於白豆。臺產甚多。販至內地，人甚珍之。白豆：皮白，粒小。可作腐，亦可爲醬。下淡水多種之。黑豆：皮烏。可作豉。亦可和藥浸酒，服之能愈風疾。」〔註57〕，而生活所需方面以白豆取代黃豆，白豆成爲製作豆腐以及製作豆醬的主要原料，而黑豆是製作醬油的主要原料，豆豉就是醬油的糟粕，豆麴的運用皆是在醬的製作，其方式先將豆子蒸熟後，和麵待其生菌成麴，成爲豆麴之後再依製

〔註55〕清・蔣毓英，《臺灣府志》（《臺灣文獻叢刊》，台中：台灣省文獻會，1993），卷4，頁71。

〔註56〕清・柯培元，《噶瑪蘭志略》（《臺灣文獻叢刊》第092種，台北：臺灣銀行，1961》，卷11，頁99。

〔註57〕清・陳文達，《鳳山縣志》（《臺灣文獻叢刊》第124種，台北：臺灣銀行，1961），卷7，頁93。

作項目添加不同比例的鹽與水以及其他所需的材料。

清領時期臺灣醬油的經營，多以民家自製的家庭作坊為主，就是以滿足自家需求為主要目標，再有剩餘的情況下並且品質符合他人需求的清況下，得以與他人交易的運作模式，並且以黑豆與鹽為醬油主要原料，日治時期亦出現以白豆製作醬油的記載，但所需量並不高，日式醬油與臺灣醬油的差異在於原料與製程，日式醬油以黃豆為主原料而黃豆是農家外銷獲利的商品，不捨得運用，日式醬油的製程中醬油粕被施於壓力而泥化，無法運用其剩餘價值，非惜物臺灣人所願見的，隨著來台日人漸多並且日商導入商品形成日式醬油在臺灣大行其道，會產生此一現象，歸納其原因在於，在台日人的需求、工業化、商業化、原料價格、鑑札制度以及酒麴管制，在諸多因素的組合下，逐漸形成以黃豆取代黑豆成為醬油的主要原料為醬油製作的主要原料，鑑札制度以及酒麴管制是工業化的因素，這兩項制度都是營業登記，但有性質差異，酒麴管制的營業登記必須附上計劃書與廠房藍圖，這不是家庭作坊能有能力符合要求的。

在臺灣光復後黃豆醬油還是容易取得，黃豆醬油多是臺灣醬油大廠出產，此一現象是因戰後台資接收日資的醬油工廠，工廠中的機具與技術仍保有日式醬油的製作方式，然而在臺灣光復後一度有專賣法的酒麴管制鬆綁，此時成立的醬油工廠，多是以黃豆麴方式進行製造，此一現象與原料產量與原料價格有著絕對關係，如新化地區的兩間醬油工廠皆是如此。除了原料發生改變之外，醬油製作與販賣的模式也發生變化，由於鑑札制度以及酒麴管制這兩個決定性的因素造成家庭式作坊無法繼續經營，必須以工廠式經營模式經營。

運用白豆製作的豆醬中尚有細項分類，但在《臺灣文獻叢刊》中未能完全顯現，在日治時期的資料中，豆醬被統稱為本島式味噌，其中的細項有豆醬、蔭豉、蕃薑醬以及米醬四種，這四項中除蔭豉外，蕃薑醬以及米醬皆以豆醬為原料再製而成，而豆醬是以白豆為原料製作，因此可推斷豆醬這一部分自清領以降並無改變，豆醬的製作與銷售皆是以民家自製的家庭式作坊的形式進行，豆醬是醃漬醬菜重要的材料如醃漬冬瓜、西瓜綿（未成熟的西瓜）、鳳梨、竹筍、薑、白蘿蔔、瓜果類等等，豆醬也是烹調時相當常用的調味品以及用餐時常見佐料。

豆麴從清領時期的黑豆與白豆為原料，經歷日治時期以日人習慣為起因，日商工業化製造以及強力促銷之下，豆麴的原料部分改變成黃豆，以醬油的釀造上的改變比例最高，豆醬與豆豉原料改變較少。

三、製麴的過程

臺灣地處亞熱帶氣候溫暖，自開發以來一年兩穫甚至三穫是稻米生盛產的區域，紅麴是米麴並且需較高的溫度才能製造，是最能代表台灣的酒麴，此外尚有以麴草爲發酵媒介的白麴以及原住民咀嚼糯米發酵的酒麴，酒麴之外尚有製醬必須的豆麴，四類臺灣麴的製作方式分別如下：

（一）口嚼發酵法

據《臺海使槎錄》記載「黍秫熟，留以作酒。先以水漬透，番婦口嚼成粉，置甕中，或入竹筒；亦用黍稈燒灰，攪成米麯，發時，飯或黍秫和入，旬日便成新酒。客至漉糟，番輪飲之。」〔註 58〕，原住民在小米以及糯米收成後，由婦女利用唾液代替麴菌，因唾液的酵素酶與麴菌釋放的酵素酶，這兩種酵素酶都具有分解澱粉與蛋白質的能力，靜置一段時日形成酒麴以釀酒，其酵母菌可從黍稈灰以及穀物取得。

以此法釀成之米酒在飲用之前，雖有漉糟的程序但飲用時還是呈現濁酒的型態，從現今原住民的小米酒的型態可證。此麴法隨著漢人越界開墾帶入草麴，加上日人政令執行帶入特許白麴，這兩階段的洗禮，口嚼製麴在酒專賣後逐漸的消失，而不再普遍於原住民部落。

（二）直接發酵法

豆麴的製作不論原料爲何種大豆，其流程皆相同，首先浸泡豆子，吸飽水分後豆子比較容易軟化，並且在蒸煮之後中能保有水分，將蒸煮後軟化且含水的大豆與一定比例的麵粉拌勻，置放於竹箆上，待其發麴，因大豆皆有堅硬的外殼，蒸煮後依然不易著菌，以麵粉包裹其外殼，在麵粉著菌發麴，透過菌絲進入含水的大豆內部，以達到大豆完全的麴菌化。

「醬油的製法，則先將黑豆蒸熟（滲米、小麥時亦一起蒸），移入簳葫（竹製、淺底）摻麵粉後使其發麴，因爲台灣的氣候溫和，不需要特別的設備。經過一週黑豆發黴，然後混合適量鹽與水（混合分量會影響品質之良否）盛入大甕（四十至九十公升入）密封，放在屋外晒日，以日光熱加速醱酵的作

〔註 58〕清・黃叔璥，《臺海使槎錄》（《臺灣文獻叢刊》第 004 種，台北：臺灣銀行，1957），卷 5，頁 114。

用，經過二十至四十天（夏季二十天，冬季四十天）醱酵成品。」〔註 59〕

至今在中部傳統市場能輕易地購買到這種產品，如竹山街上傳統市場、古坑街上傳統市場，此一物品在日治初期是無須另外購買，民家都有製作能力，從《民俗台灣》中記錄著，民家釀製醬油是每年的一件大事，而製豆麴是釀造醬油的第一步，經歷日治的酒醬麴管制之後，民家豆麴僅運用在醃漬粗纖維蔬果，這與竹山、古坑盛產竹筍也容易購得豆麴可相互印證。

（三）粉末發酵法

臺灣白麴的製做分成草麴與特許白麴兩種進行說明，草麴使用米粉與草葉發酵，以草葉進行麴菌的培養，利用草葉中含有的水分以及植物內物質進行麴菌培養，以及培養原料自身存在的酵母菌。

特許白麴的製作，以米粉接種麴菌，其麴菌是由除蟲菊粉培養而得的菌種，特許白麴是日籍技術人員在明治末年開始研究所的新技術，鈴木義直技師帶領團隊由中澤技師進行研究，在大正初期實驗有了成果，接著商業量產，特許白麴在酒專賣實施之後，主要運用在米酒的釀製，米酒是多項再製酒的原料酒之一，而官營酒廠能製造出高品質且大量的臺灣產清酒，有著絕對關係，經過數十年的酒類專賣制度的影響，特許白麴成為現在臺灣主要酒麴。

（四）米粒發酵法

臺灣傳統的米粒發酵製麴僅紅麴一項，在《居家必用事類》當中，紅麴製造原料是粳米，在《天工開物》當中，紅麴製造原料秈米，在《臺灣文獻叢刊》當中，紅麴製造原料是糯米，由此可得出紅麴製作的原料可以是粳米、秈米以及糯米，從其他著作關於紅麴製作的內容，可知粳米是最常被運用在紅麴製造的原料。

據圖 2-10 所示《天工開物》的流程為，首先將米洗淨蒸熟成飯，待其冷卻後接種麴菌，接種麴菌以紅糟進行，翻動麴飯是確保麴與飯能均勻，之後置入麴盤待其發麴完成，在培養的過程中需多次的補充水分，若水分不足麴菌生長不足，菌絲不易完全佈滿飯粒，若麴米入水能浮於水，代表紅麴已成，若麴米載浮載沉，需再重複上一步驟，令其充滿菌絲，以達到品質要求，紅麴已成必須乾燥存放，陳放後麴力會提升，但其特殊氣味也會隨之越發濃重。

〔註 59〕片岡巖編著，《臺灣風俗誌》（台北：臺灣日日新報，1921），頁 122～138。

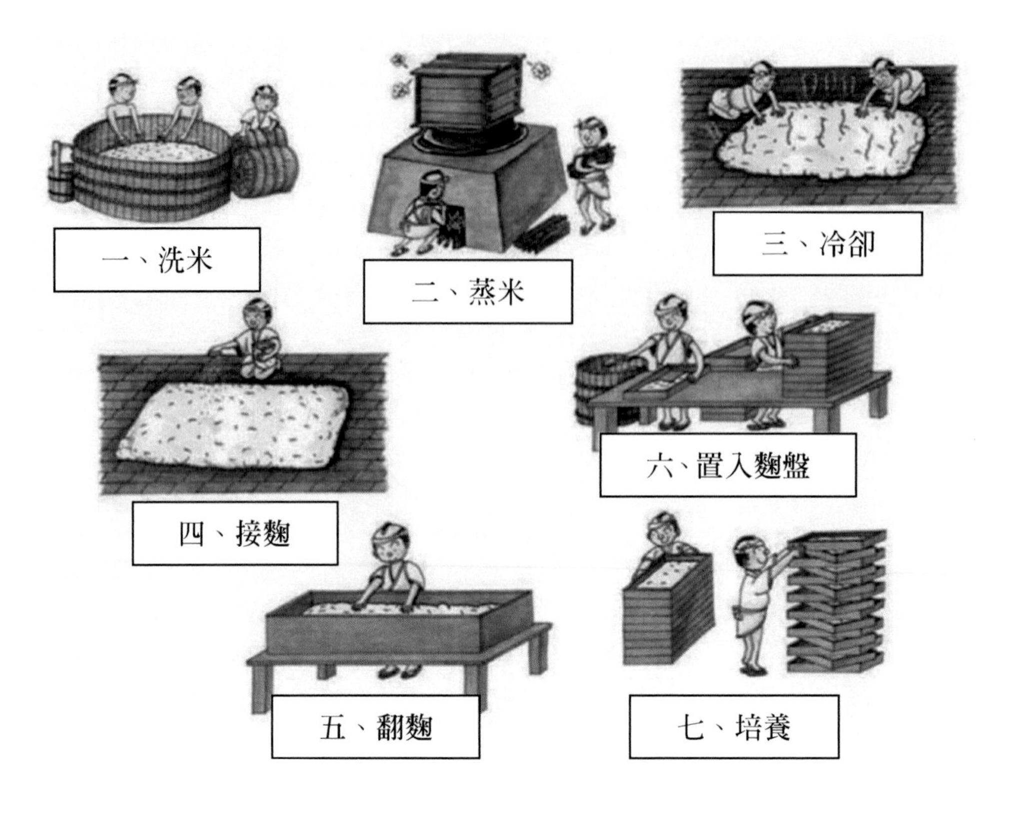

圖 2-10、《天工開物》紅麴的製造過程。〔註 60〕

清領時期到日治時期，臺灣紅麴製程依然不變，同時也顯示到了日治初期臺灣還是沒有麴公的製作能力，必須仰賴大陸進口，並且相當昂貴，但清領時期採用麴糟循環的模式運用紅麴，麴公使用量並不高，自大陸採購量也不多。

臺灣紅麴的典籍記載從清領時期開始出現，其特徵與製作方式都是一致，以糯米爲原料，麴公從大陸進口至日治時期的記載尚是如此，但清領時期的資料看不出紅麴的製作過程，根據日治時期藤本鐵治調查資料得知由少量的進口麴公透過數道製作程序可衍生出數量可觀的紅麴，其程序是三合麴公、三合糯米與酒精濃度百分之二十的蒸餾酒製成麴糟液，麴糟液與三斗六升白米進行菌種的培養，熟成後乾燥可得二斗七升的麴種，消失的數量是酵母菌增生所需的原料，麴公經過繁衍程序麴種的數量已經暴增至九十倍，經過二次繁衍程序製

〔註 60〕潘子明，〈創造古寶的新價值——紅麴〉，《科學發展》，441 期，2009 年 9 月，頁 22。

成釀酒所需的紅麴數量二斗七升，此時數量又暴增九十倍，但在進行二次麴糟液時，採用水並非蒸餾酒是最大的差異，由此推算三合麴公可衍生出 8100 倍的紅麴。〔註 61〕菌種培養的過程與《淡水廳志》「紅粬（或作麴。以米爲之，粬母來內地，少許可造數斗，釀老酒所必需）」〔註 62〕的資料對照後，發現兩者都有數量以千倍增加的趨勢。

藤本鐵治調查報告中，第一次麴糟液的製作方式，將麴公研磨成粉末加入少量酒液當中形成膏狀，此一型態如同再製紅酒存留在酒缸底部的紅酒粕，再依麴糟液的名稱進行判斷，可知麴糟液與紅酒粕兩者有著相同作用。

1908 年酒麴管制已實施，紅麴的製作必須使用麴公的情況，是受到酒麴管制的影響，因酒糟與酒粕皆需登記列冊，以備查稅員稽核，查稅人員的詢問會從取得酒麴數量開始，並核對釀造量，若有差異就會面對查封與高額罰金，甚至面臨停業且不得再申請釀造許可的處分，在此情勢下，再利用紅酒糟與粕製成大麴燒，是最無爭議的作法，並且加熱後的糟粕尚可成爲豬隻的飼料，而飼養豬隻一直是釀造業的重要副業之一。

第三節　紅麴的運用

一、紅麴的功能與作用

紅麴的製程繁複，非其他酒麴可比擬，它的特殊性由完整米粒的外觀、麴糟自成循環的特質、龐大的衍生物譜系、功能多樣的便利性此四項大特色，使得紅麴具有的特殊性不言可喻，典籍中整理出紅麴具有發酵、防腐、染色、養生等四項功用。

（一）發酵能力

紅麴在發酵能力當中，依據使用方式可在細分成釀造、醒麵以及軟化纖維三部分。（1）在釀造紅酒方面紅麴的使用量，是紅麴消耗的最大項目，每每使用都以石爲單位，（2）糕餅中以麥爲原料的項目如麵龜與壽桃，這些項目都需要醒麵才能製作成糕餅，其發酵原料爲酒糟，如紅麵食團（麵龜、壽

〔註 61〕藤本鐵治，〈臺灣酒の研究一斑 4〉，《財海》，第 20 期，1908 年 1 月，頁 58～59。

〔註 62〕清・陳培桂，《淡水廳志》（《臺灣文獻叢刊》第 172 種，台北：臺灣銀行，1963），卷 12，頁 337。

桃、紅圓）即以麵粉爲主要食材加上紅糟，此時紅糟具有染料、酵母以及延長保存期限三項功用；藍染業的植物原料必須經過發酵，才能得到希望的顏色，酒糟是提供藍泥酵母的重要原料，酒造稅實施後對糕餅與藍染造成影響，允許糕餅業與藍染業申請免許方式取得所需要的原料，但增加了產業的困擾以及負擔，「白粬又は紅粬を餅、菓子其の他の食糧品又は染料藍の製造に混用の舊習わりしを名とし取締規則の發布後而も完全なる代用品に乏しからぎるにも拘はらす尚之を引取らむとする向なきにらざる趣右は酒稅に對する不取締の因たるべさを以て其の取引を認許せざることに取扱はれ度尤も營業の持續上等に關し是非共必要とする者も有之候場合は其の都度事を具し稟申可相成」〔註 63〕。（3）蔬菜類鮓的製作，如胡蘿蔔、茭白筍、竹筍、蓮藕等，這類粗纖維蔬菜可經由紅糟的軟化，成爲軟綿的醬菜，肉類脯鮓的製作，如魚、禽、畜等，這類纖維經由紅糟軟化，脂肪被分解成入口即化的型態，肉醬也成爲口感良善。

（二）防腐作用

「凡丹曲一種，法出近代。其義臭腐神奇，其法氣精變化。世間魚肉最朽腐物，而此物薄施塗抹，能固其質於炎署之中，經歷旬日，蛆蠅不敢近，色味不離初，蓋奇藥也。」〔註 64〕紅麴菌培養過程中能排除其他菌種的附著，以純米釀紅酒的存放方式能顯示其抗菌能力極強，開瓶後蓋回，即使有自然落菌也不會造成其變質，在紅麴的培養過程中，以少量麴公可衍生出數千倍的紅麴，可顯見紅麴菌是相當強勢的菌種，紅麴的味道本偏酸，若製作時的溫度偏高其酸味會更重，以酸制腐並驅趕蚊蠅，清・查慎行〈搭魚詩有序〉「鰷魚長二三寸者。應手而出。稍緩則呑餌逝矣。日可得數十斤。名曰搭魚。曝乾加紅麯爲鮓。鬻於寧國山中。」〔註 65〕魚乾的製作方式以紅麴做第二層的防腐，增加魚乾的保存期限，以確保長途運送至山區後，依然能夠以較佳的品質販售，由此可知紅麴的防腐能力，在無保存器具的年代，深獲人民的信任並且倚重。

〔註 63〕不著撰人，〈例規——國稅〉，《財海》，24 期，1908 年 5 月 5 日，頁 3。

〔註 64〕明・宋應星〈丹曲〉《天工開物》（《續修四庫全書》第 1115 冊，上海：上海古籍，2002）），卷下，頁 50。

〔註 65〕清・查慎行，〈搭魚詩有序〉《敬業堂詩集》（《景印文淵閣四庫全書》第 1326 冊，台北：臺灣商務，1983），卷 16，頁 3。

（三）染色能力

明・徐炬所錄《新鐫古今事物原始・醋》的資料「歲今用米如造酒法。上者色紅。名珠兒滴醋。唐時有臘醋。桃花醋。」〔註66〕紅醋是醋中的上品，唐代稱爲桃花醋，這與宋元時期的詩文中提及的桃花酒是相互對應的，而臘醋之名是對應其釀造時節而來，在臘月進行釀造，新春即可運用，紅醋在現代依然上等醋並且高價位，僅在食用高等海鮮食材的羹品時酌加，由古今對照可見紅麴的貴重與難得。

再者臺灣俗語「麵龜飼醋」，即是將慶典剩餘的紅麵龜放入醋中，以麵龜中的紅糟將醋進行染色，調整成紅醋的型態，麵龜中紅糟僅剩染色能力，在麵龜蒸熟的過程中，紅糟所含菌種全部消失，麵龜中的澱粉，可提供醋再氧化的原料。

宋・王十朋〈買魚行〉「風伯一怒聲如雷。排空濁浪山崔嵬。江湖千里人影絕。一葉小舟何處來。蘆荻花中有漁者。簑笠爲衣楫爲馬。止將煙水作生涯。紅麴鹽魚荷裹鮓。舟人爭買不論錢。我亦聊將薦杯斝。烹庖入坐氣微腥。飣餖登盤色如赭。但能得趣酒杯中。」〔註 67〕紅麴鹽魚中，紅麴不只是防腐也具有染色的效果，從烹調後的顏色呈現赭色，可知魚肉已被染成紅色，文中所提的紅麴必定是釀酒剩餘的紅糟，不會是高價的紅麴，畢竟鹹魚價格有限，不至於高於紅麴。

清領時期，臺灣所有生活慶典當中，如祭祀活動、歲時禮俗、生命禮俗以及神明慶典中，必然會出現的麵龜、壽桃、紅圓、圓仔、龜粿、桃粿、米糕與紅糟肉等，這類食物都會以自家釀製紅酒剩餘的紅糟作爲染色材料，將紅糟磨粉或以酒缸底的紅酒粕揉入米粉和麵粉，製作成供品，紅糟發揮了染色的能力，甚至在麵粉類製品上還有同時出現麵粉發酵的功能，此作爲能在祭祀、喜慶或神明誕辰的活動當中增添喜慶之意，並且在分享喜樂時也能被親友接納。

（四）養生功能

《民俗臺灣・冷熱及食補》這篇文章當中，提及「小孩到了青春期，身

〔註66〕明・徐炬，〈醋〉《新鐫古今事物原始》（《續修四庫全書》第1237～1238冊，上海：上海古籍，2002），卷18，頁9。

〔註67〕宋・王十朋，〈買魚行〉《梅溪後集》（《景印文淵閣四庫全書》第1151冊，台北：臺灣商務，1983），卷11，頁7。

體機能會產生變化，臺灣稱爲『轉大人』，女孩的食補材料爲：燖雄雞和紅麴（酒糟）及蚶殼仔草。」〔註 68〕面對重大變化的人生階段時，紅麴的運用呈現了相當重要的養生特性，再如紅糟燉公雞爲女孩初經後，進行身體調整與保養，避免生理劇烈變化造成身體負荷過重，影響往後生活。

另外《民俗臺灣・臺灣吃的習俗資料》這篇文章提出紅麴的養生效果「青春期的男女由於正逢快速成長期，體力消耗較多，通常需要特別進補，吃些較有營養的東西。例如將雞或鴨與紅釉煮過後，再加入八種中藥材去燉做成八珍雞，這的雞湯尤其營養，是進補的最佳選擇。」〔註 69〕，青少年進入青春期後，在生理方面的成長是一生中最快速，在各方面的營養都需要快速補充，八珍雞湯是較爲周全的食補兼藥補的方式，以提供青少年充足的營養素。

紅酒具有的養生效果，在《臺灣慣習記事》的顯示「對於產婦，以麻油（胡麻油）煮陳皮，浸酒（酒爲本地人自製者，成雙料酒或老酒），或麻油及酒浸煮之雞肉，讓其食之，名爲『壓腹』。」〔註 70〕生產後的婦女面臨的不只是氣力放盡的虛弱身體，還有身體機能的大紊亂，從懷孕時有兩顆心臟在運作，保持較高的體溫，生產後回復正常一顆心臟的運作，面對這樣的變異，必須依靠快速並且有效的調養方式，產後三日進行「壓腹」，此儀式是「作月子」的開端，材料大多是高營養、高熱量、高蛋白的食材，烹調後成爲產婦身體容易快速吸收的食品，紅酒的胺基酸比蒸餾酒多，因此滋養效用就更大。

根據《臺灣日日新報》的報導「斯くて出來上つたのが紅酒て更に古くなつたものが老紅酒となる老紅酒に營養になる或る藥品を入れて製つたものが藥酒と稱して營養不良の者が飲むに適する又事實營養不良者の飲用の酒として製造するだから面白い、恐らく百藥の長なんどは此邊から起つたものであらう普通廣く。」〔註 71〕紅酒的養生效果除了孕婦之外，還有因長期營養不良或生病而身體疲弱者，飲用紅酒或以紅酒爲原料的藥酒，對於回復健康與提振元氣都有所幫助，從上述可知紅麴養生效力深受常民生活倚重。

〔註 68〕林川夫編，〈冷熱及食補〉《民俗臺灣》（台北：武陵，1990），第一輯，頁 157。

〔註 69〕林川夫編，〈臺灣吃的習俗資料〉《民俗臺灣》（台北：武陵，1991），第七輯，頁 191。

〔註 70〕（日）臺灣慣習研究會、劉寧顏編，《臺灣慣習記事》第 2 卷上（台中：台灣省文獻會，1986），頁 35。

〔註 71〕〈臺灣の酒其名も響の好い紅酒滋養に富み經濟的で年產實に二千萬圓〉，《臺灣日日新報》，1922-01-23。

二、紅麴與紅糟的分別

在台語的表達方面，以「紅糟」涵蓋紅麴與紅糟，紅糟是紅麴製造的重要原料，這個特殊責任有關，因此會有如此雜亂不清的局面，與在生活上經常接觸到的是紅糟，如三餐與祭祀的食物調理會運用紅糟，但文獻資料都呈現紅麴也助長混淆不清的情況，台語的「紅殼」才是紅麴的正確發音，日治時期期刊以片假名標註發音（アンカク），紅麴與紅糟的明顯差異在使用方式。

（一）紅麴與紅糟的異同

《本草綱目・麴》記載：「麴有麥、麵、米造者不一，皆酒醋所須，俱能消導，功不甚遠。」〔註72〕酒麴是釀酒、造醋時轉化穀物的重要媒介；《本草綱目・糟》記載：「藏物不敗，揉物能軟。」〔註73〕酒糟用於保存食物與軟化纖維，透過《本草綱目》關於酒麴與酒糟的紀載，可清楚地了解兩者的用法是不同的。

紅麴與紅糟的功能不相同，但紅糟還要肩負紅麴製造的責任，這是紅糟與一般酒糟最大的不同，經由紅糟製作的紅麴，其效力需要一些時間的陳放培養才能更具轉化能力，各式酒麴能達上品，都需要時間的歷練，如《齊民要術》提及的一種神麴必須存放三年，《北山酒經》提出對一石米新製滑臺麴需百二十兩而陳放一年的滑臺麴僅需十兩，所使用的量相差十一倍，《先醒齋廣筆記》提及紅麴陳放能夠提升品質。

紅麴與紅糟在外觀上並不容易區分，紅麴呈現乾燥的紅色米粒狀態，紅糟以濕式保存在容器中，呈現紅色米粒帶濕潤，若以乾燥方式保存，與紅麴並差異，僅顏色深淺而已，加上紅糟爲紅麴重要的製作原料，因此文獻資料會有混淆不清的情況，但是從用途上做判斷，則可以確定是紅麴或是紅糟，紅麴的使用絕大部分與釀造相關，紅糟的使用絕大部分是醃漬食材以便長期保存。

（二）紅麴的運用方式

紅麴在生活上的運用相當多元，以釀造方面的運用爲主軸，釀紅酒則是紅麴最主要的用途，動輒以升或石計，紅醋釀造以紅麴做後續再發酵的染紅，

〔註72〕明・李時珍，〈麴〉《本草綱目》（《景印文淵閣四庫全書》第772～774冊，台北：臺灣商務，1983），卷25頁19。

〔註73〕明・李時珍，〈糟〉《本草綱目》（《景印文淵閣四庫全書》第772～774冊，台北：臺灣商務，1983），卷25頁46。

多以合為使用單位，紅腐乳的製作以豆腐為原料，透過紅麴作為發酵媒介，將口感、質地以及氣味進行改變，同時也起染色的作用，腐乳的製作是需要一段較長時間的陳放，有紅麴的作用會比其他腐乳的香氣更濃重，但日治後期紅腐乳的品質有下滑的情況，是否與紅麴發生的變化有關？芝麻醬中添加紅麴以顯色為主，同時避免避免腐壞。

（三）紅糟的運用方式

《雞肋編》記載江南與閩中以紅糟拌合食材，並以紅糟取代醋的使用，樹林紅糟肉以及宜蘭紅糟魷魚，皆為紅糟在飲食調理中的例證，紅糟亦運用在醃漬，如醬菜以及肉醬的處理，在《農政全書・授時》中民家在二月與十二月有收臘糟的習慣，以備不時之需。〔註 74〕

收藏紅糟的方式有二，（1）取紅糟後直接收入容器中，保持濕潤狀態可隨時取用，（2）乾燥後收藏，方便存放與攜帶，使用時須加入酒濕潤或研磨，才容易發生效力，此形式的紅糟與紅麴在外觀上無法分辨。

就田調對象表示，經營麵攤會興起釀造古法純米紅酒的念頭，起因是希望透過紅糟的使用，將麵攤的肉醬能與他人所不同，並且肉醬加入紅糟，能夠快速的軟化脂肪與瘦肉纖維以節省營業成本，這樣的舉措也令經營者在工作之餘喝些紅酒，意外的消除了長年的啤酒肚。在其周圍亦有素食麵攤主推紅麴乾麵，正確而言應該是紅糟醬拌麵，如同僧侶食用紅糟養生的概念。

三、紅酒在生活中的角色

常民生活可區分成祭祀、飲食、工作與育樂，紅酒在生活當中的主要用途相當廣泛，《臺灣通史》「酒以成禮。祀神燕客，多用老酒，以朮釀之，味甘而（左酉右屯）；陳者尤佳，故曰老酒。市上可沽，然不及家釀美。老酒之紅者用於嫁娶，麴其吉也。」〔註 75〕在祭祀中的敬酒、禮俗儀式結束時的飲宴的主要酒品、親友故舊之見的餽贈以及禮俗中養生進補時的使用，這些用途項目幾乎涵蓋常民生活中所有重心，紅酒在台灣生活中的重要性，無酒能出其右。

〔註 74〕明・徐光啓《農政全書・授時》（《景印文淵閣四庫全書》第 731 冊，台北：臺灣商務，1983），卷 10，頁 7。

〔註 75〕清・連雅堂，《臺灣通史》（《臺灣文獻叢刊》第 128 種，台北：臺灣銀行，）卷 23，頁 606。

（一）臺灣紅酒的歷史沿革

臺灣紅酒的改變，主要原料比例不斷的改變，改變的方向是糯米減少以及飯米增加，而糯米與飯米的蛋白質與脂肪含量有著一的比例的落差；在同治年間臺灣紅酒仍是釀造酒，從光緒之後至日治初期，臺灣紅酒已經成爲再製酒爲主要的情況，此一轉變與清代臺灣米價政策以及清丈田畝政策的交互作用有關；臺灣紅酒的第二次轉變發生在酒專賣之後，臺灣紅酒在此時從再製紅酒爲主要轉變成以混成紅酒爲大宗。

臺灣紅酒在清領時期是釀造酒，能呈現較好的養生能力，從糯米的使用比例可見其營養較高，根據表 2-5 可知，清領末期開始至酒專賣之前，臺灣紅酒是再製酒爲主要釀製方式尤其是商家，而民家應該還保留釀造酒的方式，在酒專賣實施之後，臺灣紅酒偏向混成酒的方式，由這三階段的變化可知臺灣紅酒一直在劣質化，養生能力持續的在下降。

日治初期再製紅酒，糯米使用比例最低的配方，是五石紅酒運用一石糯米以及五石米酒，而米酒是採用一般飯米釀製加蒸餾而成，而五石米酒的飯米使用不會超過三石，酒專賣後再製紅酒，米酒使用十石整整高出一倍，相較之下糯米成分亦減少一半，而酒專賣後混成紅酒，一粒糯米也沒有，此時紅麴也採用飯米製作，而紅麴在混成紅酒當中僅是染色之用，酒的甜味來自蔗糖的添加。

就天臺酒方與 1913 年的配方做對照，可發現日治時期是以酒代水的方式釀造，天臺酒方的第一次取酒是上等紅酒，必須封存陳放，二次取酒前，必須添加米飯作爲發酵原料，而添加的動作即成爲特色，與 1913 年資料比對後，就是所謂的「添仔酒」，三次取酒以蒸餾的方式，取出糟粕中剩餘的酒液，因對糟粕加熱而有「大麴燒」的名號。

表 2-5、紅酒配方演變表

配　方	糯　米	白　麴	紅　麴	水	蒸餾酒	備 註
東陽醞法	一石	約二升	二斗	七斗		
天台紅酒	一石	約四合	二斗	五斗		頭酒
	一斗			三斗		二酒
				不詳		三酒
建昌紅酒	一石二	一升五	一升	一石二		頭酒
				不詳		二酒

1898 報導	一石		一石		米酒五石	
1900 報導	一石		一石		米酒三石多	
1904 調查	一石		五斗		米酒一石二	
1913 調查	七斗		六斗		米酒五石	紅酒
					米酒三石	添仔
				一石六		麴燒
1922 紅酒	一石		一石		十石	
1922 速成紅酒			四升		糖蜜酒一石	加糖
			四升		米酒一石	加糖

資料來源：依據《居家必用事類全集》、《遵生八牋》、〈臺島酒類〉、〈老酒製造概況〉〔註 76〕、〈臺灣酒研究一斑（2）〉〔註 77〕、〈本島に於ける酒類工業（2）〉〔註 78〕、〈00101881009 專賣局公文專酒 2106〉、〈00100761005 專賣局公文專酒 3076〉，筆者整理製表。

1. 清領時期的釀造紅酒

宋代與明代記載的紅酒釀造模式，都是以糯米與紅、白麴併用發酵而成，在日治之前，臺灣紅酒的釀造紀錄有《臺灣紀事》「佳釀，有蔥白色與紅赤色者，即周禮所謂盎齊、緹齊也；有澄而味芳冽與釀經歲始熟者，即周禮所謂清酒、昔酒也。」以及《淡水廳志》、《樹杞林志》「酒則蒸米拌麴自釀之，其色紅而味釀。」，這三筆資料代表著道光年間到光緒年間的紅酒製法，此時紅酒以釀造酒的方式進行，等同延續宋明時代的釀造法，但臺灣紅酒卻與原鄉紅酒已有不同，主要差異在於白麴的運用與否。

再製酒的相關記載出現，在光緒年間劉銘傳清丈田賦之後，在明治年間地方稅實施之前，日治之後紅酒釀造就以再製酒的方式進行，可推估臺灣紅酒以再製酒方式釀造的改變，可能發生在清末與日治交接的年代，或者是從劉銘傳清丈田賦之後。

清領時期的米價政策，其一是採買例價，以不及市價一半的低價購入官

〔註 76〕不著撰人，〈老酒製造概況〉，《臺灣經濟雜誌》，第 24 期，1900 年 11 月 23 日，頁 16。

〔註 77〕藤本鐵治，〈臺灣酒の研究一斑（2）〉，《財海》，第 17 期，1907 年 10 月，頁 27。

〔註 78〕田澤震五，〈本島に於ける酒類工業（2）〉，《臺灣商工月報》，第 90 期，1916 年 11 月，頁 11。

倉所需，形成地主與鄉紳必須補差額的負擔，官員的強求也造成放任地主或鄉紳的私墾行爲，是形成隱田的主因之一，其二是平糶價格，官員於荒年開官倉，但出售價格是收購價格的數倍，其三是折徵價格，是以貨幣代替米糧完稅，但是以市價兩倍徵收，如此的納稅方式造成隱田有存在的必要，以補納稅時的落差，劉銘傳清丈田賦直接破壞隱田規則，雖然對田園賦稅做了調整，但米價制度未改變，對人民的衝擊仍然很大，因此釀酒漸少米糧的運用是必然的趨勢。

清領末期，臺灣人民自大陸購入麴公後，以再製酒的方式避免任何閃失，自然可長時間的不斷重覆利用紅糟製作新紅麴，自家無紅糟只須向親友索取紅糟再行釀製即可，親友會慷慨贈與因每次釀酒紅糟數量不算小，乾燥能輕易保存，但不可能當作禽畜飼料，因在生活禮俗當中紅糟扮演不可或缺的功能，除非發生天災或人禍造成大範圍的紅糟喪失，不然無須經常購入大陸麴公補充。再製紅酒的方式是以米與紅麴初步發酵，數日後加入蒸餾酒，此釀製方式能確保釀造失敗以及預防麴種變質，也是面對地租增加時減少稻米的使用以及高價的進口麴公的一種製酒對策。

日治時期在酒造稅實施之後，民家不得私釀自然無糟可用，必須向外購買，廠家爲了避免稽核的困擾，將加熱後的糟粕當成飼料，以維持養豬這項副業的持續，亦可將紅糟販售賺取薄利，但此舉需要面對繁瑣的簿冊與稽查。

資料顯示紅酒的釀造，從宋代到清同治年間都是純米釀造法，以五倍的糯米飯與一倍的紅麴拌合發酵而成的酒液，再加入大量的清水，等待四個月的釀造完成，形成生酒後進行上糟的動作，隨即入甕封蓋陳放，陳放時間至少一年，陳放過程中不擔心開蓋檢視所造成的落菌，因紅麴菌相當強悍，能排除其他菌種的影響，純米釀造的紅酒液，因不需經過蒸酒的程序，能保留大量的紅麴菌、大量的氨基酸以及其他有益的微生物，這些微小分子對於人體的吸收相當便利並且能夠提供大量人體所需的營養成分，以快速恢復體力，這種紅酒的酒精濃度在十五左右，不會有嗆鼻的酒精味，但在光緒年間被再製酒取代。

2. 清末至日治的再製紅酒

再製酒的釀造方式，從清末到酒專賣之前，一直是紅酒的主要釀造方式，這種釀造手法是以一倍糯米飯與一倍紅麴拌合進行發酵，再加入五倍到十倍不等的蒸餾米酒，此手法的紅酒釀造速度很快，數十日即可上糟，米酒的酒精濃度在二十左右，而此時的米酒是以草麴釀製，再熬酒而成，草麴不能入藥，其酒在身體的調理上也不易被認同，從原料比例中可看出糯米數量的大幅度降低，代表著生成胺基酸的原料減少，酒液的胺基酸必然大量減少，對人體的助益也降低許多，酒麴適合的環境是酒精濃度在十五至二十之間，當發酵後酒精濃度到達十八左右，隨即停止功能，酒精濃度二十令原料中微生物無法發揮功能，日治時期的紅酒因紅麴菌的功能無法展現，保存上必須經過蒸酒的程序，此一程序將酒液中的有益微生物完全清除。

日治初期的紅酒資料顯示，日治之前紅酒已然是再製酒的方式釀造，從同治年間到光緒年間發生此一改變，似乎透露著清領末期的局勢造成的改變，對生民造成影響的措施應該只有劉銘傳的清丈田賦，清查稅賦對官方造成稅收增加，對民家而言是增加了田賦的負擔，減少了稻穀的儲藏，在稻穀代表現金的年代，此情勢必然對釀酒所需的大量稻穀產生限縮的壓力，在無酒擲無筊的祭祀文化中，酒的釀造是相當重要的，而紅酒更是臺灣習俗當中，酒類不可或缺的品項，紅酒是以糯米釀製，而糯米又是高價米，必須設法以低價的白米取代，其可行的方式就是以米酒，因此形成再製酒的造方式，日治初期至實施酒造稅爲止，紅酒使用糯米的數量已經減少許多，此時期糯米、紅麴與原料酒的比例是一比一比五，釀造流程是以蒸飯拌紅麴數日後注蒸餾酒，數十日後去糟粕分裝陳放待其醇化，加入的蒸餾酒是營養價值不高，並且原料是白米的米酒。

3. 酒專賣之後的混成紅酒

日治時期酒專賣之前，混成紅酒已經出現，釀造方式有兩種，其一是再製紅酒取出酒清後，以酒糟加水再蒸餾成爲劣等紅酒「大麴燒」，在 1898 年的報導中就可見到，其二是以糖蜜酒或米酒拌入糖與紅朱膏，成爲「即製紅酒」在南投廳出現，在 1909 年的報導可見，此種混成酒的釀造方式，完全是釀酒商因應面對高額賦稅時的作法，畢竟開門做生意是爲了賺錢。

日治時期酒專賣後，負責釀造紅酒的酒場，除了釀造再製紅酒，更是大量製造混成紅酒，其製造手法與「即製紅酒」相當，以一倍紅麴注入二十五倍酒精濃度二十的蒸餾酒，再加入糖進行調味，此時的再製紅酒價格相當高，不適合運用在坐月子時如此大的需要量，混成紅酒只是一種調味酒，品質效用與米酒不相上下，然而紅酒價格卻比米酒還高，幾乎以一倍計算，就營養成分而言，一號混成紅酒，原料酒是一粒米都沒有的糖蜜酒，而二號混成紅酒的原料酒是非糯米釀造的米酒，兩中原料酒都是經過蒸餾，只具備酒精而已，酒液中滋養的成分在蒸餾過程中全部流失，而紅麴只是染色的用途，混成紅酒的酒麴並無發酵與轉化的過程，酒液中完全沒有胺基酸可言，也不會對人體產生任何滋養的效果。

圖 2-11、清酒分級〔註 79〕

上圖呈現了大吟釀、吟釀與本釀造三種等級的清酒，從大吟釀的標籤上可知其口感是芳醇，從本釀造的標籤上可知其口感是辛辣，這證明了釀酒時米多則酒甜的論點以及酒的好壞在於米量的多寡。在林口觀光酒廠的體驗收穫頗多，實際品嘗過純米釀與大吟釀兩種等級的清酒後，對於上圖的感受更加鮮明，品嘗純米釀時，嗅覺的香、味覺的甜是相當迷人，會微醺通體舒暢，但嘗試大吟釀時，嗅覺香中帶嗆、味覺是甜中帶有酒精味，與純米釀比較眞的感受差很多，可以想像接近米酒的本釀造會有多麼嗆辣。

從清領到日治的紅酒釀造配方中，變化最多的就是糯米的使用量下降，糯米營養成分高於白米，而米酒是經蒸餾的酒，已經失去釀造酒的營養成分，因此以酒代水的方式進行紅酒的製造，養生成分自然降低許多，再者加入的蒸餾酒多是酒精濃度二十五度的米酒或糖蜜酒，以超過酒麴發揮效用的濃度值，因此紅麴在發酵中能釋放的養生成分，也無法伴隨出現。

酒香甜不嗆辣是純米釀的特色。在清領時期，臺灣紅酒的釀造還是依循傳統酒方的方式，以蒸飯拌紅麴注水後，待其自然發酵成酒，如淡水廳志記載「酒則蒸米拌麴自釀之，其色紅而味釀。」，由此資料可推知臺灣在同治年

〔註 79〕筆者拍攝。

間之前，釀造紅酒的方式與宋明時期的方式相同，因此這時期的紅酒可確知是釀造酒，糯米與紅麴的比例多是五比一，建昌紅酒的比例爲十二比一，是因釀造方式以兩階段方式釀造，首先進行醒麴，少量酒麴以米粥爲原料培養出數倍的酒麴，之後才投入米飯進行釀酒，因此酒麴使用量隨之降低，釀造酒的優點有酒精濃度不高，營養成分高益生菌活性強，酒味香，口感甜，飲用者享受酒的優美。

釀酒時使用米的比例越高，釀出的酒就越香甜，自清末到日治時期，白米用量一再下滑，造成此一變化的因素是高額稅賦的增加，酒造稅實施後，民家禁止自釀酒品，更不得擁有酒甑，而商家是營利取向的，爲爭取較好的利潤，必須降低成本，增加獲利空間以支付高額酒稅，因此酒造稅實施之後，紅酒原料比例又再次發生改變，根據〈本島に於ける酒類工業（2）〉的資料，此時糯米、紅麴與原料酒的比例是七比六比五十，相較於上一時期原料酒的比例又再提高，此時原料酒已接近十倍的運用，將此時的紅酒歸入再製酒等級，似乎已有名不符實，據田澤震五在1916年發表的文章〈本島に於ける酒類工業〉顯示1913年的資料，同一批原料糯米要釀造出老酒、添仔酒、大麴燒三批不同等級的紅酒，代表著混成酒的紅添酒與大麴燒。

（二）紅酒的重要性

紅酒在眾多資料中提及運用的場合有，（1）祭祀如祭墓與祭神，（2）飲宴場合的運用，（3）親友之間的餽贈，（4）歲時禮俗的使用，（5）養生進補的使用。

宋明兩代關於秋收祭神的詩文，宋・虞儔〈秋雨歎〉「禾實趕登場。不特盈我庾。荷擔頳肩歸。亦足慰田父。黃鷄能漸肥。紅酒幸可酤。持用答豐年。造物儻復許。」〔註80〕描述八月秋收慶豐年，買紅酒殺黃雞以備祭神之用，以及明・方孝孺〈紅酒歌〉「田家八月秋秫黃。頳肩滿檐金穰穰。西成萬室喜登場。斗酒勞慶年豐祥。天台山人傳秘方。釀成九醞丹霞漿。紫檀糟頭秋點長。絳囊醡壓甘露涼。猩紅顆滴眞珠光。蓼花色比桃花強。薦新設席請客嘗。風吹桂花滿屋香。」〔註81〕在秋收後，過濾紅酒與準備供品，呈現酬謝土地

〔註80〕宋・虞儔，〈秋雨歎〉《尊白堂集》（《景印文淵閣四庫全書》第1154冊，台北：臺灣商務，1983），卷1，頁8～9。

〔註81〕明・方孝孺，〈紅酒歌〉《遜志齋集》（《景印文淵閣四庫全書》第1235冊，台北：臺灣商務，1983），卷24，頁12～13。

神以及宴請親友的景況，說明自宋到明紅酒都是常民祭祀活動中的禮酒。

元・趙文〈展亦周墓〉「竹刺藤梢未易攀。一杯紅酒酹荒菅。攜兒不敢高聲哭。僧錄新來住此山。」〔註82〕，訪故舊墳塋，因局勢不明行事不敢張揚，僅一杯紅酒祭拜故舊墓地，以表誠心。

〈秋雨歎〉、〈紅酒歌〉與〈展亦周墓〉這三篇詩文記載紅酒在祭祀的場合的運用，紅酒可以祭祀以及飲宴時使用，這樣的運用在臺灣的清領與日治前期也都如此一脈相承，如《臺灣（改訂版）》的資料「而して正午に粽、牲醴、雄黃酒（紅酒に雄黃といふ著色藥味を加へたもの）を家廟に供へ、放炮、焚香の上一家粽を食し酒を呑み身體の健康を祈る。」〔註83〕雄黃酒是端午祭祖的供品之一，在《臺灣日日新報》〈酒國一新〉一文中「臺地從前宴客，以土釀老紅酒爲佳，其次則支那之紹興酒、膏粱酒而已。」〔註84〕可了解紅酒在臺灣的宴會中是相當重要的。

蘇軾的詩詞〈次韻錢穆父馬上寄蔣穎叔二首〉「玉關不用一丸泥。自有長城鳥鼠西。剩與故人尋土物。臘糟紅麹寄駝蹄。多買黃封作洗泥。使君來自隴山西。高才得兔人人羨，爭欲尋蹤覓舊蹄。」〔註85〕表示宋代親友之間的贈與以紅酒與紅糟爲之，代表紅酒因色味都是相當的美好，並且對遠在關外的友人寄上暖身的故鄉味，有著珍重與平安歸來的祝福之意。

明・邵寶〈除夕勳姪送紅酒〉「紅酒桃花色。東風吹更鮮。將情來舊宅。送喜入新年。」〔註86〕可知明代時紅酒在親友饋贈的用途上運用，並且紅酒在過年慶典的時節上運用，看到故舊濃厚情誼透過故鄉飲食傳達，詩文中可看到紅麹酒在親友之間的送往迎來的運用，由酒的喜慶色中了解相聚時的歡愉以及送別的祝福，也是延續了親友的送往迎來之意，就臺灣的資料，年節的飲宴所用的酒品以紅酒爲上，「視客人饗以年糕及酒肴。酒多爲紹興酒、紅酒、氣酒等，菜肴則以小碟盛豬、雞、鴨、魚等肉充之。」〔註87〕可看出紅

〔註82〕元・趙文，〈展亦周墓〉《青山集》（《景印文淵閣四庫全書》第1195冊，台北：臺灣商務，1983），卷8，頁17。

〔註83〕武內貞義，《臺灣（改訂版）》（台北：新高堂，1927），頁1060。

〔註84〕〈酒國一新〉，《臺灣日日新報》（漢文版），1897-03-27。

〔註85〕宋・蘇軾，〈次韻錢穆父馬上寄蔣穎叔二首〉《東坡全集》（《景印文淵閣四庫全書》第1107～1108冊，台北：臺灣商務，1983），卷21，頁17。

〔註86〕明・邵寶，〈除夕勳姪送紅酒〉《容春堂集續集》（《景印文淵閣四庫全書》第1258冊，台北：臺灣商務，1983），卷2，頁27。

〔註87〕（日）臺灣慣習研究會、劉寧顏編，《臺灣慣習記事》（台中：台灣省文獻會，

酒在歷史上，有著一脈相承的習俗與文化概念。

「傳統上，在立冬這一天都要進補，稱作補冬。主婦們會燉一鍋麻油雞，或者豬肉、鴨肉等，給全家人補身去寒。有些人家還會吃酒釀（甜酒），酒釀的作法是在蒸過的糙米中，放入紅粬（酒作的麴）讓它發酵。」〔註 88〕，立冬進補是臺灣的一種時令風俗，當天會以薑母鴨進補，以對抗來臨的冬天，食用酒釀是滋養身體、行血走氣，但此一方式不是只有臺灣有，如酒釀湯圓是眷村的傳統飲食之一，但臺灣以紅麴進行，顯現紅麴在臺灣人民生活中的重要。

綜合上述五項紅酒在生活上的運用，可見紅酒在臺灣民俗的重要性，在民俗的傳承中臺灣是一脈相承，而在臺灣的運用還要加上養生的用途，令紅酒在民俗生活中的重要性更加完整。

1984），第一卷上，頁 19。

〔註 88〕林川夫編，《民俗臺灣》（台北：武陵，1991）第七輯，頁 191。

第三章　日治時期紅麴管制與運用的轉變

第一節　日治時期的酒稅制度

一、地方稅制（1898～1907）

自甲午戰爭結束後，日本領台初期在政權的全面掌握花費一些時間，因此領台初期的鎮壓與相關軍事行動，使得日方有買台的議論出現，遲至 1898 年才有地方稅的實施，此舉象徵日方確定統治臺灣的意向，而地方稅實施的法令條文中與釀造業有關措施，可分成兩階段，第一階段是 1898 年至 1902 年，此時對釀造、製麴的影響是必須課稅，課徵的項目是營業稅，對民家並無任何的影響，第二階段是 1903 年至 1906 年，對民間釀造的影響是雜稅中酒甑稅的實施，對蒸餾器具徵稅，對民家釀酒開始發生了衝擊。地方稅的兩階段對製麴業與製酒業，僅是課徵營業稅，並且稅則並不高。

（一）營業稅實施（1898～1902）

地方稅實施之前，關於租稅僅見 1896 年臺灣地租條例目錄，未見其條文，然而接收臺灣初期，相關經費都是由日本內地供應，實施地方稅徵收是兒玉總督開始，此時期的統治經費絕大部分仍由內地支應，地方稅中的營業稅，主要針對工商業所得進行課稅，但條文中稅率並不明確，僅能從後續相關條文了解營業稅的稅率。

1898 年至 1902 年主要法令是 1898 年第十七號律令，由其衍生出府令，由此可知律令是臺灣地區的母法，而府令是子法的從屬關係，爲求法令的周延，將徵收項目、實施日期與實施地區分三項法令公布。

表 3-1、1898～1902 年地方稅條例

條例名稱	發布日期	條文摘要
明治三十一年律令第十七號	1898.07.19	發布《臺灣地方稅規則》，徵收項目爲地租附加稅、家稅、營業稅與雜稅四大類，各類細部項目總督自訂，1898.10.01 實施。
明治三十一年府令六十一號	1898.07.23	《臺灣地方稅賦課規則》以《臺灣地方稅規則》爲法源基礎頒布，營業稅項目制定二十一項，雜稅項目二十項，營業稅中販賣與製造兩項與釀造業有關，1898.10.01 實施。
明治三十一年府令六十二號	1898.07.23	《臺灣地方稅徵收規則》，1898.10.01 實施。
明治三十一年府令六十三號	1898.07.23	《臺灣地方稅規則》實施區域臺北縣、臺中縣、臺南縣以及宜蘭縣，1898.10.01 實施。
明治三十四年府令第八號	1901.03.19	《臺灣地方稅賦課及徵收規則》，整合並代替三十一年府令六十一號與六十二號，營業稅部分將原二十一項合併成商業稅與工業稅兩項，雜稅並無改變。
明治三十五年律令第四號	1902.06.10	《臺灣地方稅規則》修訂，稅收由總督管理，並作爲臺灣區域管理經費使用，課稅項目有地租附加稅、家稅、營業稅、雜種稅。

資料來源：根據《總督府府報》、《臺灣日日新報》，筆者整理製表。

據《臺灣日日新報》報導內容「雙料酒者。其製造之法。先用米一斗蒸熟。和白粬二十粒。過二日間。將米粬放置桶內。入清水七十斤額。越一日在加米飯一斗。延至七天。即移入釜中。翕其煙水而爲雙料酒。每百斤價値五圓左右。如製造紅酒之法。先用朮米一斗蒸熟。和紅粬一斗。至七八日後。加入雙料酒百五十斤俟。其澄清即將渣滓除去。每一斤價値十錢。爲三種中最良之品。貯藏多年益見珍重。謂能調補云。」〔註 1〕。

1898 年開始實施地方稅，製麴與釀造業者必須繳納營業稅，其稅額並未標明，僅能就 1903 年府令第六號條文規定，製造業的營業稅爲千分之三計算，根據上文，一石紅酒爲三百斤可售得三十圓，徵收的稅金爲九錢稅額並不高，

〔註 1〕〈臺島酒類〉，《臺灣日日新報》（漢文版），1898-08-06。

而一石雙料酒可售得十五圓，稅金爲四錢五厘。

表 3-2、紅麴、白麴進口資料

輸入	白 粬		紅 粬		輸入	白 粬		紅 粬	
年分	斤	円	斤	円	年分	斤	円	斤	円
1906	5712	385	2875	299	1918	1599	312	1897	792
1914	3223	201	25421	7394	1919	2319	504	1658	750
1915	2627	192	4970	1576	1920	6392	1115	30118	15565
1916	2249	192	4970	1576	1921	5395	688	63707	18965
1917	1505	234	1835	760	1922	601	83	17971	5411

資料來源：根據《臺灣貿易四十年表》〔註2〕數據，筆者製表。

日治時期白麴、紅麴進口在數據，根據報表資料分成三個時期，第一時期是 1896 年至 1913 年白麴、紅麴自大陸進口的數量登載不完整，1906 年的進口資料是從藤本鐵治發表文章節錄所得，第二時期是 1914 年至 1922 年白麴、紅麴進口資料齊全，第三時期是 1923 年之後不再出現白麴、紅麴進口的資料，就紅麴與白麴的價格而言，紅麴進口價格是白麴進口價格一倍以上，就進口數量而言，白麴進口數量相對平穩，而紅麴的進口數量起伏不定。

後藤新平堆動臺灣舊慣習調查，《臺灣慣習記事》是慣習調查的初步成果資料，當中發現臺灣與日本在習俗與發展的差異，1901 年府令第八號修改地方稅徵收條文，將營業稅項目整併，避免徵收租稅時發生紛爭，例如保險業的項目形同虛設，臺灣保險業是日治後，由日資引進的產業，可見原條文是套用內地法令而成，並不適用於臺灣。

法令對釀造業者以及製麴業者，增加了些許經營成本，但是對於民家而言，釀酒自用所需原料取得不受影響，紅糟的保留與應用也不受約束，當然對生活禮俗方面不會造成任何的不便與改變。

（二）酒甑稅實施（1903～1907）

1898 年第十七號律令與 1902 年律令第四號的差異，在於總督有明確的管理與支配權力，這兩項律令都須經由內地國會許可，酒甑稅的實施是根據 1902

〔註 2〕臺灣總督府財務局稅務課，《臺灣貿易四十年表》（台北：臺灣總督府財務局稅務課，1936），頁 182。

年律令第四號爲母法而增訂的條文。

酒甑稅的實施辦法是 1903 年府令第六號，內容明確標示營業稅的稅率，在雜稅方面增加酒甑稅的項目，此法令可說是日治時期地方稅的主要條例，一直沿用到昭和年間，自此法實施後釀酒業必須負擔營業稅與酒甑稅，而酒甑稅是釀酒界的負擔，對於製麴業並無影響，民家釀酒的行爲開始發生一些變化。

酒甑稅的實施所彰顯的意義是，臺灣總督府發現民家自釀酒的情況盛行，此一情勢與內地不同，因此是一項可行的稅收來源，隨著政策實施，臺灣人民的應變方式爲共用酒甑以降低稅金的負擔或以購買取代釀造，對民家釀酒的習俗已開始發生衝擊也對釀酒技術的傳承發生改變。

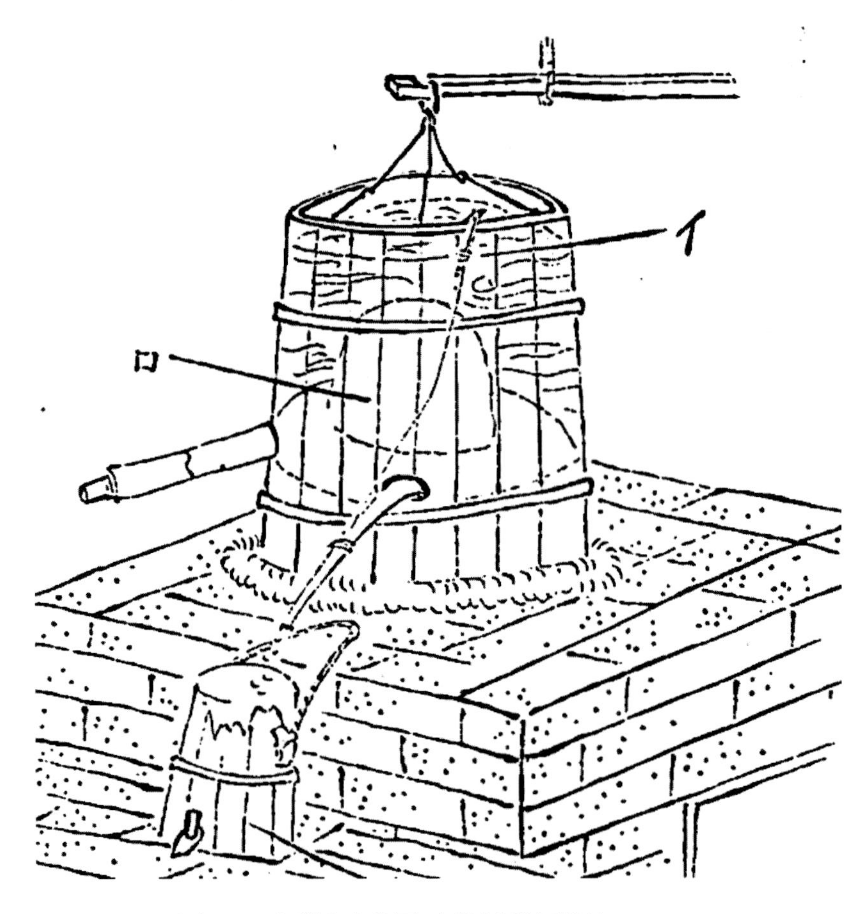

圖 3-1、酒甑示意圖（俗稱熬酒桶）〔註 3〕

〔註 3〕藤本鐵治，〈臺灣酒の研究一斑（3）〉，《財海》，第 19 期，1907 年 12 月，頁 37。

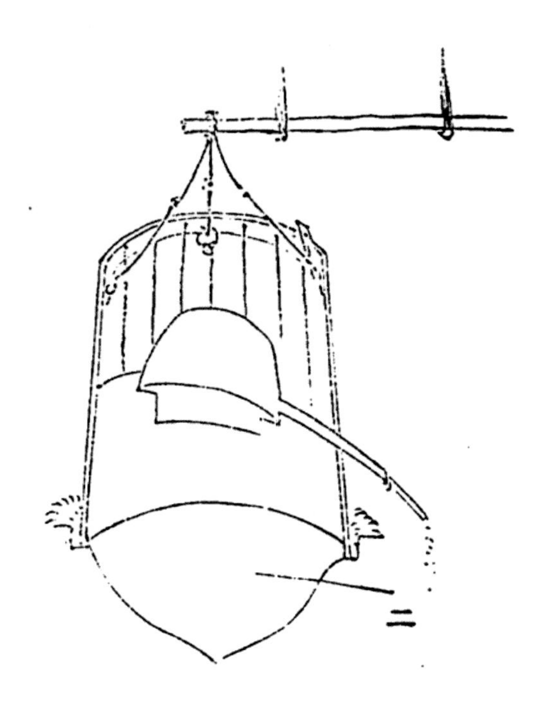

圖 3-2、酒甑剖面示意圖〔註 4〕

圖 3-3、家用酒甑

〔註 4〕同註 3。

圖 3-1 與圖 3-2 是酒甑俗稱熬酒桶，也就是酒液蒸餾器，圖中呈現的酒甑是酒廠使用的大型酒甑，從上方有吊掛物可以判斷，其尺寸高過成人，而民家的酒甑尺寸小，但外型相同如圖 3-3，民家的酒甑如同飯桶進行改裝，在自家的廚房裡，將酒甑放置灶上即可進行酒液蒸餾。

「近年來內地人製造燒酒，漸次增加，其既經登記者，台北市街有四戶，各於納酒甑稅而外，亦納製造稅，日已製造販賣，其顧客多係中等以下勞力人，致普通清酒之銷售，大爲所挫，遂漸次壓倒琉琉泡盛酒，而於本島人從來中等以上之資產家，皆有備置酒甑爲自家用，以圖應時期釀造貯存，蓋其慣例也，自本年以來有徵收酒甑稅，乃漸減少，至數戶合同設一酒甑，備作自家之用，是即本島人與內地人之於造酒也形勢全不同。」〔註 5〕。

這一改變與臺灣舊慣習調查有著直接關係，此時後藤新平對臺灣情勢的瞭解更加深入，對於民家自備酒甑是一種普遍情況，再者租稅的徵收與運用權力掌握在總督，因此增加此一稅收項目是直接對財政有所助益，並且徵收的層面觸及商家釀酒與民家自釀。

此時酒甑的稅額是年稅五圓，對於小型釀酒商家而言，成本稀釋並不容易，勢必拉抬酒的售價，臺灣此時台資釀酒商家規模都不大，對雙料酒（米酒）與時酒（番薯酒）這兩種氣酒（蒸餾酒）的價格影響最爲直接，對紅酒的影響也隨之而來，此時的紅酒已經是再製酒，以雙料酒爲原料，因此售價也隨之提高，對於釀酒以供自家使用的家庭，其成本暴增，其因應之法即是數家共用酒甑，以分攤稅金降低租稅壓力，民家釀酒不過數斗，就雙料酒一石十五圓的價格而言，會產生釀造意願低落而購買意願較高的情況，此情勢對民家釀酒的習俗必然造成影響。

1903 年的酒甑稅率是不論規模的一致，形成稅率不公的情況，在 1904 年下修稅率，新稅率對釀酒業者，有一定程度的舒緩成本壓力，規模較大的日資釀酒者，所需酒甑不只一個，其成本壓力是倍減，規模較小的台資釀酒者，也有所幫助，但是對於民家釀酒自用而言，在衝擊生活習俗略有力道上的緩解，但對於釀酒數量較低的人家，依然會選擇購買的方式以備生活上需要。

1903 年實施酒甑稅，一個蒸餾器課徵年稅五圓，1904 年修法，降低酒甑稅額，區分營業與自用的稅額，對釀造業者的影響是增加經營成本，但就釀

〔註 5〕〈製酒業狀況〉，《臺灣日日新報》（漢文版），1903-09-09。

造數量大的酒商並無太大的影響，並且此一成本是可轉嫁的，只會造成需求者的額外負擔，而且此一成本也會隨著蒸餾數量擴大而被稀釋，但對自家用的釀造而言影響相當大，自用酒釀造數量不大，僅數斗的規模，必須額外負擔沉重稅金以及米糧的使用，而且稅額五圓等同五斗米酒的價格，即使自用稅額降爲二圓也等同數斗的金額，自然會形成自用酒不再自釀的條件，轉而從市場購買成品，以購買的方式能節省原料使用、稅金支出以及免除釀造時的繁瑣工作，並且可將米糧出售賺取現金。

表 3-3、1903～1906 年地方稅條例

條例名稱	發布日期	條文摘要
明治三十六年府令第六號	1903.01.23	《臺灣地方稅規則施行規則》並實施，第七條中營業稅分列二十四項，販賣與製造的年稅稅額是總金額千分之三，第九條雜種稅最後一項是酒甑年稅五圓。此一地方稅法令使用時間很長，至昭和年間依然以此號法令作修訂。
明治三十七年府令第十九號	1904.03.01	《臺灣地方稅規則施行規則》修正，第七條中營業稅的修訂針對煙葉，其他行業無影響，第九條雜種稅中酒甑年稅爲，第一項爲營業並二人以上共用五圓，第二項爲第一項規定之外者二圓。
明治三十八年法律第一號	1905.01.13	《非常特別稅法》面對日俄戰爭加徵的租稅。課徵的項目在第二條第四項酒稅一石二圓。
明治三十九年法律第三十一號	1906.04.10	臺灣地區法律依總督規定，經主務大臣勅裁，緊急時總督逕行發布實施，自 1907.01.01 實施，至 1912.12.31 止。

資料來源：根據《總督府府報》、《臺灣日日新報》，筆者整理製表。

1905 年特別稅法，是日俄戰爭時，募集軍費的所頒布的法律，此一法令高於總督府的法令，由內地發出在所有統治範圍內，一體適用，但法令中提及的酒稅僅在內地實施，但是在臺灣並無實施酒醬稅，根據〈本島酒釀造額〉「內地之酒造稅。一石十五圓。特別稅二圓。計十七圓。若在臺灣之酒稅。一石徵十圓。可收入有一百五十萬圓。若一石徵五圓亦有七十五萬圓。」〔註 6〕，未實施的因素在於，特別稅法的條文是在酒造稅條例上在額外加徵，此時臺灣尚無酒造稅條例，因此無基礎條文，自然無法增加附加條文，

〔註 6〕〈本島酒釀造額〉，《臺灣日日新報》（漢文版），1906-05-09。

如國稅的地租條例實施之後，在地方稅法才有地租附加稅的條文，因此地方稅時期，製酒業的稅務有營業稅與酒甑稅兩項並無酒石稅的影響，製麴業更無相關加稅的條例。

在 1903 到 1906 年酒甑稅實施期間，對紅麴的影響相當有限，因製麴場只需負擔低額度營業稅，對紅糟而言開始產生變化，因民家釀酒的戶數降低，紅糟的保留與運用的戶數隨之降低，也代表更多的家庭必須購買紅糟，以備食物製作之用，對紅糟運用的慣例產生改變的因素。

1898 年至 1907 年臺灣總督爲兒玉源太郎，民政長官後藤新平爲實際規劃與執行者，這一時期對釀酒課稅的方面主要是營業稅與酒甑稅兩項，當條例中出現不符比例原則的現象時，根據實際形況做調整，調整的方向會對人民較有利，其統治方式先緊後鬆的方式，此一方式較容易令人民產生總督府良善的錯覺。

兒玉總督時期，臺灣所有稅收並不足以應付總督府統治所需，仍須由內地提供大量的經費，但面對逐漸減少的內地補助，以及隘勇線前進的軍事費用，酒甑稅在這種時空背景下實施，可知釀酒商必須負擔營業稅、酒甑稅兩種地方稅，民家因酒甑稅的實施降低酒甑使用的個數，酒甑稅推估稅收可增加數萬圓，隨著民家酒甑數量減少也導致稅收下降。

表 3-4、1904 年臺灣酒一石當價格

種類		釀造酒	蒸餾酒						再製酒	平均
酒名		紹興酒	高粱酒	米酒	番薯酒	甘蔗酒	離仔酒	糖蜜酒	紅酒其他	
北部	上		29	30	20				72	37.75
	中	30	20	16.5	12		15		30	20.583
	下	24.4	15	10	7.5		10		15	13.65
中部	上			33	20			30	50	33.25
	中			13.5	16.5	10		12	20	14.4
	下			9	8	7.2	10.5	8.5	10	8.866
南部	上			45	24			35	34	34.5
	中			18	15	15	12	15	17	15.333
	下			9	8	10	9	10	10.2	9.366

平均	上		29	36	21.333			32.5	52	34.166
	中	30	20	16	14.5	12.5	13.5	13.5	22.333	14.042
	下	24.4	15	9.333	7.833	8.6	9.833	9.25	11.733	11.998

資料來源：〈臺灣酒の研究一班（6）〉〔註7〕，筆者製表。

米酒的價格自1898年的一石十五圓，經過地方稅與酒甑稅的影響，在1904年一石米酒平均二十圓，紅酒的價格自1898年的一石三十圓，在1904年一石紅酒價格都高於所有酒價平均，這些數據反應出稅額對酒的價格的影響，價格上升直接影響，就是常民生活的態度與舉措。形成民眾開始自市場購買酒品備用的局面，會造成傳統生活中技藝的荒廢以至於消失，同時造成禮俗上的改變，如祭祀過程中會有米酒代替紅酒，生活所需會以低價酒取代高價酒的方式進行。

表3-5的資料顯示，自用酒甑比例偏高的地區有基隆、深坑、苗栗、南投等等各處，都具有潮濕涼寒的氣候特質，生活在此種氣候中，酒的需求自然比較高，自用酒甑比例偏低的地區有嘉義、鳳山、阿猴等等各處，都屬於溫暖乾燥的氣候特性，生活中酒的需求會比較低，這兩種區域的釀酒量卻是相反，主要是地形影響了村落型態與家族型態，基隆、深坑、苗栗、南投的丘陵地形，容易形成散村因此家族型態會形成分居獨立，嘉義、鳳山、阿猴的平原地形，容易形成集村因此家族型態會形成共居聚集，家庭人口多會造成釀造數量的上升，但是會形成酒甑數的下降。

每戶平均石數的比較，可看出釀造量最高不超過一石，最低僅二斗多，數量上都不高但都要負擔二圓的酒甑稅，對照當時的酒價會發現釀造量低的家庭，採以購買方式會是最符合經濟效益的，不但可省去稅金更可節省米糧的使用，將米糧換現以及稅金，可購置資自家一年所需的酒量尚有剩餘。

實施酒甑稅促使民家改以購買供應需求的酒量，而自行釀酒供應所需的模式逐漸減少，但是對再製紅酒的影響並不大，因此民家紅糟的數量並不會隨著酒甑稅實施而減少，民家生活當中一年循環、一生循環的祭典與禮俗都必須運用到紅糟，如製作粿、圓是一年當中最常製作的祭品，而紅糟就是染紅的原料並且具備延長食用期間的效果，這些紅糟是釀酒後的糟粕，若自家無釀紅酒，仍會採取製作紅糟或購買紅糟的方式進行，以備不時之需。

〔註7〕藤本鐵治，〈臺灣酒の研究一班（6）〉，《財海》，第22期，1908年3月，頁30。

表 3-5、1904 年自家用酒製造者の數及其の製造石高

廳 名	人 口	戶 數	自家用酒製造戶數	製造石數	一戶平均石數	酒甑數	備考 營業：自用
台北	290997	39630	6291	2109.422	0.335	288	5：1
基隆	115971	17747	4819	3468.96	0.720	187	1：1
宜蘭	113542	17955	771	448.36	0.582	271	10：1
深坑	46080	6567	2717	1087.0	0.400	77	1：1
桃園	204657	24933	3950	3523.153	0.982	294	2：1
新竹	171759	27214	3800	1285.706	0.338	379	5：1
苗栗	147353	20918	11427	4045.58	0.354	292	1：1
台中	208298	32293	21117	6333.48	0.300	274	2：3
彰化	281797	47737	7218	3087.411	0.428	186	2：1
南投	72514	11520	3760	1880	0.500	166	1：1
斗六	215203	37212	2732	2362.478	0.865	216	4：1
嘉義	198861	33551	671	246.1	0.394	150	34：1
鹽水港	270789	45677	900	718.006	0.797	208	14：1
台南	192965	33308	2501	943.4	0.377	241	7：1
蕃薯寮	48942	8587	300	120	0.400	137	20：1
鳳山	178740	29119	420	95.4	0.227	98	78：1
阿猴	163424	29879	73	63.6	0.863	255	58：1
恆春	19626	2974	49	46.78	0.955	87	23：1
台東	49817	9053	1121	280.25	0.250	156	3：1
澎湖	55721	8490				50	
合計	3046859	484364	78036	32164.694	0.412	3912	

資料來源：〈臺灣酒の研究一斑（8）〉〔註 8〕，筆者製表。

綜合上述資料可知，1898 年至 1906 年的地方稅時代，紅麴與紅糟在民家運用方面並不受稅制影響，但是釀酒的習俗開始受到衝擊，紅酒需求量較低的民家將不再釀造紅酒改以購賣的方式補充，因不釀造紅酒對紅糟的取得方

〔註 8〕藤本鐵治，〈臺灣酒の研究一斑（8）〉，《財海》，第 25 期，1908 年 6 月，頁 26～27。

式會發生改變，但是這些改變，對民俗飲食沒有發生影響，但對民俗技藝以及克勤克儉、自給自足的傳統核心價值已經發生衝擊。

二、間接國稅（1907～1922）

1906 年頒布的三一法，賦予臺灣總督無上的權利，內地國會僅能就臺灣總督推行的法案，做立法程序的後補式同意，賦予佐久間總督推行所有政令僅事後向內地國會報備即可，因此在 1907 年實施的酒造稅以及酒麴管制，是充滿獨斷性格的法案，此項法案對臺灣民俗的影響不是酒甑稅能比擬的。

1907 年釀造業進入國稅時代，與釀造相關的各項行業皆受到管制，製造出酒精的行業必須承受的賦稅有（1）免許申請費、（2）營業稅、（3）酒造稅三項的固定支出，酒甑稅在酒造稅實施前已廢止，製麴業與酒甑業的賦稅有免許申請費與營業稅，釀製醬油與豆醬的過程中也有麴的製作，因此也有免許申請費與營業稅，這些行業都必須申請免許，免許就是向總督府取得從事該項行業的權利，也是接受官方的管制，透過這項管制，官方能掌握原料與成品的動向，也能確實掌握稅收數額。

酒造稅實施禁止民家自釀，同時也伴隨著多項物資管制，包括所有釀酒流程中必備的原物料以及可用的原物料，以防止私釀的可能，此舉造成酒價攀升、走私頻繁、習俗改變。

（一）酒造稅實施的背景

佐久間左馬太（1844.11.19.～1915.8.5），擔任第五任臺灣總督，其任期是 1906 年至 1915 年，他到任後必須得面對幾項施政，每項措施都需要大量經費維持。佐久間總督必須面對的財政問題，是內地斷絕補助，臺灣統治所需經費必須自籌，前任總督遺留下來的政策都需要龐大經費，佐久間總督必須另謀財源以確保政策能持續進行；在 1906 年佐久間總督到任，將殖產局局長祝辰巳（生於 1865 年卒於 1908 年）任命爲民政長官，主要是看重祝辰巳在財稅方面的資歷豐富，有此可知佐久間總督對稅收的重視以及急迫。

首先，兒玉時期規劃的建設與政策，佐久間必須延續，（1）交通方面的建設是溝通內地與獲取資源的重要管道，建設對內與對外交通是首要工作，（2）隘勇線前進，是獲取山林資源的第一步，在取得資源之前必須能夠將政令能深入山林，以去除化外之民，避免牡丹社事件再發生，也可以取得土地的支配權利。

此外，佐久間也推行數項政策，雖然理蕃計畫只是隘勇線前進的擴大，但政策方略是有所不同，行動方式也不同，在通訊方面的建設，也在此時進行，其目的著重軍警通訊的必要。

1. 財稅自主

1905 年起日本內地不再給予統治上全額補助，要求臺灣總督在統治經費方面逐年達到自理，日俄戰爭時頒行的《非常特別稅法》，是日本內地在財政自顧不暇的情況下通過的法案，透過該法案滿足稅收所需，以供維持統治平時臺灣所需，但面對突發情況時，總督府的財政將無轉圜餘地〔註 9〕。

2. 武裝抗日

佐久間一上任就面對北埔事件，之後又需處理林圯埔事件以及土庫事件，接連數起武裝抗日，動用軍隊進行鎮壓，軍隊支出高於一般警察數倍，而接連發生武裝抗日，面對財政必須自主而經常有軍費支出的情況，此項費用並非經常性支出，總督府在財政上會因此捉襟見肘。

3. 隘勇線前進

隘勇線前進自兒玉時期就已經開始，佐久間總督到任之初延續隘勇線前進政策，在 1907 年發生武裝抗日（北埔事件），此事件由隘勇發起，因此抗日的行動有武裝能力，必須派遣軍隊鎮壓，事件結束後進行理蕃計畫，佐久間總督改變番界的治理方針，打算以強勢武力進入番界，並以日人治理原住民，首先擴大隘勇線前進的範圍以及加快進逼速度，大規模的軍事行動代表著可觀的財政支出，「保持全線之費用。一年間約八十萬圓之巨額。若使用軍隊者。須三倍以上云。」〔註 10〕，此舉的成果將原住民由丘陵地趕入山林，但理蕃行動維持七年，在太魯閣戰爭劃下句點。

4. 基礎建設

基隆港、高雄港、鐵路等交通基礎建設，在兒玉時期即已規劃，在佐久間接任後，持續進行建設，這些大筆經費支應是財政上的壓力，除此之外，佐久間在基礎建設上又推動郵政與電信兩項。

上述四大類財政支出，總督府的財政幕僚必須認眞思考如何面對，此時臺灣已實施食鹽、鴉片、樟腦、菸葉等四項專賣制度，在 1906 年的預算僅是

〔註 9〕〈十年來之臺灣〉，《臺灣日日新報》（漢文版），1906-01-01。
〔註 10〕〈隘線之現狀〉，《臺灣日日新報》（漢文版），1906-11-17。

自給自足，並無盈餘，在內地酒造稅制度行之有年，自明治初年就已實施，且稅收相當豐富，此時在臺灣實施正符合需要。

從 1906 年到 1907 年的報導可看出總督府透過營造課酒稅輿論，以媒體製造民意趨向，隔年實施酒造稅，1908 年民家自用所需的酒也不允許自釀，並且對紅糟的管制延伸至海關緝私，人民對紅麴與紅糟的需求很大，最後以海關進行管制。府令要求製造與販賣酒麴廠家的申請手續與營業規定相當繁複，（1）取得許可，必須提出計畫、財力證明以及連帶保證人，但最後的裁定權在官方，不能保證一定會通過、（2）製造數量登載，有酒麴簿冊、酒醪簿冊、酒清簿冊、酒糟簿冊等等，若有遺漏都視同犯罪，甚至影響到免許申請的存廢、（3）販賣數量與對象呈報，透過簿冊掌握產品的動向以核對稅款、（4）搬遷、歇業、腐敗都有一堆注意事項，其中最重要的必須報官核備。接連數道府令，至 1910 年酒造稅的法令才完備，對釀酒以及酒麴相關產業的管制是越來越細微，就連酒頭與酒尾的生產數量都被掌控，醬油也是如此的管控，醋的部分由酒造稅與酒精戻稅合併管理。

酒造稅實施造成酒、酒麴、醬油、醋與酒糟的管制，造成在人民生活習慣的不便，這些不便自然對禮俗、養生造成影響或改變，禮俗中常用的牲醴、圓仔、龜粿、桃粿、麵龜、紅圓、壽桃與米糕都須要副原料紅糟的加入，但民家不得釀酒，沒有再利用的紅糟可用，而購買必須經過登記，並且稅務人員還可訪談，就養生方面而言，酒、麴、糟、醬油、醋的取得必須付出更多費用，與清代自給自足的模式完全不同。

（二）酒造稅規則

1907 年頒布的府令第八十號《臺灣酒造稅規則施行規則》、府令第八十三號《臺灣白粬紅粬以及麴取締規則》與府令第八十九號《臺灣間接國稅犯者處分規則施行規則》共三道法案，並且同時實施，將釀造業從源頭到末端一併由總督府掌握權利，此一局勢與三一法賦予總督無上權杖有關，直到明治四十三年頒布的府令第十五號將《臺灣酒造稅規則》以及《臺灣白粬紅粬以及麴取締規則》合併成一項法案，此時酒造稅法才算完備可以看出施政的倉促，同時感受到內地延伸主義的運作模式。此時期的政令是套用內地稅法，與兒玉時期借用內地稅法並調整修正，有著相當大的差異。

表 3-6、1907～1921 年間接國稅條例

條例名稱	發布日期	條文摘要
明治四十年律令第六號	1907.08.31	《臺灣酒造稅規則》發布，酒精飲料一石酒稅金至少五圓，未明列的酒稅依酒精濃度計算；對於酒類製造業或是非酒類製造業在酒母、醪、酒蒲、酒清的相關製造都有法條規定並且必須先取得官方執照；酒甑的製造與持有皆有規定；酒產能在十二石以下的單位到年底必須結束。
明治四十年府令第七十六號	1907.09.20	《臺灣地方稅規則施行規則》修正，酒甑稅相關條文刪除。
明治四十年府令第七十九號	1907.10.05	《臺灣酒造稅規則》於明治四十年十一月一日實施。
明治四十年府令第八十號	1907.10.05	《臺灣酒造稅規則施行規則》，白粬、紅粬、麴、醪、酒蒲、酒清、酒粕、酒甑之製造商與販賣皆須取得官方發行執照，執業時必須登載簿冊。 若非製造十二石以上。則不得免許者蓋爲豫防自家用酒。 爲製造酢醪及饅頭或麵包。而製造如酒精醱酵物即醪者。亦須照第二十一條。
明治四十年府令第八十三號	1907.10.16	《臺灣白粬紅粬以及麴取締規則》發布，專對製酒原料酒麴的管制，非製酒業的麴糵亦在管制範圍內，1907.11.01 實施。
明治四十年府令第八十九號	1907.11.01	《臺灣間接國稅犯者處分規則施行規則》，酒造稅以國稅的方式處理，1907.11.01 實施。
明治四十年府令第九十號	1907.11.01	《臺灣白粬紅粬以及麴取締規則》修訂，違反者視同觸犯國稅取締規則，1907.11.01 實施。
明治四十二年律令第七號	1909.12.15	《臺灣酒造稅規則》修訂，酒商的一個分場釀造額度至少二十石以上可獲得製造免許。與酒精戾稅做統合。
明治四十三年府令第十五號	1910.03.10	《臺灣酒造稅規則施行規則》修訂，將明治四十年府令第八十號與明治四十年府令第八十三號《臺灣白粬紅粬以及麴取締規則》合併。並細分成四章明訂製酒業、製麴業、酒甑業、原料相同的非製酒業以及罰則的條文。 規定製酒業、製麴業、酒甑業、原料相同的非製酒業對於原料的來源數量、成品的去處數量都必須詳加登載。
明治四十三年律令第十號	1910.11.01	《臺灣酒造稅規則》修訂，依據酒精濃度二十、三十、四十五四等級課稅。

大正元年府令五十七號	1912.12.20	《臺灣酒造稅規則施行規則》修訂，徵收猶豫的相關規定，避免重複課稅。
大正三年府令三十二號	1914.05.13	《臺灣酒造稅規則施行規則》修訂，條文大範圍調整。罰則大幅度增加。
大正六年律令第一號	1917.10.01	《臺灣酒造稅規則》修訂，釀造業產能提高至五十石。
大正九年律令第八號	1920.08.01	《臺灣酒造稅規則》修訂，一石紅麴酒的酒稅額從五圓提高至十一圓。
大正十年律令第二號	1921.02.25	《臺灣酒造稅規則》修訂，一石紅麴酒的酒稅額從十一圓提高至十六圓。

資料來源：根據《總督府府報》、《臺灣日日新報》，筆者整理製表。

酒造稅自明治四十年十一月一日實施造成的影響與凸顯的問題：

（1）酒麴、酒糟被管制，酒麴製作、酒甑製造、酒醬釀造透過申請免許鑑札、製造簿冊、銷售簿冊的運作進行掌握，此一掌握的舉動以確保酒造稅徵收上的順利，對於紅麴與紅糟的運用發生極大的轉變，釀酒、製麴皆須申請免許，鑑札即是證照，行商證照就是營業執照，具備鑑札即是課徵營業稅的依據，而日治前期臺灣的製造與販賣是一體的，醬油行商即是醬油製造者，醬油製造業者在酒造稅實施後也是酒麴管制的適用者。免許所需的手續費微薄，但申請免許資格的條件嚴謹，不是小資本額的家庭作坊能執行，加上釀酒的糟粕也列冊管理，紅麴的製造與販售也是列冊管理，人民取得紅糟的管道消失，人民在取得與使用的便利性消失。

《臺日新辭書》中提及「鑑札」又稱爲「牌」、「牌仔」、「柴牌」，可知日治時期的鑑札的材質是木質物，釀酒商家在酒造稅時代，透過營業許可的登記與獲准，得以懸掛「柴牌」，彰顯商家具有酒的釀造與買賣權利，與現今商家必須有營業登記證之後，才可懸掛招牌是相同意義，招牌形式不像公賣時期有編號，只因違反酒造稅的處分相當嚴厲。

根據圖 3-4，左圖酒招牌是拍攝於雲林古坑福祿壽酒廠，其年代不易確定，但其木材製作，應爲日治時期物品，中圖酒招牌以及右圖煙招牌，拍攝自臺灣歷史博物館的壁畫，可攀定爲煙酒皆實施專賣的年代。

煙酒專賣實施之後，煙酒的販售人員，都是官方信得過以及拉攏的對象，是色彩鮮明的地方人士，煙酒招牌的懸掛，也等同是身分的表徵，若無特定關係者懸掛招商，勢必引來官方的注意，因此其形式上無需流水號的註記。

圖 3-4、煙酒鑑札樣貌

（2）小酒廠需合夥成具規模酒廠以利繼續營業如《臺灣漢文日日新報》〈酒造稅及酒造業〉所述「酒造營業之許可。固以十二石以上爲限定。少量釀造者。須向多額釀造者。集需要之法。其稅法所以保護營業者。約束不得濫造。俾酒造業自然至於發達。該施行細則。爲未發布。無由知辨理之法。其限定釀造之石數並厲行營業之許可。」〔註 11〕宜蘭地區、樹林地區的酒廠都在此時期合併，將小量釀製全數取消，導致自家需求的釀造不被允許，直接去除民家零碎數量釀酒，自然導致紅糟取得難度增加，同時醋的製造也一併管制，透過戻稅制度將食醋釀造與酒釀造做區隔。

表 3-7、酒造稅實施初期酒價調整

	改正卸相場	從前卸相場	改正小賣相場	從前小賣相場
清酒	三圓五十錢（斗）	三圓（斗）	四十五錢（斗）	四十錢（斗）
濁酒	二圓六十錢（斗）	二圓五十錢（斗）	三十五錢（斗）	三十錢（斗）

資料來源：依據〈臺北釀造酒昂價〉〔註 12〕資料，筆者製表。

（3）酒價登時飛漲，表 3-7 的資料顯示酒造稅實施，酒價立即上揚，導致人民生活上需求物資的支出增加，自 1907 年至 1921 年，酒造稅的稅額不斷的提高，並且將釀造業者的營業稅以特別稅的項目課徵並且併入國稅，稅則從千分之三提升至百分至四，釀酒業在稅賦的負擔相當沉重，人民使用酒

〔註 11〕〈酒造稅及酒造業〉，《臺灣日日新報》（漢文版），1907-09-18。
〔註 12〕〈臺北釀造酒昂價〉，《臺灣日日新報》（漢文版），1907-11-19。

的負擔也隨之沉重。

表 3-8 是藤本鐵治在 1908 年發表的調查報告呈現的資料，顯示釀酒商一石米酒的收支情況，其中酒價從 1898 年的一石十五圓，十年後一石漲至二十圓，地方稅的稅則並無改變，酒稅是最大的負擔，酒的漲幅等同酒造稅徵收的稅額，而每升酒價等同工人一天的薪資水準，顯示酒的價格對民家而言是沉重的。

表 3-8、玄米一石當米酒收支表

支　出				收　入			
科目	數量	單價	價格	科目	數量	單價	價格
玄米	1000 合	9.750	9.750	酒價	1000 合	每升 0.2	20.0
白麯	2 斤	0.190	0.380	酒糟代	14	0.14	1.96
燃料	9000 合	0.150	1.350	燃料灰			0.02
薪資	3 人	0.2	0.6				
餐費	3 人	0.13	0.39				
酒稅		5.0	5.0				
地方稅			0.067				
利息			0.7				
雜費			0.1	合計			21.98
合計			18.317	純益			3.643

資料來源：〈臺灣酒の研究一斑（11）〉〔註 13〕，筆者製表。

（4）製酒業者與酒麴、酒糟、醋的製造業者皆須提出公司登記方可營業，非製酒業但有酒麴、酒糟的需求必須向廳長提出免許申請。在 1916 年與 1917 年位於新竹的臺灣紅糟製造公司，在農曆年前對民間廉價銷售紅糟，顯示民間對紅糟的需求是相當大而且必須。

1907 年（明治四十年）實施的酒麴管制，而 1907 年至 1913 年這六年是官方與民間的拉鋸期，從《臺灣日日新報》的報導在這六年不曾斷絕，自 1908 年 3 月 18 日第五版〈酒稅規則違犯の嚆矢〉這則報導開始，到 1913 年 2 月 14 日〈違犯酒稅規則〉「臺南廳當局於各種稅規則，調查謹嚴，以故玩法被罰

〔註 13〕藤本鐵治，〈臺灣酒の研究一斑（11）〉，《財海》，第 28 期，1908 年 9 月，頁 30。

者時有所聞，如製酒一事，臺南廳自昨年十一月檢舉，至客月末，檢出違犯釀酒規則者，總計五十二件，罰金多至一千四百八十五圓，就中無稟准釀造酒類者四十六件，罰金一千四百二十圓，釀造酒類不稟報者三件，罰金四十圓，製造石數，怠於登記帳簿者三件，罰金二十五圓，其無稟釀造者，大半爲藥酒之類，目下尚爲之監視云。」〔註 14〕，期間數則新聞代表著民間反對酒稅新制與酒麴管制，新法令直接影響到生活習慣，並且形成強迫移風易俗的環境，干擾了傳統漢人文化。

根據《臺灣漢文日日新報》〈造酒管束〉一文「釀造紅酒者，皆以紅粬爲其原料，近聞，以番仔米代原料之用者。各地甚不少焉。曩富道雖曾嚴行管束。終未收十分之效。然此番仔米突有砒素大有害于人身。」〔註 15〕凸顯了法令管制，造成紅麴取得困難，以及高額酒稅，這兩項因素造成獲利空間被壓縮，造成大麴燒這項低價紅酒的出現。

1907 年實施造酒稅與酒麴管制，釀造業以十二石爲申請免許基準，1909 年修法，釀造數量在有條件下，產能以二十石爲準、不然產能必須達五十石以上方可申請免許，這是因爲因應查稅人員嚴重不足，因人力不足無法進行稽查，在法令上所做的必要修正，主要以降低造酒商的數量，便於追查製麴所產品的流向，透過簿冊做酒商與麴商之間的交叉比對。

據《臺灣漢文日日新報》〈選擇稅吏〉一文「疇昔所定廳稅務吏定員。厥後在各廳選擇。蓋稅務吏。與稅關監吏相埒。前因各廳稅務課。定員不足。飭令雇員。檢查砂糖稅或酒稅。然該吏員等。以無資格。雖輙遇有犯法者。皆不得直爲封印。檢舉犯罪。似此於徵稅上。不便實甚。故欲置稅務吏專任其責。而由各廳擇其熟識徵稅事務者。但其人難得。爲此充定員者亦匪易云。」〔註 16〕顯示官方 1910 年，在酒與麴的製造尚未完全掌握，對製造商的管理尚未進入軌道，以雇員方式補充查稅官員之後，才會在 1913 年能有一個月就有豐碩的查稅成果，此一成果造成法令徹底執行的形象，進而建立公權力的權威，同時違反酒造稅規則的新聞也在此後，暫時消失。

《臺灣漢文日日新報》〈紅糟製造公司〉「紅糟亦爲調味所需，自來本島人間所用者，多仰給於福州，爲量頗不尠，利權外溢，近新竹南門外二八五

〔註 14〕〈違犯酒稅規則〉，《臺灣漢文日日新報》（漢文版），1913-02-14。
〔註 15〕〈造酒管束〉，《臺灣漢文日日新報》（漢文版），1909-06-10。
〔註 16〕〈選擇稅吏〉，《臺灣漢文日日新報》（漢文版），1910-04-06。

番地，設有臺灣紅糟製造公司，著手製造，現正擴張銷路，其所製造者，風味絕佳，不讓於外物云。」〔註17〕

《臺灣漢文日日新報》〈紅糟廉價發兌〉「舊曆年關告迫本島人之尚未實施改曆者，於各種料理上，需用紅糟定多，爲是新竹街南門外臺灣紅糟製造公司，乘機云將以大廉價發兌，應各界人士購求，不拘多少，同公司造糟風味之美，世經有定評也。」〔註18〕

在1913年之後，官方掌握了釀造業與製麴業，發現人民生活所需的食材被斷絕，因此在1916年成立紅糟製造公司，以供應人民生活所需，上述這兩則報導內容，刊載時間都在農曆年前，顯示臺灣人在年節時對紅糟有強烈需求，顯示年節的食物當中，紅糟是相當重要的調味與調色的佐料，方能促使紅糟公司在此時發布新聞，以吸引民眾的注意與購買，連續兩年都有類似促銷紅糟的新聞，也代表官方理解到民間的需求，順勢利用糟粕以增加稅收，在1917年再提高申請酒商製造的門檻，這做法是因應第一次大戰造成的經濟衰退，世界局勢造成的財政不足所作因應措施。

非常特別稅法於1913二年廢除，在1920年，田總督依據三一法又頒行非常特別稅法中的所得稅法，此外在1920年修訂酒造稅的稅額，紅酒的稅額瞬間增加十二成，隔年又修法再增加近五成，兩年間酒造稅合計增加兩倍多稅則，稅額增加的速度與幅度，以及所得稅法的調整，顯示財政上出現極大的危機，必須以極快速的增稅才能彌平。

此一危機與一次大戰有著密切關係，在一次大戰結束後，全球經濟蕭條相當嚴重，各國實施的政策都相當嚴峻，如在對內推行新政以及對外關稅壁壘，日本是海島國家仰賴國際貿易，而關稅壁壘對日本是嚴重打擊，臺灣仰賴國際貿易的程度更勝於日本，田健治在總督任內面對一次大戰的影響，著實不容易。

1907年至1922年此一階段的稅制，對民俗的影響有著轉折性的改變，首先民家禁止釀酒、禁止擁有酒甑，民家購置原料酒，再自行釀製再製紅酒，也受法令的規範，因此引發多件民眾私釀紅酒、私製紅麴、私製紅糟的案件，這凸顯法令已經影響到民間習俗，習俗是具有深層文化意涵的表徵行爲，因此能夠驅使人民做出違反法令的行爲。

〔註17〕〈紅糟製造公司〉，《臺灣漢文日日新報》（漢文版），1916-02-06。
〔註18〕〈紅糟廉價發兌〉，《臺灣漢文日日新報》（漢文版），1917-01-17。

從生活層面來看，紅酒是禮俗中經常運用的，紅糟也是禮俗中經常使用的，但酒造稅與酒麴管制的法令實施，立即斷絕民家對紅酒與紅糟的關聯，將原本可以自給自足的生活模式，做大幅度的扭轉，令人民對總督府產生「橫柴舉入灶」的蠻橫之感。

三、酒類專賣（1922～1945）

田健治郎接任總督之後，不斷的提高酒造稅稅額與提高釀酒免許門檻，終至以國營專賣方式獲取高額財政收入，以因應統治經費所需，此制度至光復後，仍被國民政府延續，其因還是統治的財政需要。

釀酒是酒麴最主要的用途，使用量相當龐大，民間不得釀造酒，酒麴的販售對象只有專賣局，而官營酒廠漸次獲得技術，由酒廠自製酒麴，因此本階段對製麴業的影響在於市場的急速縮小，在利潤極薄的情勢之下，製麴業提出製造免許申請的意願低落，在這情勢下人民取得紅麴與紅糟的所必須付出的代價更高，甚至無從取得，全省各官營酒廠的酒粕，爲避免民眾私釀在出廠前必定蒸過，再依循造酒業的慣例成爲供給豬隻的飼料，此種作法在近幾年金門酒廠販售酒糟的新聞畫面可見一般。

在此清況下，人民生活上所需的紅糟，必須開始以其他物品替代，替代物即是常聽見的紅花米與紅番米，而此二物的功能必不上紅糟的功能，此一轉變造成食材的劣質化，製作圓仔、龜粿、紅龜、壽桃、紅圓、米糕以及紅糟肉這類食物時，選用替代物進行調理，對養生而言是一大危害，對於參與禮俗活動的民眾不是分福而成了分災，其中意涵與原意是背道而馳。

（一）酒專賣實施背景

「第一次世界大戰結束後，受到世界性經濟不景氣波及，臺灣總督府財政又告急，1922 年 7 月 1 日以整理島內酒業爲由，實施酒類專賣。日治時期，島內人口日多而耕地日少，農耕技術落後沒有改良，缺乏全島性交通網絡以發達島內商品交易，加上主要外銷品〈茶、糖〉，因爲國際市場變化而開始衰落，臺灣經濟發展呈現停滯現象。爲了發達經濟，必須先做好基礎建設，當然也需要巨額支出。1922 年起，加上酒專賣收入，平均更高達總歲入 40%左右。菸、酒兩類因本小利大，吸食者日眾，成爲中後期臺灣專賣事業的主要財源，兩者收入平均占整體專賣事業的 70%以上。」〔註 19〕。

〔註 19〕見范雅鈞，〈日治時期臺灣專賣制度的推行與影響〉，《臺灣學通訊》，第 45 期，

田健治郎（1855.3.25.～1930.11.16.），其總督任期是 1919 年至 1923 年，擔任臺灣第八任總督也是臺灣第一任文官總督，任內推行諸多建設與改革，（1）水利工程（完成桃園大圳、規劃嘉南大圳並執行）、（2）行政區重劃（州、郡、街庄三級制，確立行政區爲混亂的行政區劃上休止符）、（3）教育（確立臺灣教育制度）、（4）交通建設，這些基礎建設需要耗費龐大的經費，因此總務長官賀來佐賀太郎自 1916 年推動的酒類專賣，屢次遭總督府內部先行否決，法三號實施後，逕向內地國會提出，在田健治郎總督的支持下，1921 年通過日本國會立法，1922 年得以實施。

田健治郎總督任內推行建設的同時，還要面對世界性經濟不景氣的衝擊，首當其衝是出口貿易，臺灣外銷產品茶、糖與樟腦，此三項是臺灣出口貿易的重要產物，然而蔗糖價格受各國競爭的影響，並且臺灣蔗糖產量小無法於其他生產國的產量相比，在世界市場的占有比例也不高，銷售金額本來就不穩定，因此競爭力不高，世界經濟不佳，形成蔗糖出口衰退的情況，造成關稅的減收是必然的結果。

臺灣茶在世界市場上是具有相當地位，此時烏龍茶是茶業的主要出口商品，主要銷售美國與歐洲，產值相當高，面臨第一次世界大戰後的經濟蕭條，歐美對烏龍茶的需求銳減，在 1920 年茶業最黯淡的一年出現，出現竹東地區茶園大範圍的廢耕，因此總督府祭出許多獎勵政策，並且進行諸多研究如種茶技術、茶種篩選、茶園管理、製茶技術、產銷結構調整，但並無太大的效果，製茶稅與關稅的減收以及產業復甦投資，稅收減少而支出增加的情形下，造成財政困難。

「專賣收入在全島財政上僅次於官租，然而單靠食鹽、鴉片、樟腦、菸草四種不足以確保財政基礎，必須仰賴酒類專賣，因此自 1916 年起每年都提出專賣計畫，但都遭到財務局反對，直到 1921 年 7 月擔任總務長官並兼任專賣局長，才終於排除眾議，並獲得日本帝國議會通過。」〔註 20〕。

田健治總督在眾多經費的支出，以及一次大戰時的蕭條與戰後的關稅壁壘，內地經濟艱困無力支援，酒類專賣成爲相當重要的財稅來源，這些財源促使諸多政策得以維續，具經濟與政治實力的釀酒業者，數年來抵擋酒類專賣的動作也因一紙律令而徒勞無功。

2010 年 09 月，P2～P3。

〔註 20〕見鍾淑敏，〈賀來佐賀太郎〉，《臺灣學通訊》，第 45 期，2010 年 09 月，P4。

（二）酒類專賣規則

酒類專賣實施之前，官方已在媒體與公開場合，營造專賣優點的氛圍，此作法與酒造稅推行前一致，1921 年法三號取代三一法，內地並無專賣法條例，必須取得內地國會同意後，總督才有權利制定並且實施，也因此總務長官賀來佐賀太郎，運用此一法令制定程序的轉變，避開總督府內部阻力，於 1920 年將法案逕付內地國會尋求支持以及同意。

表 3-9、1922 年之後酒專賣條例

<table>
<tr><th>條例名稱</th><th>發布日期</th><th>條文摘要</th></tr>
<tr><td>大正十一年律令第三號</td><td>1922.05.05</td><td>《台灣酒類專賣令》與製酒相關的產業一律收歸國家經營，麴與醪的製造需取得許可，1922.07.01 實施。</td></tr>
<tr><td colspan="3">酒專賣制度說明　　1922-05-06　　版次 05 06
第一專賣制度所謂酒類及酒精意義〈略〉
第二專賣範圍
此回實施酒專賣原則爲酒之製造及販賣皆爲官營在製造方面及將來爲免許業務於一定制限之下所認爲酒類製造業全然廢止〈略〉
此外就酒製造原料之白麯、紅麯、酒母、醪等如何辦理言之此●爲主即供酒製造之用徵之租稅制度之圖事例所謂原料課稅於類似此等者亦有課稅之例存在本敕令後爲專賣制度時全然放任固爲不可然於今日亦無必要專賣之事故於一定制限之下認白麯、紅麯、酒母、醪等之爲民間製造〈專賣令第八條〉一面防止酒之密製造一面對于該等物件之供給於酒造用以外之用途者圖無失其需給之宜
第三專賣品供給計畫〈略〉
第四輸移出入〈略〉
第五販賣制度〈略〉
第六對酒精制度〈略〉
第七白麯、紅麯、酒母及醪之製造及販賣
白麯、紅麯、酒母及醪於造酒用之外，有使用之途，故宜依一定取締之下，取締手續別以府令規定之，但在酒精製造業，以被認爲酒精製造業關係上，當然於必要範圍內，即供自用有必要之物件製造，不可不當然認之，又麥酒製造者爲供自用者，亦得當然製造，又白麯、紅麯之買賣，比從前自然制限，故從來製造者中，繼續要操業者，則當別論，此際要廢業者，與酒類製造者，同得受禁業交付金之支給，其受專用器具機械之徵收者亦同。
第八對麥酒制度〈略〉
第九新制度之實施時期〈略〉
第十照舊令製造酒類之酒稅〈略〉</td></tr>
</table>

第十一酒造及輸移出入之制限及舊存酒〈略〉 第十二酒造設備之徵收及近用〈略〉 第十三禁業交付金〈略〉 第十四酒販賣者之處置〈略〉		
大正十一年府令第百九號	1922.05.05	依據《台灣酒類專賣令》發布《台灣酒類專賣令施行規則》麴與醪的製造需向專賣局長申請取得許可，1922.07.01 實施。
臺灣省行政長官公署令	1946	《臺灣省酒類專賣規則》內容比照日治時期酒類專賣令

資料來源：根據《總督府府報》、《臺灣日日新報》、《臺灣省政府公報》，筆者整理製表。

酒專賣實施之際，酒與麴停止營業規定是適用相同法令，都可領取停止營業補貼，民間製麴所停業後，官方掌握酒麴製造，但官營酒廠製麴能力尚且不足，必須一方面透過委託民間製麴所製作，而一方面擴充官營酒廠的製麴設備，因此紅麴的製作在 1926 年才由樹林酒廠統一製造並分配台北、台中、宜蘭與花蓮港等出張所，供應酒廠製作紅酒，自 1922 年至 1926 年這五年當中，供應酒廠紅麴的製造商集中在北臺灣，並且固定數家製麴所如中壢孫進生（金醴源製麴所）與樹林黃煙春（樹發紅麴公司），金醴源製麴所以土城分場爲主要製造場所。

雖然民間製麴所仍然可申請製麴許可，但紅麴運用在釀酒之外用途的數量並不大，民間製麴所的獲利自然不足以維持，在市場供需的平衡機制之下，民間製麴所就漸漸地消失，在 1926 年檔案中，將受委託者的製作器具全數歸還酒廠，至此委託民間製作紅麴在 1926 年結束合作關係，至於其他小型紅麴製麴所，必須將紅麴轉成紅糟再販售，在增加成本、利潤微薄、層層管制以及臺灣紅糟公司的競爭這四項因素之下，只能步入停業一途，在決定停業的同時，必須完成官方的程序，以免除稅賦與稽查。

根據表 3-10 的資料發現，實施酒專賣後，官營酒廠製作紅麴的原料改變，採用粳米製作，並非清領時期的糯米，在 1937 年與 1938 年，一年當中採購粳米都有三次並且不分水稻或陸稻，可見數量龐大，從資料中也顯現，比較適合紅麴製造的原料是陸稻粳米。

表 3-10、專賣局紅麴相關檔案

字 號	典 藏 號	文 件 名 稱	年 代
專 3525	00100309001	大正十一年度白粬、紅粬製造納付命令	1922
專 2778	00100434005	仝年度紅粬製造命令納付（大正十三年十一月十二日附）	1924
專酒 2958	00100507004	大正十四年度紅粬委託製造決議	1925
專酒 2721	00100569005	大正十五年度造酒用紅粬樹林酒工場ニ於テ製造決議并本件樹林酒工場長ヘ通牒	1926
	00100319005	紅粬製造申告書孫進生	1922
	00100319006	紅粬製造申告書黃煙春	1922
	00100319007	紅粬製造申告書陳圭璋	1922
	00100319008	紅粬製造申告書洪賜	1922
	00100319010	紅粬製造廢止ニ付屆出賴永水	1922
	00100319011	紅粬製造廢業屆林佛國	1922
專庶購 414	00101106004	紅粬製造用陸稻粳白米賣買契約	1935
專 2139	00101106005	紅粬製造用陸稻粳白米賣買契約	1935
專庶購 8	00101106006	紅粬仕込試驗用水稻在來種粳白米賣買契約	1936
專庶購 412	00101250004	紅粬製造用陸稻粳玄米賣買契約	1937
專庶購 498	00101250005	紅粬製造用陸稻粳玄米賣買契約	1937
專庶購 724	00101250006	紅粬製造用水稻在來種粳玄米賣買契約	1937
專庶購 565	00101322004	紅粬製造用陸稻粳玄米賣買契約	1938
專庶購 670	00101322005	紅粬製造用水稻粳玄米賣買契約	1938
專庶購 759	11001322006	紅粬製造用陸稻粳玄米賣買契約	1938
專庶購 880	00101426002	紅粬製造用陸稻粳玄米賣買契約	1939

資料來源：臺灣文獻館（總督府專賣局檔案資料庫），筆者整理製表。

自從特許白麴取代草麴，因特許白麴製作技術較高，官營酒廠並須仰賴民間製麴所供應，在 1933 年才由官方統一製造，自 1922 年至 1933 年這十二年，白麴供應集中在日資的民間製麴所，這兩間製麴所的負責人分別是山本富次郎以及藤川類藏，官方酒廠與民間製麴所的合作關係在 1933 年結束，結束時的模式與紅麴相同，將被委託者的生產器具全數收回。

白麴製麴所面臨的情況與紅麴製麴所是相同的，但消失的速度較慢，藍染是白麴的另一項運用特色，隨著化學染料的快速引進並取代藍泥，與西式服裝漸漸盛行取代傳統服裝，藍染布料在大正末年失去市場，白麴的運用方式就僅剩被官方壟斷的釀造與用量不多的醒麵，隨著化學原料小蘇打的引進，以及官方酒廠自行製麴，令民間製麴所無利可圖而決定停業。

表 3-11、專賣局白麴相關檔案

字號	典藏號	文件名稱	年代
專 3525	00100309001	大正十一年度白粬、紅粬製造納付命令	1922
專酒 2045	00100434003	大正十三年度白粬製造納付命令	1924
專 819	00100434004	大正十三年度白粬製造納付命令	1924
專酒 1456	00100507005	大正十四年度白粬製造納付命令	1925
專酒 1087	00100569006	大正十五年度白粬製造納付命令	1926
專酒 963	00100627004	昭和二年度白粬製造命令	1927
專酒 1208	00100572009	特許白粬試驗用トシテ購入	1926
專酒 613	00100687005	昭和三年度白粬製造命令	1928
專酒 726	00100752006	昭和四年度白粬委託製造納付命令	1929
專酒 781	00100811010	昭和五年度酒造用白粬ハ所要量ノ約四割ハ宮前工場ニ於テ製造殘部ハ特許白粬製造所及藤川類藏ニ委託製造方決議	1930
專酒 415	00100884005	昭和六年度白粬製造關係	1931
專酒 426	00100937004	昭和七年度白粬製造納付命令（特許白粬製造所代表者山本富次郎）附昭和六年四月一日附專酒第四一五號ノ一白粬製造納付命令書ニ依リ貸與ノ器具機械返卻方藤川類藏ヘ通知	1932

資料來源：臺灣文獻館（總督府專賣局檔案資料庫），筆者整理製表。

臺灣是米食文化區，運用麵食的場合與米食相較並不多，再者臺灣民家不具麵食的製作能力，從民家僅備粿模而無餅模可知，因此麵食必須從店家購買，然而店家使用發麵的原料，從酒糟改以在漢藥店可買到的化學物品，此種化學原料日語爲重曹（じゅうそう），化學名稱是碳酸氫鈉，英譯名小蘇打。

製麴所須將酒麴轉化成酒糟，增加製作成本，銷量降低更壓縮了利潤，並且諸多要求，再加上小蘇打的出現，製麴所只能停業，並且沒有停業補償。

酒類專賣在總督田健治郎的指示與總務長官賀來佐賀太郎的主導下進行，於 1922 年公布法令並且執行，此一時期酒、酒麴與酒糟是全面的管制，人民無法取得紅糟，除酒廠員工外，如樹林酒廠與宜蘭酒廠，這時期人民必須改變生活飲食模式，並且以其他材料取代，以達到接近的意義。

依據臺灣日日新報十五則新聞，自 1922 年專賣制度實施後，私造以及私售紅麴、紅糟以及紅酒相關的案件從 1926 年的紅酒私釀案件到 1935 年紅糟私造，可見人民對專賣制度的反彈；其中的脈絡可知人民對洪酒、紅麴與紅糟的需求，殖民政府完全漠視。實業之臺灣期刊〈酒造業者の運動無效專賣制度の實施に就て〉這篇文章，可知釀酒業的反彈，因此酒類專賣實施後的被查緝到的相關案件總是牽連甚廣。

1926 年到 1935 年有數波查緝紅麴、紅糟、紅酒私造與私售的案件，牽連相當廣，地域的分布從基隆到新竹，都在臺灣的西北地帶；1926 年台北市內兩起紅酒私釀，1927 年處罰婦人私製紅糟，1928 年查獲人民私製紅麴且販賣，1929 年查獲的案件地域從基隆到新竹，涉案數十人，1930 年逮捕私製紅麴涉案人時發生意外，1933 年新竹私製紅麴涉案百人，1935 年新竹私製紅糟。其中以 1929 年以及 1933 年的反抗酒類專賣的規模最大，主要區域以新竹州為主。

（三）酒類專賣的影響

酒類專賣實施之後，對官方造成的影響是增加龐大的財政收入，對民間造成的影響有酒類品質下滑、酒品價格高漲以及民間習俗改變。

1. 紅酒品質下滑

表 3-12、專賣局紅酒相關檔案

字號	典藏號	文件名稱	年代
專酒 2106	00101881009	速成紅酒製造方決議	1922
專酒 2194	00101882002	大正十一年告示第百〇五號酒類及酒精定價中改正	1922
專酒 3119	00101882004	大正十一年告示第百〇五號酒類及酒精中改正	1922

專 3076	00100761005	米酒及紅酒ノ製造ニ關スル試驗施行方決議（大正十二年十月十日附）	1923
專庶購 448	00101042006	紅酒製造用長糯玄米賣買契約（昭和九年九月十一日附）	1934
專庶購 148	00101106010	紅酒製造用長糯米購入	1936
專庶購 675	00101106009	紅酒製造用長糯米賣買契約	1936
專庶購 473	00101106007	紅酒製造用長糯米賣買契約	1935
專庶購 609	00101106008	紅酒製造用長糯米賣買契約	1935

資料來源：臺灣文獻館（總督府專賣局檔案資料庫），筆者整理製表。

酒廠官營所製造的紅酒分成再製酒、混成酒，作法參照專賣之前，民營酒廠間的作法，但都是採用最低品質的作法，以增加利潤。就再製紅酒而言，專賣之前再製紅酒的原料酒最多五石，專賣之後再製紅酒的原料酒提高一倍，代表酒精比重增加，糯米的營養比例降低。就混成酒而言，專賣之前運用糟粕或紅膏進行紅酒染色，專賣之後運用少量的紅麴與原料酒拌合，加入砂糖調味，數日即可裝填販賣，紅麴與原料酒的比例是一比二十五，甚至原料酒是採用糖蜜酒，等同是無需一粒稻穀的紅酒，此一紅酒就是所謂的紅露酒。

無論是再製紅酒或混成紅酒，其品質都是快速下滑，違反了穀物釀酒必須大量穀物的原則，而穀物是酒品的營養來源，啤酒會有液體麵包之稱，就是這個道理，而古埃及軍隊以麥酒代替糧食，就是求取快速吸收營養同時補充水分。

2. 紅酒價格高漲

1898 年實施酒稅之前，紅酒一斤十錢，而一石等同三百斤，換算後一石三十圓，1913 年實施專賣之前，紅酒百斤十六圓，換算後一石四十八圓，1929 年間，依據金雞酒標〔註 21〕六竕五十五錢，竕是分升代表是公制單位，酒液六竕等同一斤酒，換算後一石百六十五圓，根據黃雞酒標〔註 22〕六竕四十錢，換算後一石百二十圓，這般漲幅絕對不是通貨膨脹所造成的。

〔註 21〕臺灣總督府專賣局，《臺灣酒專賣史（下）》（台北：臺灣總督府專賣局，1941），附錄。

〔註 22〕同註 21。

圖 3-5、金雞酒標

圖 3-6、黃雞酒標

第一階段約十多年之間漲幅有五成以上，其因爲（1）酒造稅實施每石紅酒增加五圓的成本，（2）酒廠產能被要求提高造成酒廠數量減少，產能從每場十二石提升至二十石，在酒廠整併時成本增加，（3）酒廠整併後，酒廠規模擴大提交計畫書的內容也隨之放大，土地、器物與人力等成本也都擴大，可知此時期的漲幅主要受酒造稅的影響。

第二階段約十五年之間漲幅有兩倍有餘，其因爲（1）酒廠產能再度被要求提高造成酒廠數量銳減，產能從每場二十石提升至五十石，酒廠整併時成本增加，（2）酒造稅在 1920 年到 1921 年兩度提高，紅酒稅額從一石五圓提高到十一圓，隔年再提高至十六圓，隨即實施專賣，（3）實施專賣時，民營酒廠與民間製麴所徵收時的補償金，以及官營酒廠快速擴充新式釀酒與製麴設備，這些成本是最龐大的支出，（4）專賣後銷售方式改變，代理制度結構更細密，各級代理的利潤計算下，酒價自然需要上漲，綜合四項因素此時期紅酒價格才會快速上升。

3. 民間習俗改變

民間習俗的變化須討論兩部分，一是紅酒的使用、二是紅糟的使用。

（1） 紅酒被取代

紅酒不允許自釀的情況下，必須向外購買，然而紅酒的高價位導致民眾選用低價紅酒，但低價紅酒的品質與米酒無異，低價紅酒的價格又高於米酒，會產生排擠效應驅使民眾在生活上捨棄紅酒而採用米酒，如祭祀敬酒、食療進補、小酌等，從光復後的常民生活中可見一般，從米酒的別名「甩頭仔」，可知飲用米酒時的刺激有多強烈。

（2） 紅糟被取代

民家不允許釀紅酒，紅糟就失去剩餘價值的運用模式，但向店家購買紅糟卻要面對簿冊登記以及店家快速減少的景況，終至無處購買的地步，而生活中眾多禮俗必須以紅喜氣氛進行，經常見到的圓仔、龜粿必須染紅，缺乏紅糟的情況下只能採用紅膏爲顏料，而麵龜、壽桃以及少用但重要的紅圓，在缺乏紅糟的情況下，除了顏料改成紅膏就連製作方式都需要修正，以揉捻發麵後再刷色的工序完成。

（四）臺灣與馬祖在紅麴運用的比較

臺灣與馬祖在甲午戰後，分屬不同政權，臺灣歸日本統治實施著酒麴管制以及酒類專賣，馬祖歸中華民國管轄並無相關管制措施。1949 之後臺灣持續酒類公賣，而馬祖由馬防部籌辦酒廠，其中老酒是馬祖居民長期慣用的酒。現今兩地在紅糟運用在常民生活中，有著明顯差異。

臺灣地區紅麴運用在紅酒釀造方面，與馬祖地區相同，然而臺灣地區的紅酒呈現沒落的情況，而馬祖老酒則歷久不衰，然而在電話訪談中得知，現今馬祖地區居民，依然普遍有使用紅糟的習慣，將紅糟加入大量食鹽，將酒糟調配成紅糟醬，以運用在食材的保存，如糟魚、糟肉等等，而紅糟數量過大亦會蒸熟，充當豬隻的飼料；而臺灣地區紅糟的使用是呈現消失的景況，甚至出現取代紅糟的紅膏此類的植物染料。

兩地在紅麴運用情況的消長，可充分了解日治時期酒麴管制，對臺灣紅麴文化產生改變的因素，而馬祖地區雖然在 1949 之後由軍方籌辦酒廠，並且進入公賣系統當中，但馬祖地處離島，人民私自釀造老酒僅供自用，並無營利可能，加上交通不便是販售的不利因素，形成默許的情況，如同日治時期酒類專賣官員，認可原住民的私釀行爲一般，種種因素之下，馬祖地區的紅麴文化的保存程度高於臺灣地區。

第二節　紅麴管制的方式與影響

一、紅麴管制的方式

酒麴的管制起始於酒造稅的實施，管制內容包含所有可以形成私釀的因素，如酒麴、酒糟粕、酒清、酒甑等等，自 1907 年至 1922 年之間，酒麴管制對民眾而言，擁有管制物品，能提出來源證明即可，此方式適用於漢人與原住民，針對商家而言，商家包含了製麴所、釀酒商以及販賣者，透過簿冊清楚呈現管制物品的來源以及去向。

據《臺灣漢文日日新報》〈製酒者備付一定帳簿〉這則報導「其調製帳簿如左。○酒造原料品受拂帳、白粬製造帳、紅粬製造帳、○酒類仕込及製成帳（釀造酒用）、○同（蒸餾酒再製酒用）、酒粕受拂帳、○蒸餾粕受拂帳、○酒類藏出帳、酒類賣上及自用帳、酒類輸入帳。本島人製造者。須備置五冊之有○印帳簿。若對酒類製造者及白粬、紅粬等，之兼有發酵母製造者。則要備付二冊。其他製造者竝輸入者。概要備付輸入帳云。」〔註 23〕。

〔註 23〕〈製酒者備付一定帳簿〉，《臺灣漢文日日新報》（漢文版），1907-11-10。

酒造稅實施之後，成立紅麴製造所的規定與釀酒廠的規定相同，收先提出廠房規劃、財產證明以及連帶保證人，以獲得官方同意給予營業執照，營業時以詳實登記簿冊，以供查稅官員稽核該廠的製造量、販售量以及購買單位，若官員有疑慮時，可立即進行查封，在罰則方面比照釀酒業的規定，處罰金額都是酒稅額的數倍到數十倍。

酒類專賣實施之後，管制項目不變，而管制對象擴及全部民眾以及以往的釀酒商，人民擁有管制物品須提出證明，而能夠提出證明的單位只有官營酒廠以及酒廠專屬的販賣人員，因此人民能夠擁有的可能性也就不高，此方式僅適用於漢人，基於原住民對於祭祀釀酒的必要性，並且也無販售營利的疑慮，採以警方販售以及管制的方式進行。

酒麴是釀酒的源頭，爲了避免私釀，在酒類專賣實施之後，並沒有因爲民間酒廠消失而降低對製麴所的掌控，而其相關規定比照酒造稅時期，爲鼓勵製麴所停業，其徵收方式比照釀酒業的補助方式，少數產量大並且產品佳的製麴所，能補充官營酒廠酒麴的不足，才得以殘喘數年。

多數紅麴製麴所在面對停業補助的誘因，以及市場急速萎縮的不利，會選擇停業，原本紅麴的製造就侷限在北臺灣，在酒造稅實施之後，中南部取得紅麴就屬不易，紅糟的運用也就隨之消逝，酒類專賣後，北部紅麴製麴所的消失，北部也發生相同的景況，至此臺灣絕大部分的地區，運用紅麴與紅糟的民俗技術，開始消失。

二、紅麴替代物出現

在租稅實施的局面下，人民取得紅麴的管道部分被阻絕，在酒專賣實施後，取得紅麴的管道阻絕程度更高，臺灣人民日常生活當中，紅麴是釀紅酒的重要原料，而其糟粕是一種重要的食材，然而臺灣人民取得紅麴的方式，從糟粕的循環利用到必須額外支付金錢購買，最後因市場運作機制發揮效用之下，多數人民在紅麴與紅糟取得變的相當困難，迫使改用替代物品，以維持日常生活當中的文化意涵。

民俗材料必須是在地的、隨手可得的，如此才能促使民俗形成，若不然民俗將容易消失，在面對酒專賣的情勢下，紅麴與紅糟這種必備食材的取得，被大規模的阻絕，在飲食上紅色染劑必須以其他可用的物品做代替，成爲必然的趨勢。

紅麴的替代物就是經常聽見的紅花米（染）與紅蕃米（染），「將糯米、蓬萊米以適當的比例泡水之後，磨成米漿放入袋中予以壓乾，……再加入紅番仔米（俗稱紅胭脂粉）的天然色素，揉均勻後，……。」〔註 24〕現今對這兩個名詞已經混淆，認爲是同一項物品只是不同名稱，實際上日治時期將紅花米與紅番米合稱爲紅膏、紅羔或紅朱膏，因此開始混淆，即製紅酒的原料中的朱羔發音是「ツークオ」，方言是紅番仔米「アンフアナビー」、紅花米「アンホエビー」。〔註 25〕

臺灣紅麴替代物的名稱相當多樣化，統稱紅膏這類名稱，依原料不同可分成（1）紅花米、紅花染與紅花膏這一類，（2）紅番米、紅番染與蘇木膏這一類，紅膏是代表三種不同原料製成的紅色染料，紅花米的原料最早是一種菊科植物花瓣，日治昭和年間之後，被麻栗葉（柚木葉）所取代，而紅蕃米的原料是蘇木心材，在日治後期也被麻栗葉所取代。

「米」在台語有兩種含意，一是代表糧食如糯米、在來米等，二是代表脫離母體的細碎子體如落米仔，落米仔最常在荔枝盛產的季節聽到，購買荔枝連枝帶葉稱爲一把，脫離枝葉零散在籃子裡的稱爲落米仔，而薯米是蕃薯刨成細絲狀，紅花米與紅蕃米的「米」是不同於糧食，紅花米與紅蕃米的「米」是屬於第二種。

紅花染與紅蕃染的「染」，都是在強調織染的能力，而「紅」則是說明織染的主要色調，紅膏的製作原料無論是紅花瓣、蘇木材或柚木葉，其提煉過程都先取其紅色液體，再以其他材料令色料沉澱，去除多餘水分之後，都成爲紅色的膏狀物質，最後令膏狀物乾燥後，會成爲餅塊狀但容易剝落。

從表 3-13 的比較中可得知，此四項物品在功能上是有所差異的，對人民生活中幫助最大、用途最多則是紅麴以及衍生物紅糟，紅花居次，蘇木第三，而麻栗葉居末，但是現在臺灣生活禮俗當中，製作食物必須染紅時，多採用麻栗葉製成的紅色染料，此一現象對生活養生、敬神誠意的品質都有所衰退。

〔註 24〕http://library.taiwanschoolnet.org/cyberfair2003/C0324420174/new/_private/D/D9.htm （2012.11.9 上網）

〔註 25〕嗜酒生，〈研究〉，《臺灣稅務月報》，第 19 期，1911 年 7 月，頁 35～36。

表 3-13、紅麴與替代物功能比較表

	藥 用	食材染色	食材防腐	釀 造	工 業	胭 脂
紅麴	●	●	●	●	●發酵	
紅花	●	●			●織染	●
麻栗葉		●			●織染	
蘇木	●	●			●金紙	

資料來源：筆者整理製表。

紅麴的替代物在實施酒造稅之後就開始運用在釀酒，根據《漢文臺灣日日新報》〈造酒管束〉，足見租稅對生活上運用紅麴已經產生壓力，尤其對於非紅麴產區的區域更是如此，根據《臺灣稅務月報》在 1911 年關於南投廳即製紅酒的文章可證明這一點，而即製紅酒的製作方式在酒專賣時被複製到速成紅酒的製作。

〈造酒管束〉提及紅番米突有砒素，可知紅番米正常情況下不具毒性，但卻突然有了毒性，而此種混成紅酒各地皆有，若紅番米具有毒性這類報導不應只有一則，這則新聞刊載在 1909 年 6 月 10 日，此日是農曆 4 月 23 日，即是端午節前兩周，此時酒造稅已經實施，商家因應節日需要並且部分民眾有需求，因此推出以混成紅酒為基底的雄黃藥酒供民眾採購，根據《臺灣改訂版》描述端午節時，雄黃酒是供桌上的供品之一「而して正午に粽、牲醴、雄黃酒（紅酒に雄黃といふ著色藥味を加へたもの）を家廟に供へ、放炮、焚香の上一家粽を食し酒を呑み身體の健康を祈る。」〔註 26〕，然而「砒」這一元素即是「砷」，雄黃的化學成分是硫化砷，綜合上述條件判斷之後，這則報導重點被模糊了，毒性是來自雄黃並非紅番米，徒令紅番米背負罪名。

一般使用紅番米的地區以中南部為主，與中南部北上工作並且較年長的同事詢問時，回答多是紅番米或紅番染，詢問學生家中長輩所得大多是紅花米。在紅麴管制的年代中，紅番米與與紅花米應該是一南一北的替代物，因人民南來北往的移動，以及兩者都是紅色染料，民眾忽略其原料與製程，所以兩者被混用，以致無法判別。

〔註 26〕武內貞義，《臺灣（改訂版）》（台北：新高堂，1927），頁 1060。

（一）紅花

紅花（學名：Carthamustinctorius）屬菊科植物。紅花又稱紅藍、黃藍，菊科紅花屬。紅花米以此種菊科植物的花瓣爲原料製成，漢代西域傳入中原，《齊民要術》中關於種植與運用有詳細的記載，其用途可分成彩妝、藥用、織染。

清領時期，臺灣就有紅花種植的紀錄，如《番社采風圖考》的資料「紅花出於仲春間。農人以晨刻採之作染，與內地無異。」〔註27〕這筆資料與《農政全書》、《本草綱目》紀錄的季節不同，只是因爲臺灣風候使植物採收季節不同，但製法、用法皆同於《齊民要術》的記載，但臺灣紅花的產量並不大，因此在日治時期一直有著進口的紀錄，每年進口的單價有所波動，從進口紀錄的項目可知紅花進口的主要用途是染料，主要用途是在織染與胭脂至於藥用並非是大宗，進口的價格與進口數量被大陸方面掌握，其價格略低於紅麴，但還是相當高價，並不符合民俗形成的情況，此一物品無法長時間成爲常民生活中的食材，被取代是必然趨勢，然而生活當中紅花與番紅花容易混淆，在此一併討論以便釐清。

番紅花（學名：Crocus sativus），稱藏紅花、西紅花或番紅花，由鳶尾科番紅花屬的雄蕊製作而成，下圖中黃而短者是雌蕊，紅而長者是雄蕊，它的功能在於藥用並非染色，由於番紅花的產地與產量的緣故，其價格相當昂貴並非紅花所能比擬的，因此日治時期的進口紀錄絕非番紅花。《本草綱目》顯示番紅花主要功能在活血，而紅花的功能是養血與行血，兩者之間的差異在於紅花使用的數量，因此食材使用紅花對孕婦的危險是微乎其微的，但還是必須謹慎使用。

許素雲部落格：「紅胭脂是糕餅、湯圓、紅龜粿染紅的食用染料，俗稱紅番仔米或紅花米。桃紅色的紅胭脂可使面容紅嫩，在戲台上映著明亮的燈光更顯得粉面桃腮。紅胭脂對皮膚沒有任何損傷，……。」〔註28〕從台灣早期歌仔戲演員的回憶紀錄顯示，紅胭脂是以紅花爲原料的製品，提煉過程相當天然，使用這種化妝品對皮膚不會有造成傷害，由此可知紅番米與紅花米是不相同的物品，雖然都具有染色的能力，但原料與提煉方式不相同。

〔註27〕清・六十七，《番社采風圖考》（《臺灣文獻叢刊》第090種，台北：臺灣銀行，19），頁38。

〔註28〕http://taiwanesefolkopera.blogspot.tw/2008/03/blog-post_06.html（2012.11.9上網）

表 3-14、紅花與紅麴進口價格對照表

輸入	紅花		紅粬		輸入	紅花		紅粬	
年分	斤	円	斤	円	年分	斤	円	斤	円
1906	2962	571	2875	299	1918	8742	4131	1897	792
1914	4974	946	25421	7394	1919	6840	3414	1658	750
1915	3211	752	4970	1576	1920	5656	3372	30118	15565
1916	7712	1781	4970	1576	1921	6854	1656	63707	18965
1917	3930	1308	1835	760	1922	4448	1188	17971	5411

資料來源：《臺灣貿易四十年表》〔註 29〕，筆者整理製表。

紅麴取得不易的年代，庶民生活中的歲時節令、生命禮俗以及養生飲食中紅色元素不可消失，因此人民開始尋求其他的可行方式，以維持生活中必須運用。紅花米是在魏晉南北朝已存在的紅色染料，它的功能可入藥亦可作爲彩妝原料，在清領時期，臺灣已有種植與使用的紀錄，紅花的功用多樣性比不上紅麴，至少它是安全的、喜色的，紅花與紅麴同樣有製作技術高、也是藥品並且需要進口，但紅麴可由少許的量製造出數千倍的紅麴，生活上所用的紅糟是製酒的副產品，因此紅花運用在飲食上的費用自然會比較高，因此紅花米的使用可說是不得不然的選擇。

紅花米以紅花花瓣爲原料製作而成的染料，此物製作方式流傳久遠，自《齊民要術》就有記載，《番社采風圖考》記載台灣也有紅花物產的資料，但產量不多因此在日治時期年年有進口數據，在價格方面紅花低於紅麴，但是也不便宜，若紅花與蘇木比較，紅花的價格方面還是高出蘇木，並有一定程度的差距。

（二）蘇木

圖 3-7、蘇木葉

〔註 29〕臺灣總督府財務局稅務課，《臺灣貿易四十年表》（台北：臺灣總督府財務局稅務課，1936），頁 182、239。

蘇木（學名：Caesalpinia sappan）爲豆科雲實屬的植物。又名蘇方、蘇方木、蘇枋木、蘇枋、紅紫、赤木。多分布在東南亞和中國南部一帶。從蘇木材中可提取巴西蘇木素和揮發油，具有殺菌、消腫、止痛的作用。《本草綱目》中蘇木可行血、破瘀。現代研究顯示蘇木能使心血管收縮增強，對中樞神經有催眠和麻醉作用。此外蘇木還可提取紅色染料，與靛藍、槐花等其他植物染料搭配使用時，在鐵、鋁、銅、鉛等不同媒染劑的作用下，可變爲黃、紅、紫、褐、綠、棗紅、深紅、肉紅等顏色。

蘇木的記載相當久遠，自晉代就有記載，蘇木是中國歷代南方屬國的進貢物品，主要運用在織染，而東西方皆有相同紀錄，日治時期 1931 年的調查資料顯示，在臺南州新豐郡及高雄州旗山郡多處有蘇木，在這些區域附近有紅毛寮的地名，山田金治的研究結果發現，蘇木種植在臺灣的歷史，自荷蘭時期移入台灣南部，荷蘭人種植蘇木是經濟取向的目的，製成蘇木膏帶回歐洲販售，進行紡織品的染色，是相當可靠的工業染料〔註 30〕。

康熙年間朱一貴民變之後，藍鼎元提出在諸羅與鳳山地區築城，並且構想出簡易木城的建築方式，如《東征集》「種竹圍一周，護以莿棘。竹外留夾道，寬三、四丈，削莿桐插地，編爲藩籬。逢春發生，立見蒼茂。桐外開鑿濠塹，苦臺地粉沙，無實土，淺則登時壅淤，深則遇雨崩陷，多費無益，止可略存其意，開濠廣深六、七尺，種山蘇木子濠內，枝堅莿密，又當一層保障。」〔註 31〕文中以植物分三層種植，內層以竹、二層以刺桐、外層以蘇木，採用的植物都是具有尖刺並且生長快速的特性，以蘇木爲木城的最外圍，因蘇木的樹幹上布滿尖刺，並且生長迅速。

此種作法也對民家圍籬作法也造成影響，如《重修台灣府志》「莿毬花，本高數尺，有莿；土人植以爲籬。……。其葉秀整相次，根可染絳。一名番蘇木」〔註 32〕，以蘇木作爲防禦性植物的方式，綜合兩筆資料，代表蘇木就存在生活環境之中，取得的便利性是相當高。

〔註 30〕山田金治，〈臺南州新豐郡及び高雄州旗山郡下に見るすはう（蘇木）に就て〉，《臺灣山林會報》，第 61 期，1931 年 5 月，頁 14～18。

〔註 31〕清・藍鼎元，《東征集》（《臺灣文獻叢刊》第 012 種，台北：臺灣銀行，1958），卷 3，頁 38～39。

〔註 32〕清・范咸，《重修台灣府志》（《臺灣文獻叢刊》第 105 種，台北：臺灣銀行，1961），卷 18，頁 501。

圖 3-8、蘇木樹幹 1　　**圖 3-9、蘇木樹幹 2**〔註 33〕

康熙末年，《臺海使槎錄》證明臺灣已經有充足的蘇木產量可供出口，其販售的區域到達關東地區，「關東販賣烏茶、黃茶、綢緞、布匹、碗、紙、糖、麵、胡椒、蘇木。」〔註 34〕。

道光年間《廈門志》的關稅記載，蘇木膏百斤例三錢五分，而紅花與胭脂米百斤例六錢，由關稅的額度的高低即可判定物品的價格，因此胭脂米價格比蘇木膏高，並且胭脂米是自廈門出口至臺灣，是臺灣所缺乏的物資，而蘇木膏是臺灣出口至廈門，是臺灣盛產之物，蘇木膏的本地性高於胭脂米。

《臺灣番事物產與商務》在同治年間還有蘇木自臺灣入廈門關的資料，入關後銷售大陸何地並無明確資料，綜觀蘇木在臺灣的歷史，其用途都是提煉成蘇木膏供織染用，《安平縣雜紀》出現蘇木膏的第二項用途「用半粗幼紙裁長六寸、闊四寸、蓋蘇木膏壽字印於其上，中間安錫箔約二寸許，拭以槐花，使成黃色，名曰壽金。」〔註 35〕，1931 年出版的《商工彙報・蘇木》顯示，蘇木為荳科小喬木，紅膏是赤色染料，蘇木是紅膏的原料，荷蘭人於十

〔註 33〕琉球久米村の文化と風俗（2013.5.26 上網）
http://img02.ti-da.net/usr/ryouujigokoukai/%E8%98%87%E6%9C%A8%E6%A3%9851.JPG

〔註 34〕清・黃叔璥，《臺海使槎錄》（《臺灣文獻叢刊》第 004 種，台北：臺灣銀行，1957），卷 2，頁 47～48。

〔註 35〕清・佚名，《安平縣雜記》（《臺灣文獻叢刊》第 052 種，台北：臺灣銀行，1959），頁 1。

七世紀移植到台灣南部台南州與高雄州，其目的是開發財源，製作方式將蘇木屑與水煮沸，換水數次後，集合所有浸出液加入消石灰與明礬令染料沉澱，濾出沉澱物爲泥狀物以火烘乾，用於紅紙與香腳的染色。〔註 36〕蘇木膏在日治時期，其運用方式增加了祭祀用品的製作，無論是織染、金紙或香支都是屬於工業用途。

蘇木膏以蘇木爲原料提煉而成，荷蘭人在十七世紀將蘇木引進臺灣，〔註 37〕因此有「番」字的採用，如清代稱之爲番蘇木一般，由此可知蘇木膏即是紅番米，製作過程中需加入消石灰與明礬，此一染料的原料在《臺灣文獻叢刊》有相當多資料，也因爲臺灣蘇木數量充足才可出口至廈門、山東、關東，出口的形式有以蘇木與蘇木膏兩種，蘇木膏是工業染料，如金紙的紅印記、香腳的染紅、紙張染紅等用途，因此紅番米此物僅紅色染料而已，無其他功用，便利性以及充足性是它最大優點，在居家環境中可就地取材。

圖 3-10、阿勃勒〔註 38〕

〔註 36〕不著撰人，〈蘇木〉，《商工彙報》，第 5 期，1931 年 6 月，頁 48～50。

〔註 37〕山田金治，〈和蘭人により高雄州屏東郡竝に潮州郡管內蕃地に齊らせられたる蒲葵〉，《臺灣山林會報》，第 55 期，1930 年 11 月，頁 26～27。

〔註 38〕http://serv.oga.ncku.edu.tw/ezfiles/72/1072/img/1493/P1030284.jpg（2013.5.26 上網）

順帶一提臺灣蘇木科植物尚有數種，阿勃勒即是其中一種，但它都不是《臺灣文獻叢刊》中的蘇木，阿勃勒適合熱帶環境與蘇木相同、花朵顏色相近，阿勃勒樹皮是光滑，與俗稱搭肉刺的蘇木，有著明顯差異，阿勃勒是在明治年間引進臺灣，主要用途是行道樹，其目的是綠化、美化與遮蔭，至於阿勃勒能否有染色的功能，令人存疑？〔註 39〕

（三）麻栗

圖 3-11、麻栗葉 1

圖 3-12、麻栗葉 2〔註 40〕

麻栗是柚木早期的名稱，現代以柚木稱之，麻栗之名已經不曾聽見，僅在從事木材業的長輩口中會聽到此名稱，柚木（學名 Verbenaceae Tectona

〔註 39〕田代安定，《臺灣街庄植樹要鑑》（台北：臺灣總督府民政部殖產課，1900），頁 156～158。

〔註 40〕溪底遙學習農園 http://www.befarmer.com/archives/5467（2013.5.26 上網）

grandis L.f），是一種闊葉喬木，屬於唇形科（或是馬鞭草科）柚木屬的植物。一般生長在南亞或東南亞，以緬甸出產的最爲著名，原產地爲緬甸、印尼、泰國、婆羅洲、爪哇、台灣等，是一種珍貴的木材，有「萬木之王」的美譽。

圖 3-13、麻栗 1

圖 3-14、麻栗 2〔註 41〕

〔註 41〕拓南社，《拓南社農林業要錄》（不詳：拓南社，不詳），附錄。

「據中廣新聞網報導，俗稱紅花米的 7 號色素，是從柚木嫩葉中提煉出來的，……因此柚木還有一個相當喜氣的名字，叫做胭脂樹。林宣宏指出，早期的紅花米是廚房中不可或缺的顏料，……。舉凡拜拜用的紅麵龜、婚禮上的紅湯圓、滿月的紅蛋、生日的壽桃、阿嬤的紅棉被等，……。」〔註 42〕。

麻栗在明治三十四年引進臺灣，明治末年已有相關的種植研究資料出現，麻栗適合生長的環境是海拔二千公尺以下，均溫在二十一度至二十五度之間，因此試植地區在台中廳以南爲主要區域，現今雲林與南投的丘陵地區的環境適合，因此是主要實驗造林區域，現今推廣柚木葉染的地區，就在南投中寮與雲林斗六這兩地區，而台南市街道種植的目的是行道樹遮蔭，〔註 43〕林業試驗場的苗圃中的資料如《臺灣旅行記》「麻栗樹，屬於馬鞭草科，高丈餘，葉亦粗大；可用以建築，造船艦、汽車。」〔註 44〕。

大正年間就有麻栗造林的計畫執行，並且得到總督府鼓勵，麻栗樹在明治與大正年間，主要用途在於行道樹與交通工具的製造，此時期造林計畫的目的是希望達到柚木材料的自足，不希望受進口的變因影響。〔註 45〕

麻栗葉製作成染料，是日治大正以後取代紅花花瓣的做法，紅花膏的價格本來就不低，而臺灣中南部麻栗葉的取得相當便利，原料就在住家附近，所以麻栗葉代替紅花膏是經濟實惠的方式，自此紅花米代表兩種原料一是紅花花瓣、二是麻栗葉。

《臺灣文獻叢刊》中麻栗的資料是在明治末年出現，是在林業試驗場的苗圃中，其用處是保留種樹，在大正年間有麻栗的推廣種植，種植成功之後才漸漸產生紅花米的第二種原料，麻栗其心材是堅硬的建材，可用於鐵道的枕木、船艦的建造等等用途，而麻栗的葉子能製造出紅色染料，因此麻栗又有紅花米的別稱，麻栗葉製成的紅色染料的優勢是本地原料，人民容易就地取材因應生活所需，就經濟而言它是實惠的選項，因此能夠取代紅花，而它出現晚於紅番米的記載，因此它不是紅番米，麻栗葉的優勢更勝蘇木，麻栗葉僅需採集即可進行提煉，而蘇木必須進行砍伐並且匏削，其一次製造量都

〔註 42〕http://www.epochtw.com/6/8/8/33868.htm（2012.11.9 上網）

〔註 43〕臺灣總督府殖產局，《臺灣造林主木各論（後篇）》（台北：臺灣總督府殖產局，1923），頁 57～70。

〔註 44〕清・邱文鸞，《臺灣旅行記》（《臺灣文獻叢刊》第 211 種，台北：臺灣銀行，1965），頁 86。

〔註 45〕拓南社，《拓南社農林業要錄》（不詳：拓南社，不詳），頁 33～34。

不小，對民家小量使用而言，存在著一些不便利。

紅花、蘇木與麻栗三種紅色染料的比較，麻栗具有原料在地化、經濟實惠性與採集簡便性，蘇木具有原料在地化與經濟實惠性，但原料收集需大費周章並且成品數量大，不是民家進行操作，紅花具備採集簡便性，但所費不貲，在總總條件比較下，麻栗葉才會在現今取代了紅花與蘇木成爲紅膏的主要原料。

三、紅酒與米酒需求的消長

紅麴管制之後，造成紅酒消費量下降以及米酒消費量上升，顯示米酒取代紅酒成爲臺灣禮俗中常用的酒，取代的範圍包含了生命禮俗與歲時禮俗，尤其是禮俗中的養生與祭祀的運用。

（一）紅酒需求下降

1911 年到 1930 年，這二十年之間紅酒需求量的變化，1920 年的紅酒需求是最高峰也是分水嶺，紅酒自明治末年受酒稅影響後，售價高漲與品質下滑對民間的紅酒需求並未發生阻礙，反而持續上升，但 1920 年將酒稅快速提升後，對酒價發生立即性的影響，1922 年專賣實施後持續下降，1924 年專賣局一連串的宣傳與推出新配方老紅酒，才穩住頹勢，但專賣局的紅酒配方是混成紅酒爲主，並不受歡迎，因此 1926 年出現紅酒私造的報導，並在 1926 年又出現需求下降的趨勢。

紅酒的原料酒之一是糖蜜酒，它的需求量在 1919 年就開始急速下滑，其趨勢與紅酒同進退，1917 年後特許白麴的製造技術出現，1922 年專賣之後，米酒的成本可由酒廠完全掌握，成爲主要獲利產品，而糖蜜酒的製作原料，本是糖廠的剩料，但日治時期蔗農被製糖會社剝削，產生了米糖相剋的現象，迫使總督府實施稻蔗輪作制度，此一情勢也間接造成糖蜜原料的不足，而糖蜜酒必須先製成酒精後才轉成糖蜜酒，中南部酒廠將糖蜜原料轉向製造酒精爲主，因此由米酒取代糖蜜酒成爲各式再製酒的原料酒。

清酒與藥酒的需求都是相對的平穩，因此紅酒與糖蜜酒的需求，都被米酒與麥酒吸收，使得米酒與麥酒的需求持續上升，一年的總需求也有下降的趨勢。

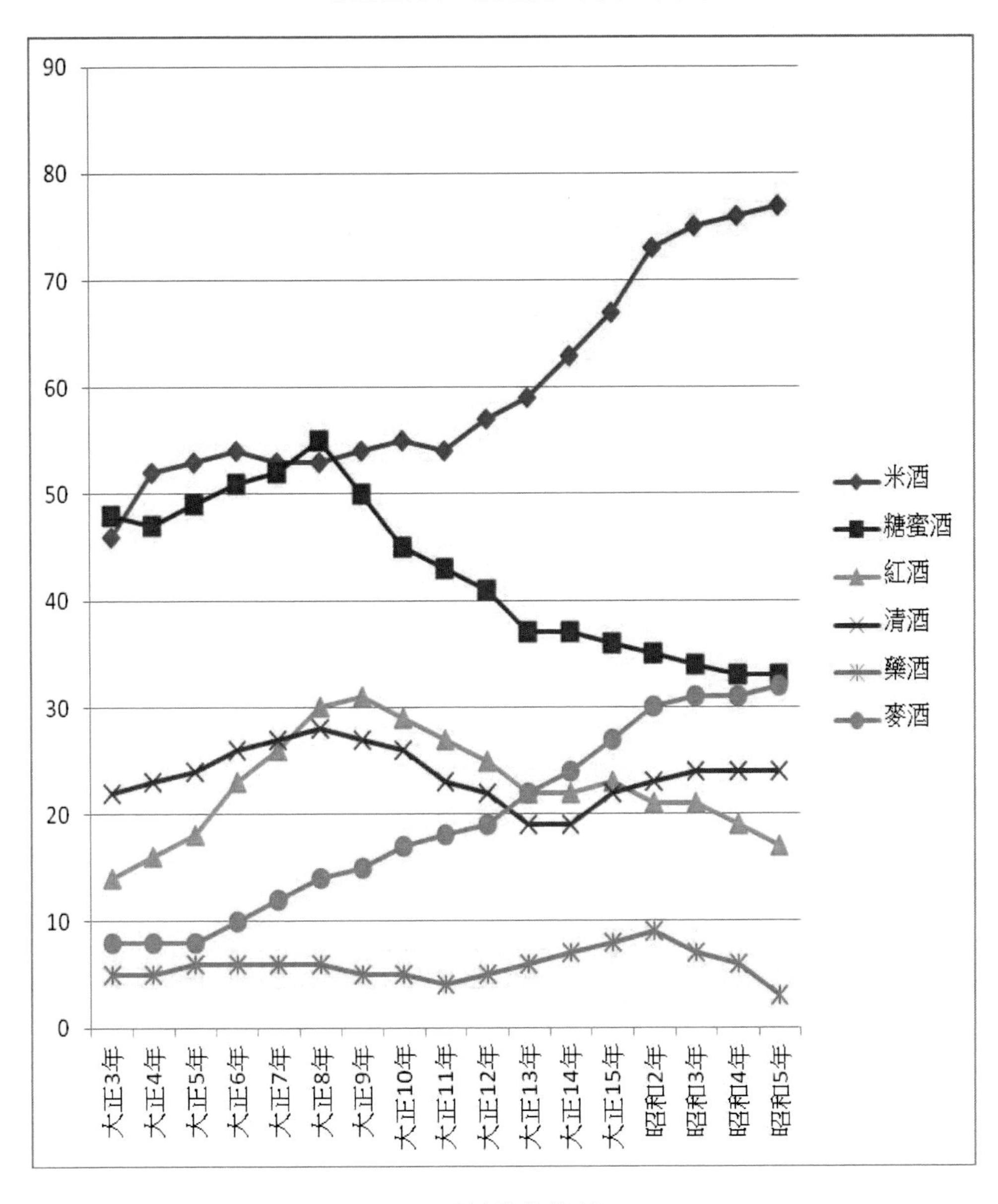

圖 3-15、酒類消費趨勢〔註 46〕

〔註 46〕神谷生，〈過去二十年間に於ける本島酒類消費の變遷〉，《專賣通信》，第 41 卷第 12 期，1933 年 8 月，頁 44。

（二）米酒需求上升

1911 年到 1930 年，這二十年之間需求明顯上升的是米酒與麥酒，麥酒的需求上升與宣傳推銷有關，此種酒品是近代引入，初期以免酒稅方式鼓勵在臺灣製造，同時舉辦試飲以培養消費族群，但臺灣人的接受度不高，會以喝馬尿來形容飲用麥酒，觀察現在生活方式，麥酒只是消暑飲料不會是敬酒的物品，因此它的需求上升對禮俗方面並無影響，而麥酒的酒精濃度低，在飲用的數量上高於其他酒品數倍，才會造成銷售量快速攀升的情況。

米酒成爲再製酒類的主要原料酒，同時米酒也是飲用酒品，在再製酒的紅酒銷售下降與藥酒銷售不變的情況下，米酒銷售卻能逆勢上漲，是令人疑惑的情況，米酒除了取代糖蜜酒的銷售外，也蠶食了紅酒的銷售，這是米酒銷售量上升的主因，當然麥酒也發揮有相同的效果，反觀現代在祭祀與進補的時機，都以米酒進行，由此可見紅酒與米酒的銷售量消長，代表臺灣民間禮俗的變化。

第三節　酒專賣前後的紅酒比較

一、酒專賣前酒標的含義

酒專賣之前，臺灣老紅酒釀造商以北臺灣爲主要地區，依據民營酒商的酒標顯示，酒商大多選擇具有長壽與高貴意涵的圖樣，彰顯老紅酒的養生功效以及祭祀時的運用，若酒標中有稻米相關圖樣，是在影射糯米使用比例較高，因此是老紅酒中的上品，各家酒標中出現各式官辦評比得獎紀錄，代表紅酒產業是具有臺灣特色，在評比中是以同等級紅酒進行品評。

在日治初期，印刷機械的主要動力尙是以人力爲主，然而酒標動輒四五色的套印，廠家印製相當耗費人力、物力與時間，可見酒標成本不斐，從酒標的印刷用色豐富，圖樣精細，可見製酒商的財力雄厚，更可見紅酒的銷售可令製酒商獲取龐大財富，北臺灣各家酒標皆相當精細，除了打響知名度之外，最重要的目的應該是防止僞品破壞商家信譽。

	製造商：龍泉製酒商會 地址：臺北艋舺新店街六、七番戶 品名：舊酒（紅酒） 容器：玻璃酒瓶 瓶口封條：以紅藍二色套印，印製「台灣勸業共進會銀牌受領」。 瓶腰標籤：以紅綠黑三色套印，印製「名聲布四海」。 瓶身標籤：尺寸約爲（11.5 公分×9.5 公分）以金黑紅三色套印，外圍白字的字樣是「台灣臺北物產共進會貳等賞銀牌受領」、「第壹回台灣南部物產共進會紀念賞銅牌受領」，以雙金龍搶店家登錄商標。
	製造商：樹林龍津製酒公司 地址：台北州海山郡鶯歌庄彭福字樹林二一六番地 品名：樹林舊紅酒 容器：玻璃酒瓶 瓶口封條：以紅色套印，中央是商家登錄商標。 瓶腰標籤：以紅黃藍三色套印，兩側襯以細花。 瓶身標籤：尺寸約爲（11.3 公分×8.5 公分）以紅黃綠藍黑金六色套印，外圍以蓮座與梅花放置八方，以綠葉串聯，中央雙龍搶珠運用六色印製。

	製造商：台北源濟堂 地址：無 品名：舊紅酒 容器：玻璃酒瓶 瓶口封條：以紅藍二色套印，中央是商家登錄商標。 瓶腰標籤：以金黑二色套印，摺扇造型標示台灣優等銘酒，附有紅色葫蘆型商標。 瓶身標籤：尺寸約爲（10.5 公分×14 公分）以紅綠黑金灰五色套印，印製「全國勸業博覽會銅賞牌」、「臺灣勸業共進會有功賞」、「名聲布四海」，以下弦紅月、菊花、丹頂鶴爲圖樣。
	製造商：臺灣製酒株式會社 地址：無 品名：黃菊酒（優等老酒） 容器：玻璃酒瓶 瓶口封條：以紅色印製，中央是商家登錄商標，文字底紋有著細密的花瓣。 瓶腰標籤：以紅金黑三色套印，對稱波紋外型標示優等老酒，襯以金色紋路以及紅色植物圖形。 瓶身標籤：尺寸約爲（10.8 公分×14.5 公分）以黑金綠藍紅五色套印，以菊花爲主要圖案，以商標做底紋，印有兩面獎牌、「名馳四海」以及「臺灣名產」。

<table>
<tr>
<td>
</td>
<td>製造商：宜蘭製酒株式會社
地址：臺北州宜蘭郡宜蘭街
品名：甘泉老紅酒
容器：玻璃酒瓶
瓶口封條：以金色印製。
瓶腰標籤：黃綠藍黑紅橘六色套印，以卷軸爲外型，中以圓月、捲雲、雙鶴爲圖樣。
瓶身標籤：尺寸約爲（10.2 公分×14.3 公分）以紅黃金綠黑五色套印，中間上端紅色是登錄商標，印製「臺灣勸業共進會金牌賞」、「臺灣物產展覽會壹等獎」、「性溫而和、味甘而香」，以稻穗爲圖樣。</td>
</tr>
<tr>
<td>
</td>
<td>製造商：王謙發製造酒工廠
地址：海山堡樹林一八六番地
品名：老紅酒
容器：玻璃酒瓶
瓶口封條：無。
瓶腰標籤：以黃綠藍紅黑五色套印，兩側襯以桃爲圖樣。
瓶身標籤：尺寸約爲（9 公分×12.5 公分）以黃綠金紅黑五色套印，以丹頂鶴與蓮花爲圖樣。</td>
</tr>
</table>

圖 3-16、酒專賣前紅酒酒標〔註 47〕

〔註 47〕臺灣總督府專賣局，《臺灣酒專賣史（下）》（台北：臺灣總督府專賣局，1941），附錄。

（一）紅酒生產的區域

據表 3-4 可知，酒專賣前紅酒製造商分布臺灣各地，就各地價格比較北臺灣最高，由此可推知北部紅酒品質較高，也可知紅酒在臺灣各地都有需求，在漢文臺灣日日新報的資料顯示，台北年產量七千餘石、嘉義年產量千餘石而台南年產量十餘石之譜。

在 1941 年出版《臺灣酒專賣史（下）》，在其附錄的六張專賣前酒標，而這六張酒標所呈現的地區皆是在街庄改正後的台北州，足見台北州的紅酒在臺灣具有代表性。台北州的六家知名民營紅酒製造商，分別位於是宜蘭街、鶯歌庄、新店街、台北城。

隨著酒專賣實施，紅酒生產區域發生變化，官營酒廠中僅台北酒場、樹林酒場、宜蘭酒場以及花蓮酒場得以製造紅酒，而釀製紅酒的重要原料紅麴統一由樹林酒場製造，紅酒產量最高是樹林酒場與宜蘭酒場，而台北酒場的紅酒釀製由下轄三分場負責，但產量依然有限。

（二）酒標圖樣的象徵

各家採用的圖樣如龍泉的雙金龍、龍津的雙青龍配以蓮座與梅花、源濟堂的葫蘆加上丹頂鶴與菊花、臺灣的菊花、宜蘭的稻穗加上丹頂鶴與雲紋、王謙發的壽桃加上丹頂鶴與蓮花，歸結而言主要使用的圖樣是龍、鶴、蓮、菊、桃，這五種圖樣在臺灣民俗中皆具有長壽象徵，而雲紋則是顯現祭祀的運用。

各家酒標中皆有登錄商標，顯示這些酒標都在因應地方稅法才有的圖樣，酒標中名聲遠布的字樣，顯示紅酒銷售區域範圍頗大，較爲特殊的是甘泉老紅酒的稻穗圖樣，紅酒的釀造原料是糯米，而糯米比例越高紅酒品質越好，代表甘泉老紅酒的糯米量相當夠，才會以稻穗爲主要圖樣，加上該酒所得獎牌皆是官方的壹等獎或金牌賞，因此才會有「性溫而和、味甘而香」的字樣。

樹林地區紅酒製造商，龍津酒廠沒有得獎紀錄，與龍津酒廠設立較晚有關，然而王謙發製造酒工廠具有官方銀牌賞的紀錄，但卻不在酒標呈現，其中意義耐人尋味。

「臺灣物產展覽會」、「台灣物產共進會」、「台灣勸業共進會」以及「全國勸業博覽會」皆是官方籌組與籌劃的組織與活動，以官方的組織與活動對臺灣紅酒進行推廣以及評比，足見臺灣紅酒產業受官方的重視，此時官方對紅酒的評比是著重在同等級酒品中的優劣。

（三）參與展覽的意義

「臺灣物產展覽會」是爲始政二十年準備的慶祝活動之一〔註 48〕，「全國勸業博覽會」是爲臺灣勸業共進會催生的活動，臺灣勸業共進會該組織具有濃厚的官方色彩〔註 49〕，這兩項具有指標性意義的博覽會，臺灣紅酒都是參展的項目，並於會中進行評比〔註 50〕，足見臺灣紅酒的品質是經得起各地人士的考驗，而且臺灣紅酒的香甜是值得推廣給世人享用。

二、酒專賣後酒標的含義

酒專賣之後，大正年間酒標的圖樣具有西化風格，昭和年間之後，多數酒標恢復臺灣傳統文化的風格，甚至加入與祭祀相關的圖樣，似乎在提醒紅酒與祭祀的關聯，期待提升紅酒的銷售數量；酒專賣之後，除回銷內地酒標無等級區分，其餘酒標皆明確呈現等級區分，專賣初期販售快速製成的混成紅酒，造成民眾厭惡對酒名也有負面看法，所以造成昭和年間酒標圖樣風格轉變，在太平洋戰爭爆發之後，臺灣總督府爲取得更多財政收益，採取紅酒回銷內地的方式進行。

（一）酒標圖樣的象徵

<table>
<tr>
<td>
</td>
<td>品名：老紅酒第壹號
制定年代：1922 年（大正 11 年）
圖樣：以紅綠黑三色套印，中間鳶型以紅色印製，以紅色雲紋爲主要圖案，底紋有菊花以及稻穗，使用容器是罎詰。
（尺寸約爲高 13 公分寬 10.5 公分）</td>
</tr>
</table>

〔註 48〕〈準備始政展覽〉，《臺灣日日新報》（日文版），1915-04-30。
〔註 49〕〈共進會委員〉，《臺灣日日新報》（日文版），1915-11-26。
〔註 50〕〈酒造業者祝宴〉，《臺灣日日新報》（日文版），1916-06-03。

<table>
<tr>
<td>
</td>
<td>品名：老紅酒第貳號
制定年代：1922 年（大正 11 年）
圖樣：以紅綠黑三色套印，中間鳶型以綠色印製，以紅色雲紋爲主要圖案，底紋有菊花以及稻穗，使用容器是壜詰。
（尺寸爲高 13 公分寬 10.5 公分）</td>
</tr>
<tr>
<td>
</td>
<td>品名：紅添酒
制定年代：1923 年（大正 12 年）
圖樣：以紅黑二色套印，中間鳶型以灰色印製，使用容器是酒樽。
（尺寸約爲高 19.8 公分寬 12.8 公分）</td>
</tr>
<tr>
<td>
</td>
<td>品名：紅酒紅梅
制定年代：1923 年（大正 12 年）
圖樣：以紅綠黑黃四色套印，圖樣有古錢、雙鵲、梅花，使用容器是三合五勺壜詰。
（尺寸約爲直徑 12.5 公分）</td>
</tr>
</table>

	品名：老紅酒第參號 制定年代：1925 年（大正 14 年） 圖樣：以紅金二色套印，圖樣太陽搭配放射光芒以及海面倒影，金雞站於酒甕上，定價九十六錢，使用容器是壜詰。 （尺寸約爲高 12.3 公分寬 10.2 公分）
	品名：老紅酒特製第貳號 制定年代：1927 年（昭和 2 年） 圖樣：以紅黃黑金四色套印，金雞置中底紋，外圍以抽象圖案圍繞，定價四十二錢，使用容器是壜詰。 （尺寸約爲高 10.3 公分寬 10.3 公分）
	品名：老紅酒第貳號 制定年代：1927 年（昭和 2 年） 圖樣：以紅黃黑金四色套印，金雞置中底紋，外圍以抽象圖案圍繞，定價四十二錢，使用容器是壜詰。 （尺寸約爲高 11.5 公分寬 9.5 公分）

	品名：老紅酒金雞（原第參號） 制定年代：1930 年（昭和 5 年） 圖樣：以紅黑金三色套印，圖樣太陽搭配放射光芒以及海面倒影，金雞站於酒甕上，六分公升定價五十五錢，使用容器是壜詰。 （尺寸約爲高 11.5 公分寬 9.5 公分）
	品名：老紅酒黃雞（原第貳號） 制定年代：1930 年（昭和 5 年） 圖樣：以紅黃黑金四色套印，金雞置中底紋，外圍以抽象圖案圍繞，六分公升定價四十錢，使用容器是壜詰。 （尺寸約爲高 11.5 公分寬 9.5 公分）
	品名：老紅酒金雞 制定年代：1935 年（昭和 10 年） 圖樣：以紅黑金三色套印，底紋以金雞以及雲紋置中，外圍以雷紋圖案圍繞，六分公升定價六十三錢，使用容器是壜詰。 （尺寸約爲高 12.6 公分寬 10.5 公分）

<table>
<tr><td></td><td>品名：博覽會紀念老紅酒
制定年代：1935 年（昭和 10 年）
圖樣：以紅黑金三色套印，底紋以金雞以及雲紋置中，外圍以雷紋圖案圍繞，使用容器是 1.8 分公升壜詰。
（尺寸約爲高 8.6 公分寬 8.6 公分）</td></tr>
<tr><td></td><td>品名：老酒蘭英
制定年代：1934 年（昭和 9 年）
圖樣：以紅黑金三色套印，底紋以金雞置中，外圍以蘭花圖案圍繞，使用容器是壜詰，回銷日本內地。
（尺寸約爲高 19 公分寬 15.2 公分以及高 12.9 公分寬 10.7 公分兩種）</td></tr>
<tr><td></td><td>品名：老酒玉友
制定年代：1934 年（昭和 9 年）
圖樣：以紅黃黑金四色套印，圖樣以雙金龍置中，四角有稻穗剪影，外圍以雷紋圖案圍繞，使用容器是壜詰，回銷日本內地。
（尺寸約爲高 19 公分寬 15.4 公分以及高 13.1 公分寬 10.6 公分兩種）</td></tr>
</table>

	品名：老酒蘭英特製 制定年代：1938 年（昭和 13 年） 圖樣：以紅黑金三色套印，外圍以蘭花圖案圍繞，使用容器是五分公升壜詰，回銷日本內地。 （尺寸約爲高 8.7 公分寬 6.2 公分）
	品名：老酒玉友特製 制定年代：1938 年（昭和 13 年） 圖樣：以紅黑金三色套印，置中底紋爲雲紋，外圍以六芒星圖案圍繞但很粗糙，使用容器是五分公升壜詰，回銷日本內地。 （尺寸約爲高 8.7 公分寬 6.2 公分）

圖 3-17、酒專賣後紅酒酒標〔註 51〕

專賣紅酒酒標區分成三部分（1）大正年間紅酒酒標、（2）昭和年間紅酒酒標、（3）移出紅酒酒標，各有其圖樣特色，無論是否加入其他文化的特徵，都會保留臺灣傳統喜慶的民俗圖樣。

大正時期專賣局的五張酒標中，老紅酒第壹號、老紅酒第貳號、紅添酒、紅酒紅梅以及老紅酒第參號的設計風格較爲現代化，老紅酒第壹號、老紅酒第貳號運用雲紋顯示與祭祀有著相關性的連結，菊花圖樣與漢人傳統菊花樣

〔註 51〕臺灣總督府專賣局，《臺灣酒專賣史（下）》（台北：臺灣總督府專賣局，1941），附錄。

式不同，稻穗的運用是彰顯釀酒的原料，紅酒紅梅使用古錢、雙鵲以及梅花的圖樣，代表著婚禮的喜慶，老紅酒第參號的太陽旗是日本的象徵，而金雞是吉事的意義，因此大正年間的專賣紅酒酒標，凸顯著紅酒與臺灣禮俗中的喜慶的關聯。

昭和時期專賣紅酒酒標，只有昭和 5 年的老紅酒金雞是沿襲大正 14 年老紅酒第參號的風格，其餘五張紅酒酒標都呈現臺灣傳統風格，在昭和年間老紅酒第貳號的三張酒標，呈現金底黑字紅邊並且以雞置中，昭和 10 年的老紅酒酒標，紅底黑字金圖以雞與雲紋置中而雷紋鑲邊，這五張酒標以雞與雲紋爲主要圖樣並且搭配雷紋鑲邊，呈現的意涵圍繞著臺灣禮俗中喜慶與祭祀色調。

昭和 10 年舉行的臺灣博覽會，是爲紀念始政四十年所舉辦，此次博覽會有天皇親人參與，並撥鉅款在台北圓山建置博覽會展場，可見殖民政府對此博覽會的重視〔註 52〕，老紅酒金雞是博覽會中推廣的臺灣名產，此情況與專賣前紅酒參與各項博覽會的意義是不變的。

移出紅酒酒標中，昭和 9 年的老酒蘭英的雞圖樣是臺灣傳統而蘭花圖樣在臺灣禮俗中並不多見，而昭和 9 年的老酒玉友是具臺灣傳統風格，以龍與雷紋，昭和 13 年的老酒蘭英，雞圖樣消失並且改成紅底黑框，昭和 13 年的老酒玉友是風格相當不同，但仍保存雲紋的圖樣。

（二）紅酒營養的轉變

> 第三號紅酒出售，三合五勺矸一本六十錢，經以告示第百六十三號發布，從來紅酒品質，以貯藏之遲速而異，雖同一製造法，而照貯藏期間短長品質分作數種等級貯，顧專賣局之製造紅酒，始自大正十一年，迄今尚未有長期貯藏酒，老紅酒僅以貯藏一年半爲標準，調合第二號紅酒發賣，然至本秋，于十一年所製紅酒已滿三年貯藏，品質大向上，其色澤香味等亦極醇良，遂以三年間貯藏爲標準，而發賣第三號酒云。〔註 53〕

酒專賣之後，紅酒區分成老紅酒第壹號、老紅酒第貳號、老紅酒第參號與紅添酒四個等級，然而第壹號、第貳號、第參號的差異只在於陳放的時間

〔註 52〕〈始政四十年記念　臺灣博覽會　要求經費五十萬圓〉《臺灣日日新報》（日文版），1934-08-14。

〔註 53〕〈第三號紅酒出售〉《臺灣日日新報》（日文版），1925-11-29。

長短，老紅酒第參號需存放三年而老紅酒第貳號至少存放一年半，其原料比例與製程是相同，而紅添酒又是另一種原料比例與製程，代表酒專賣的紅酒有兩大類，與表 2-5 的資料吻合，並且是歷代紅酒配方中，糯米比例最低而蒸餾酒比例最高的情況，可見品質的下滑。

酒專賣之後紅酒的養分原料比例下降之外，販賣前還以二號紅酒調和，所謂的二號紅酒應該就是二號紅添酒，以此方式降低紅酒釀製成本，紅添酒是以米酒或糖蜜酒爲主原料，而米酒是以飯米釀製並非糯米，而每 100 公克糯米的蛋白質成分高出飯米 1.5 公克，糯米釀造紅酒所釋放出的胺基酸自然高於飯米釀造的米酒，再加上米酒經過蒸餾所擁有的氨基酸也蕩然無存。

紅酒紅梅即是紅添酒亦稱速成紅酒，大正 11 年七月實施酒專賣至紅酒紅梅販售僅相隔五個月〔註 54〕，而紅酒釀造的季節是在秋後冬前，因此在這短暫空檔中無法釀製傳統紅酒，再加上紅酒紅梅在大正 12 年的銷售不理想〔註 55〕，消費者的反應不佳，民眾的反應從兩方面作批評，一是味道與口感不佳、二是紅梅之名有負面意義〔註 56〕。

（三）回銷內地的意義

第一次世界大戰之後，日本內地財政發生困難，導致軍國主義主政並且四處征戰，太平洋戰爭爆發之後，臺灣財政自籌的情況又再一次發生危機〔註 57〕，因此專賣局田端局長以紅酒回銷內地的方式，換取總督府財政收益〔註 58〕。

1934 年由專賣局長至內地洽談臺灣酒回銷內地事宜，經過一年的準備，於 1935 年確定此方案的可行〔註 59〕，此方案可行的因素在於，臺灣紅酒以及臺灣其他酒類的品質被內地民眾接受，以及歷年來舉辦數次博覽會推廣臺灣

〔註 54〕〈新紅酒の紅梅賣出し〉《臺灣日日新報》（日文版），1922-11-30。

〔註 55〕〈專賣酒中賣行の最も好いのは紅酒　十二年度の三倍に增加〉《臺灣日日新報》（日文版），1925-10-20。

〔註 56〕〈專賣酒紅梅　頗る不評判　質も悪いが名も悪い〉《臺灣日日新報》（日文版），1923-03-02。

〔註 57〕〈不許發公債買製腦　考慮移出紅酒内地〉《臺灣日日新報》（日文版），1934-01-15。

〔註 58〕〈臺灣紅酒移出内地　改正法規則無問題　田端局長在神户談〉《臺灣日日新報》（日文版），1934-01-12。

〔註 59〕〈臺北の老紅酒　内地賣出は有望　清水酒課長の談　吉野丸遲れて入港〉《臺灣日日新報》（日文版），1935-02-24。

酒已見成效，同時也證實臺灣米糧充足，得以製造大量並且高級的米釀酒。

臺灣紅酒回銷內地也充分顯示，臺灣紅酒可當作政治角力的一種談判籌碼，可見臺灣紅酒對內地民眾有著不可或缺的重要性。

三、酒專賣前後紅酒的差異

臺灣紅酒在專賣前後的差異，分成五點做比較，(1) 紅酒營養成分的主要來源糯米使用量的減少，酒專賣前店家釀製與販售都以再製紅酒爲主，而酒專賣後官方釀製與販賣以混成紅酒爲主，而再製紅酒與混成紅酒的配方差異就在於糯米的使用量，(2) 酒專賣前因酒甑稅以及酒造稅，造成市場供需失衡因此不斷推升酒價，以及稅率的增加也增加消費者的購酒費用，酒專賣後酒價並未因官方經營而下降，這與官方財政需求才實行酒專賣政策有其相關聯，(3) 米酒、糖蜜酒以及紅酒一直是臺灣酒類釀造與販售的前三名，而米酒與糖蜜酒是各式再製酒的原料酒，同時也是飲用與烹飪常用的酒類，在酒專賣前三者的趨勢是相同的上揚，酒專賣後，僅米酒一枝獨秀的呈現上揚趨勢，而糖蜜酒與紅酒呈現下墜的趨勢，在綜觀其他酒類趨勢圖，發現米酒與麥酒取代多數酒類的需求，而麥酒僅是飲料不做其他用途，可知酒專賣後米酒取代的紅酒的地位，(4) 酒專賣前，紅糟是眾多禮俗粿品的染色料，是剩餘物的再利用，在酒造稅後，民眾不得自製但尚可至店家購得，酒專賣後，紅糟的源頭僅有官方酒場，形成粿品原料斷絕，因此紅糟替代物則應運而生，(5) 酒專賣前，紅酒生產店家的分布是重北輕南，紅酒價格呈現北高南低的情勢，酒專賣後，紅酒的生產區域侷限在台北州，僅花蓮酒場是特例，此一特例與東部交通不便以及東部漢人有紅酒需求有關，因東部酒類運輸費用昂貴而紅麴運送較爲輕便。

第四章　紅麴在禮俗的運用與轉變

第一節　生命禮俗中的紅麴

一、出生至成年

食品名稱因中文與日文的表達方式有異，在《臺日新辭書》中麵桃與紅桃粿的日文都以桃饅頭呈現，而饅頭、饅包以及包仔的日文都以饅頭代表，圓仔的日文則以團子出現而紅龜粿的日文以碾餅，因此《民俗臺灣》中〈作爲禮物的粿與粽〉這篇文章中的分析表被徐福全在《臺灣民間祭祀禮儀》沿用，因此對饅頭二字的解說並不明確，因此日治時期相關資料須留心區別，其他如餅、糕、粿這三類必須小心區分，當中都有陷阱，發粿是米粉團加入糖與酵母製作而成，其色調有白、黃、紅，本文未將此列入討論。

在生命禮俗中，這一階段有三朝、滿月、四月、周歲、揞綮與青春期六部分與紅麴運用有關聯性，其中包含了以紅麴釀製的紅酒以及釀酒之後的紅糟。

三朝、滿月、四月、周歲的儀式活動中紅酒是不可或缺的，再者是龜粿以及紅圓，透過紅色飲食所呈現的文化意義是敬天告祖、通知喜訊、分享喜悅。三朝之禮儀式簡單著重在慰勞眾人的辛勞，滿月之禮以紅圓、四月之禮以紅桃粿、周歲之禮以紅龜粿，臺灣人在出生到周歲的生命禮俗中以不同形式呈現不同階段，而這些象徵物原本都與紅麴相關，但隨著紅麴管制的實施，現今與紅麴無緣。

揹綮會與歲時禮俗以及神佛誕辰發生重疊，留待後文詳細討論，而青春期進補是人生精采與否的重要轉捩點，而紅麴的養生進補能力再次呈現，而紅麴消失於生活之後，勢必以其他方式代替。

（一）三朝禮

新生兒出生的第三天，舉行三朝之禮是慶賀新生兒度過人生第一個關口，在傳統社會中，醫療技術不發達，新生兒出世後難免有夭折的可能性，這數天的觀察中可確定新生兒能存活，因此舉行慶賀儀式，儀式當中包含多種文化意義，其一新生兒的誕生平安，其二對娘家通知母子均安的喜訊，其三表達對拾子婆辛勞的感謝，其四感謝神明的恩賜子息，其五敬告祖上血脈延續，其六感謝子宮培育新生命，前三項是人情世故事的通知，後三項是神靈的告知與感謝〔註1〕。

在神靈的感謝與祖先的告知方面，產家準備油飯與雞酒當作供品，以祭祀神佛與祖先，其中雞酒是以紅酒與雞肉爲主要食材，此時是因應慶賀氣氛不會使用氣酒（蒸餾米酒），在敬天告祖之後，要回歸人世事務的處理，畢竟新生兒是兩家的共同子弟，娘家更心繫女兒的安危，因此將祭品致贈娘家，以此「報酒」的儀式通知娘家，生產過程母子均安，並以此吃食分享婆家的喜悅。「壓腹」是對產婦的儀式，亦是作月子的開端，此日也開始食用雞酒調理身體，此一部分留待作月子的段落再詳細討論。

對拾子婆的感謝，除了金錢方面的給予，在三朝之禮的舉行過程中，拾子婆將爲新生兒盥洗穿著新衣，並由拾子婆抱至大廳，以進行祭祀之儀式，對拾子婆而言是露臉的事情，也是產家給予拾子婆莫大的榮耀，當然供品中的油飯與雞酒也會準備一份給拾子婆帶走。

三朝之禮之中不論對神、對人都是面面俱到，其中產家所傳達的感謝是最主要的意義，透過紅酒的鮮紅襯托喜慶以及紅酒的滋養調理眾人，但反觀現今生活中的雞酒，多數以紅標米酒烹煮雞酒，少數以米酒頭烹煮雞酒，而紅標米酒是蒸餾米酒，僅剩酒精並無其餘具有滋養身體的活性物質，並且其原料並不考究，甚至災前或災後搶收的稻穀都可以是其主要原料，因此以米酒取代紅酒的此一情況對進補是減分效果。

〔註 1〕（日）臺灣慣習研究會、劉寧顏編，《臺灣慣習記事》第二卷上（南投：台灣省文獻會，1986），頁 35。

（二）滿月致慶

新生兒滿一個月之時，舉行滿月之禮是慶賀新生兒度過人生第二個關口，到此時新生兒的感官能力與活動能力都已經出現，可以被主要照顧者觀察到，換言之就是已具備生存能力，再就月亮週期而言，新生兒已經能適應月亮週期所產生的細微變化，在適應環境與生存能力的完整是慶賀的主要原因。

產家做滿月時，準備油飯、雞酒以及紅圓祭祀神明與祖先〔註2〕，以答謝神明與祖先庇佑新生兒順利度過關口，同時祭祖又包含了父母與新生兒地位的確立，因祭祖的場合是族親聚集的時機，透過產家主導的祭祀，公告週知幼兒的身分，確立家族中的倫常，尤其在「論輩不論歲」的傳統社會更顯重要。

「紅圓」是以麥粉爲主體，內加甜豆餡的供品，麥粉直接以紅糟進行醒麵與染色，而此項供品的外型是乳房形狀，使用的時機僅滿月與喪禮，是相當特殊的品項，尤其形狀與運用時機代表著生殖意義的祈求與答謝。

滿月時除了產家準備與紅麴相關，親友致贈品項中也有相同的情況〔註3〕，從娘家送來的品項中亦有紅圓與紅龜，此一作爲稱爲「添添」，爲產家補充分贈粿圓上的不足，而產家也會有「壓還」的舉動，深刻的表現相互疼惜之義，娘家展現的是疼外孫、疼女婿更是慶賀女兒在婆家的地位已然穩固。

前來祝賀的親友也有相同的品項，而產家的饋贈以紅圓與紅龜粿，至於庄頭鄰居也是如此，這些行爲是人際關係中的「陪跟」，是包含著街坊感情的培養以及喜訊的告知，在早期社會中親友成村是經常有的情況，因此分贈紅圓也是一種隱喻式的通知，呈現台灣人含蓄而有禮的行爲模式。

紅圓是屬於麵龜類的製作方式，現今麵龜類的食品，僅剩表皮染紅而大部分麵皮呈現白色，喜慶之義並不完整僅存其表「未透枝」，而醒麵時所使用的食材是小蘇打粉即是日語的重曹，此物是化學物並不自然，紅龜粿以染料染紅能存喜慶之義，但養生與美味卻開始發生變化，以紅糟揉捻的粉團能轉化部分物質使粉團不易硬化，也有助於食用者對糯米的消化，並且龜粿能具

〔註2〕（日）臺灣慣習研究會、劉寧顏編，《臺灣慣習記事》第二卷上（南投：台灣省文獻會，1986），頁36。

〔註3〕（日）片岡嚴著、陳金田譯，《臺灣風俗誌》（台北：眾文，1980），頁6。

有米香、酒香、米甜與酒甜的多重滋味，更無須添加在來米以增添口感，在保存上也能延長時間。

（三）四月收涎

新生兒出生滿四個月，是生命中的第三關口的慶賀，在《清俗紀聞》則以百日爲禮制，主要是新生兒的發展已到一個新階段，「收涎」此一儀式是其重點，從唾液的分泌顯現新生兒的分泌系統是正常的，具有自我防護與一般進食能力，唾液是人體的第一道防線，從十二段錦的動作中可了解一二，而唾液也代表可食用一般的軟綿食品，也就是所謂的副食品，母乳不再是唯一的食物，餵食者不再需要二十四小時待命，以提供新生兒人體奶瓶的服務，而副食品能提供飽足感以延長餵食的間隔長度。

做四月日，家中準備犧牲、酒醴、紅桃粿與蘇餅以祭祀神佛與祖先〔註4〕，此時的祭祀主要是感謝神明與祖先的庇佑，犧牲當中紅糟肉是可能會出現，畢竟豬隻的飼養需要兩三年，並非隨時都能宰殺，在俗諺中「此塊肉是糟。」〔註5〕表示豬肉是以酒糟醃漬，酒糟中又以紅糟的顏色能符合傳統喜慶所需，禮酒以紅酒爲主要敬酒項目，紅桃粿與紅龜粿是相同製法的品項，以紅糟揉入粉團以染色，再壓入桃型粿模以成型，就桃型粿模的樣式可區分成桃型壽紋以及桃型桃紋兩類，而圖 4-1 的桃型粿模是桃型壽紋並非做四月日所用，因粿模中是壽字文主要用於祝壽用，尤其是神佛聖誕的慶賀，做四月日並非做壽，所使用的粿模的刻紋是桃花與桃枝的刻紋，所代表的文化涵意是有所不同。

娘家此時以會贈送禮品「而生母之家，亦贈紅桃與裘褌、手環、足環等，由於親戚朋友湊興致贈禮品，便以紅桃作爲回禮而分贈之，且設酒筵答謝。」〔註6〕，娘家致贈紅桃粿還是有相互扶持之意，以補充餽贈親友時的不足，對親友的餽贈不僅是分桃粿，尚有酒席的宴客活動，酒席中對主客會敬上紅酒以示敬重，對陪客而言視家中紅酒量而調整，改以氣酒（蒸餾米酒）或時酒（蒸餾番薯酒）供應，從滿月與四月日有無宴客活動中，可了解到生母有充足的活動時間，以進行處理廚房的繁忙工作，有開始「離手腳」的預備動作。

〔註 4〕（日）臺灣慣習研究會、劉寧顏編，《臺灣慣習記事》第二卷上（南投：台灣省文獻會，1986），頁 36。

〔註 5〕東方孝義，《臺日新辭書》（台北：臺灣警察協會，1931），頁 298。

〔註 6〕（日）臺灣慣習研究會、劉寧顏編，《臺灣慣習記事》第二卷上（南投：台灣省文獻會，1986），頁 36。

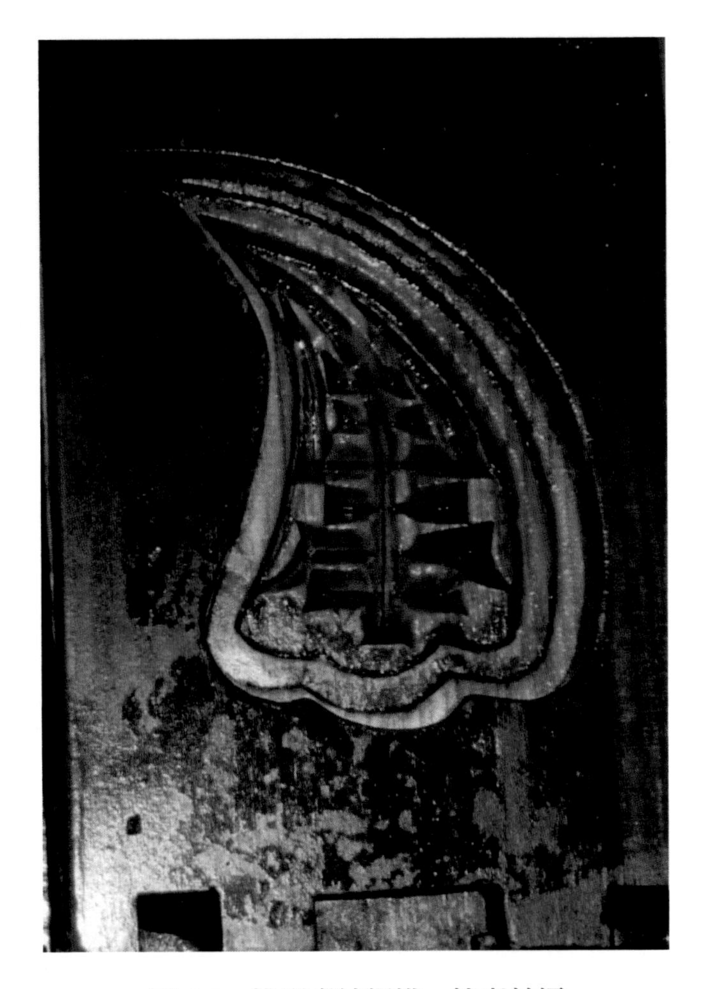

圖 4-1、桃型壽紋粿模，筆者拍攝

「一個囝仔四兩福」中透露多子多孫的傳統社會觀念，加上桃型的文化意義主要是子孫繁衍以及女性象徵，因此做四月日的紅桃粿有著「招弟」的意義在其中，似乎透露著在家庭環境許可的情況下，夫妻可為下一胎做準備的意義。

現今的禮俗中，紅桃粿面臨與紅龜粿一樣的處境，就是紅糟的遠離，造成養生層面的欠缺，此外還有被紅龜粿取代的危機，此一危機造成做四月日的文化意義被模糊與忽視。

（四）周晬分食

新生兒出生滿一年，是生命中的第四關口的慶賀，主要是幼兒已體驗一年四季的變化，在適應環境變化中能順利的存活下來，就幼兒生理發展階段而言「七坐、八爬、九發牙」顯示此時的幼兒至少活動能力已經會爬行甚至學習行走，代表動作與成人幾乎無異，而進食的方式也已經斷奶，改以成人飲食，總總跡象顯示幼兒發展的完整，才會有抓周的活動以確立其未來發展方向。

圖 4-2、龜型龜甲粿模，筆者拍攝

做周歲時，家中準備犧牲、酒醴與紅龜粿以祭祀神佛與祖先〔註 7〕，此時的祭祀主要是感謝神明與祖先的庇佑，以及爲幼兒做生日，與紅麴相關的物品有犧牲當中的紅糟肉，禮酒以紅酒爲主，紅龜粿以紅糟揉入粉團以染色，再壓入龜型粿模以成型，就龜型粿模的樣式可區分成龜型壽紋以及龜型龜紋

〔註 7〕同註 6，頁 36。

兩類，而圖 4-2 的龜型粿模是龜型龜紋是周歲所用，因是「做一」但還並非做壽，因龜形壽紋中的壽字文主要用於祝壽用，尤其是神佛聖誕與做大壽的慶賀，所使用的粿模的刻紋所代表的文化涵意是有所不同。

娘家照往例會送來禮品，此次與紅麴相關的是紅龜粿，其意涵基本上與做滿月、做四月是一樣的，分贈鄰里就是以紅龜粿，而分福的原意令眾人健康順利，然而改以植物染料之後，能否養生就是一個疑問了？

綜觀新生兒的四個人生關口，外婆所支應的項目相當多僅不低於產家，因此「剝皮媽」之名不脛而走，而「剝皮媽」之名背後所隱含的意義就相當重要，其一母憑子貴的慶祝，女兒嫁入婆家後，地位的穩固從小孩誕生之後開始，地位穩固後生活條件至少有一定水準不會更糟，不至於遭到婆家的冷落，其二做給婆家妯娌看，娘家「在輸人不輸陣」的氛圍中，也要展現能力以維護女兒的地位，從以上兩點可了解娘家對女兒的維護是深層而含蓄的。

（五）青春期進補（轉大人）

在《民俗臺灣》的資料顯示「小孩到了青春期，身體機能會產生變化，臺灣稱爲『轉大人』，女孩的食補材料爲：焾雄雞和紅麴（酒糟）及蚶殼仔草。」〔註 8〕，女子在「轉大人」時期會有進補的習慣，《臺日新辭書》中「查某囝仔轉變即能破鼎。」〔註 9〕俗諺中的破鼎即是月經之義，此一時期的判斷即是女子初經的出現。此階段轉折與進補是奠定人生健康基礎的重要步驟，尤其是女性的生理的照顧更是重要，女性生理在此時期發生劇烈變化，若無良善的照顧易引發成年後的體弱引發生理期的諸多特殊情況。

「青春期的男女由於正逢快速成長期，體力消耗較多，通常需要特別進補，吃些較有營養的東西。例如將雞或鴨與紅粬煮過後，再加入八種中藥材去燉做成八珍雞，這的雞湯尤其營養，是進補的最佳選擇。」〔註 10〕不論男女在第二性徵出現之後，相當於十二至十五歲的年紀，身體所需的養分補給相當重要，此一時期的發育相當快速，若無大量且快速的補充營養，身體會承受疲累與侷限而無法適當的發育，這一年紀的青少年容易有成長痛的情況發生，說明了此一階段進補的重要性。

〔註 8〕林川夫編，〈冷熱及食補〉，《民俗臺灣》第一輯（台北：武陵，1995），頁 157。
〔註 9〕東方孝義，《臺日新辭書》（台北：臺灣警察協會，1931），頁 638。
〔註 10〕林川夫編，〈臺灣吃的習俗資料——出於台北艋舺〉，《民俗臺灣》第七輯（台北：武陵，1991），頁 191。

二、成年至壽誕

自成年禮開始紅麴的身影就寸步不離，此一階段與紅麴相關的生命禮俗，區分成五部分，成年禮、婚禮、生育、新厝、壽誕，這五部分除了成年禮與壽誕比較單純之外，其餘三項尚須區分成數項小儀式才能完成討論。

婚禮中至少就有訂婚、結婚與歸寧，生育中至少分成害喜、生產與月子，新厝至少分成興建、完工與搬移，這些人生大事的完成都有眾人的協助，爲答謝與犒賞協助勞動者，以及祭祀眾神明與祖先，其中紅酒、龜粿、桃粿與圓仔的運用可說是相當具有文化象徵。

隨著紅麴相關原料與生活脫節之後，由量變引發的質變，也在民俗生活中出現，文化象徵有部分消失，多數是留存下來，在養生方面卻是直直落，實在不知下肚的是何物，間接的在人際互動的美意方面，不知不覺中打了折扣。

（一）成年禮俗

「七娘媽生：要做軟粿。即先搓成湯圓狀，中央再用指甲掐一個凹洞。如果家中有十六歲的女孩子，那還要另外作紅龜粿、粽子。」〔註 11〕紅龜粿即是以紅糟作爲染紅的食材，農曆七月七日七娘媽聖誕之日，準備供品答謝神明多年的庇佑，令家中女孩順利長大成年，並且也有昭告眾人家中有女初長成，已達婚嫁年齡可接受媒人說項〔註 12〕。

此儀式包含兩層文化意義，其一是對感謝神明多年庇佑以順利成長，可以在滿十六歲之年出姐母宮，並且有神明庇佑任務完結的圓滿觀念。

其二是昭告世人的含意，家中女兒已經長成可以婚嫁，透過供品紅龜粿與粽子的分福，達到以含蓄的隱喻方式通知眾人此一訊息，如同俗諺中的「在爲恁查某子放婚。」〔註 13〕、「要嫁人先放庚帖。」〔註 14〕。

（二）婚禮習俗

自婚禮的初期至歸寧，至少有七個儀式中有紅麴的飲食出現，紅酒代表的是喜慶之事，同時在這人生階段中稟告祖先也是以紅酒進行敬酒，而款待婚禮中大力協助的人士，亦以紅酒呈現最大誠意。

〔註 11〕林川夫編，〈臺灣吃的習俗資料——出於台北艋舺〉，《民俗臺灣》第七輯（台北：武陵，1991），頁 200。

〔註 12〕池田敏雄，《臺灣の家庭生活》（台北：南天，1944），頁 81。

〔註 13〕東方孝義，《臺日新辭書》（台北：臺灣警察協會，1931），頁 737。

〔註 14〕東方孝義，《臺日新辭書》（台北：臺灣警察協會，1931），頁 160。

圓仔的文化象徵是代表一切圓滿，不論是婚禮進行當中事務處理的圓滿，也代表希望婚後生活能一切圓滿，在歸寧時，紅桃粿的運用相當重要，它傳達著重要訊息與意義，是不容忽視的，在婚禮中紅龜粿的運用就比較不明顯，而文化意義沒有那麼強烈僅是天公附屬神的供品與人際關係的禮物運用，至於紅米糕的文化意義尚待考證。

表 4-1、婚禮中紅麴運用表

儀　式	運用紅麴飲食	儀　式	運用紅麴飲食
納采	紅酒、圓仔	合巹	紅酒、圓仔
拜天公	紅龜粿	探房	紅龜粿
迎娶	紅酒、圓仔、紅米糕	歸寧	紅桃粿
婚宴	紅酒、圓仔		

資料來源：《臺灣文獻叢刊》、《臺灣日日新報》、《臺灣慣習記事》、《臺灣》、《語苑》、《民俗臺灣》、《臺灣民間祭祀禮儀》，筆者整理製表。

1. 納采

傳統婚禮的程序分成生庚、訂盟、納采、納幣、請期、親迎六階段，合稱六禮〔註 15〕，其中納采與親迎有禮盤，在禮盤中必定有紅酒〔註 16〕，這兩步驟等同現在婚禮中的訂婚與結婚，在《臺灣慣習記事》的納采資料中呈現「女家收婚書、禮帖及盤頭帖後對，媒妁人以酒肴款待、對檯送禮品的工人以糖圓款待。」〔註 17〕女方在此時對媒人與腳伕的款待皆與紅麴相關。

2. 迎娶

迎娶之前的請期，男方將日課與禮物（一斗糯米、二升白米以及現金）送至女方，女方就用這些米扮和紅色的染料，做成紅色的米糕，在結婚當天上花轎之前拜別父母時，這些紅米糕是準備來祭拜女方大廳或公廳中的神佛與祖先〔註 18〕，而《民俗臺灣》的記載是 1940 年代臺灣南部的情況，因此是

〔註 15〕東方孝義，《臺日新辭書》（台北：臺灣警察協會，1931），頁 945。

〔註 16〕清・連雅堂，《臺灣通史》（《臺灣文獻叢刊》第 128 種，台北：臺灣銀行，1963）卷 23，頁 609。

〔註 17〕（日）臺灣慣習研究會、劉寧顏編，《臺灣慣習記事》第二卷下（南投：台灣省文獻會，1986），頁 29。

〔註 18〕林川夫編，〈婚姻習俗考——在台南北門地方〉，《民俗臺灣》第五輯（台北：

用紅朱膏，在清領與日治初期卻是運用紅糟調理成紅米糕。

男方在迎娶當天的子時，會在大埕進行「拜天公」的儀式，其規格等同天公生，若女方是再嫁的情況則無此儀式，若舅仔探房時發生男方毀婚與此儀式不無關係，「拜天公」的儀式中的供品有紅龜粿的運用〔註19〕。

《諸羅縣志》記載「親迎，先期舂糯搓丸，色紅白相間，分送親友。」〔註20〕迎娶之前以分送親友鄰里圓仔，以通知家中近日有婚娶之喜，也提醒親友當日記得到場協助當天的相關工作，迎娶程序中最後的的公開活動是「食喜酒」，此宴席的祝要意義是接受眾人的慶賀以及見證結婚的事實，「由於圓仔在婚禮上，有『百歲團圓』的祝福之意，因此必請賓客食用。」〔註21〕喜宴中一定會有一道圓仔，賓客食用是分享喜氣，也包含對新人的祝福，從迎娶的過程中，圓仔是一種訊號也是祝福物，圓仔是代表一切圓滿，不論是婚禮進行當中的圓滿，也代表婚後生活能一切圓滿；根據《臺灣民間祭祀禮儀》的資料顯示 1949 之後紅圓仔是以紅花膏染成〔註22〕，與《臺灣文獻叢刊》中紅圓仔是揉入紅糟是不同的原料。

3. 合巹

新人入洞房後的儀式爲合巹，就是喝交杯酒的儀式，根據《民俗臺灣》記載「在新房裏有『婚酒桌』，新人飲用甜茶後再喝腰子湯、吃圓仔、還有桌上的十二道料理。」〔註23〕新人坐於床緣食用圓仔以及酒菜，俗諺有「食圓完婚」顯示食用圓仔這個儀式是結婚儀式的最後一個步驟〔註24〕，圓仔在此一步驟中也是一種訊號，更可以說圓仔是迎娶活動總指揮，開始由它結束也由它。

在傳統社會中，結婚儀式完成不代表婚姻一定成立，須等到「三日探房」結束婚姻關係才算確立，因此在完婚第三日，娘家會派兒子攜帶禮品至婆家

武陵，1995），頁 100。

〔註19〕武內貞義，《臺灣》（台北：臺灣日日新報，1915），頁 608。

〔註20〕清・周鍾瑄，《諸羅縣志》（《臺灣文獻叢刊》第 141 種，台北：臺灣銀行，1962）卷 8，頁 140。

〔註21〕林川夫編，〈作爲禮物的粿與粽〉，《民俗臺灣》第六輯（台北：武陵，1990），頁 223。

〔註22〕徐福全，《臺灣民間祭祀禮儀》（新竹：新竹社教館，1996），頁 203。

〔註23〕林川夫編，〈婚姻習俗考——在台南北門地方〉，《民俗臺灣》第五輯（台北：武陵，1995），頁 101。

〔註24〕東方孝義，《臺日新辭書》（台北：臺灣警察協會，1931），頁 80。

探視新人，以了解新婚生活的情況並確認婚姻的確立，《台灣粿印藝術》提及男方會款待舅仔並且以紅龜粿、糖品以及餅品等回贈，當作「伴手禮」由舅仔帶回〔註25〕，實際上不是伴手禮而是「壓籃」的舉動。

4. 歸寧

新婚夫婦第一次歸寧是在完婚後第四天，亦是探房的隔天，新人從婆家攜帶俗稱「客桃」〔註 26〕的紅桃粿當成伴手禮，代表女兒在婚後第一次以客人的身分回娘家，桃的文化象徵是女性、完成婚配、新的人生階段，此時女兒的連髮型都已經變成代表婦女的形式，因此紅桃粿是象徵女性的轉變；新人返回婆家時，娘家會以米糕當成壓籃的禮物。

臺灣諺語云：「頭擺糕，二擺桃，三擺呷無。」〔註27〕女兒與女婿在婚後第二次歸寧返回婆家時，娘家回贈紅桃粿由夫妻帶回贈予鄰居親友，第二次歸寧時多為新婚後第一個農曆新年，距離迎娶已有一段時間，紅桃粿是娘家期待女兒能盡快繁衍子息，以便在婆家能確立地位，甚至是以紅桃粿告知婆家，新婚夫妻已懷有身孕，暗示婆家需多照應。

從新人歸寧的禮數中，紅桃粿是重要的物品，也顯示歸寧的文化意義是以女性為主軸，並且以紅桃粿當作傳達訊息的物品，此時的紅桃粿的外觀會是桃型桃紋。

（三）生育進補

生命禮俗中生育可區分成害喜、順月、壓腹、月內四個過程與儀式，主要是針對婦女健康所作的重點式調養與照顧，早期透過純米釀造的紅酒滋養婦女勞累的身軀，因稅賦制度的改變，造成民家不能自釀紅酒備用，並且出現高酒價與低品質的紅麴酒，因此形成以米酒取代紅酒的景況，營造出常民生活中飲食品質的低劣趨勢。

病子歌的內容分成十二段，依據月份做切割，各月孕婦喜愛的食物項目都不同，食物的特性卻都一致偏酸甜，而且不少食材必須進口，可見婦女懷孕期間是會有匯聚寵愛的特質，這凸顯子息繁衍在家庭當中的重要與喜悅，以及傳統補身養胎的一人吃兩人補的文化觀念有關，如同俗諺「補胎較好做

〔註25〕簡榮聰，《台灣粿印藝術》（宜蘭：國立傳統藝術中心，1999），頁65。
〔註26〕同註26，頁65。
〔註27〕徐福全，〈從諺語看臺灣的傳統飲食文化〉，《食巧毋食飽》（台北：中華飲食文化基金會，2009），頁79。

月內」，紅酒經過陳放才能香甜，因此紅酒又稱老酒、舊酒。

目前收集到的病子歌有四首，其年代分別是清領時期、日治時期、光復後三個時期的內容，清領與日治的內容大致相同，光復後的內容在紅酒的部分有著相當大的轉變；歸寧後的紅桃粿帶有催促新人開枝散葉的意義，娘家的催促是幫助女兒儘快在婆家建立地位，從懷孕的個各月份代表的食物可知，孕婦的口味偏酸甜，懷胎三月是害喜最厲害的時候，紅酒的滋味就是香甜中帶微酸，正適合孕婦喜愛的味道並且能快速補充營養以恢復體力，避免害喜造成的營養不良，順月時紅酒燉鴨與青春期進補方式接近，紅酒煮雞公是產後的壓腹「對於產婦，以麻油（胡麻油）煮陳皮，浸酒（酒爲本地人自製者，成雙料酒或老酒），或麻油及酒浸煮之雞肉，讓其食之，名爲『壓腹』。」〔註 28〕同時壓腹就是做月內的開端，而做月內的雞酒就是以紅酒爲燉煮時的主要液體。

表 4-2、病子歌對照表

	思食病子歌	病囝歌	病子歌	病子歌
	清領時期	日治時期	日治時期	光復後
一月	山東香水梨	唐山香水梨	唐山香水梨	山東香水梨
二月	生蠔來打生	枝尾檨仔青	枝尾檨仔青	枝尾桃仔青
三月	老酒一大瓶	老酒一大瓶	老酒一大瓶	唐山烏樹梅
四月	白蜜酸楊桃	唐山烏樹梅	唐山烏樹梅	紅肉李仔糖
五月	海澄双糕潤	海頂双糕輭	海澄双糕潤	鹹菜煮豬肚
六月	烏葉紅荔枝	旺萊炒豬肝	旺萊炒豬肝	唐山紅荔枝
七月	漳州鹹酸甜	枝尾酸楊桃	枝尾酸楊萄	羊肉炒薑絲
八月	浦南文旦柚	蕭壟文旦柚	蕭壟文旦柚	麻豆文旦柚
九月	鴨母焄烏參	老酒焄鴨母	老酒焄鴨母	馬薯炒海參
十月	老酒焄雞角	老酒焄雞公	老酒焄雞公	麻油炒雞公
十一月	羊肉焄薑絲	羊肉炒薑絲	羊肉炒薑絲	咱子滿月圓
十二月	（無）	（無）	（無）	麻油甜土豆

資料來源：根據《臺灣俗曲集（上）》、《臺灣風俗誌》、〈臺灣風習〉、《台灣人的生命之禮：成長的喜悅》，筆者整理製表。

〔註 28〕（日）臺灣慣習研究會、劉寧顏編，《臺灣慣習記事》第二卷上（南投：台灣省文獻會，1986），頁 35。

孕婦與產婦對紅酒的滋養是相當倚重的，尤其紅酒能提供快速吸收的大量營養，以補充懷孕與生產過程中快速透支的體力與營養，從清領到在日治酒專賣實施的前後所收錄的資料，婦女懷孕害喜時以紅酒調整，此時因體內變化產生的不適，會有營養不足的情況，但光復後收錄的民謠中，並無紅酒的使用，僅以酸甜的食物壓制反胃的生理反應，藉此撐過調適體內變化的害喜階段，從害喜時調養身體食物的轉變，了解老紅酒的取得變得不容易，甚至會因價格過高而捨棄這項滋養的食材。

順月時以紅酒煮鴨母進補，進補方式與女孩轉大人的進補方式相同，自然產的過程是相當耗費體力，此時進補的意義在於增加生產時所需的體力，避免生產過程因體力不支而發生意外，同時有養胎的作用在內，小孩出生後能有充足的生命力，可避免許多的惱人事情甚至是意外，養胎的用意在期待健康的幼兒誕生以及預防出生後的病痛，順月進補有著補母養胎的雙重意義，日治的資料與清領資料並無差異，清領無標明紅酒只是當時紅酒是家家有釀，不會特別提及，反而強調烏參這項特別準備的食材，在光復後的資料中是馬薯炒海參，調理方式並非燉煮也無鴨母自然無需紅酒的使用，此時已不是進補，這一情況是代表光復後，眾人營養充足，孕婦無須額外進補，還是工商業化後，孕婦勞力付出減少，或者是食材不易取得而改變。

懷胎十月是瓜熟蒂落的時期，作月子是調養產婦身體恢復元氣，並且是在做撫育幼兒所需的體力做準備，兩個時期的主要食物都是雞酒，但被強調的食材發生改變，光復後強調麻油，清領以及日治強調紅酒，然而麻油本是必須的食材，顯示紅酒這項食材在光復後，發生人民的不再採用的改變，依據現今雞酒的烹調方式來反推，紅酒是被米酒所取代，酒專賣後的米酒並非以草麴釀造，是以大正年間日籍技術人員研發的米麴，進行釀造後蒸餾而成。

從懷孕到產後的調養，菜色的改變可得知，紅酒的使用到光復後基本上是消失的狀態，這與酒稅不斷提高，造成紅酒的高價，同時紅酒的品質下降，在金額與品質雙重條件的改變下，人民改以米酒進行進補，但米酒蒸餾過後已經沒有任何可以滋養身體的能力，相較之下滋補的能力以降低許多。

婦女自懷孕初期至作月內結束，非常需要紅酒的調理，這與紅酒具備充足的補充養分與恢復體力的營養素有關，但此紅酒必須是再製酒，最好是釀造酒，才能有養生進補的效果。

農業社會婦女在懷孕期間，仍然從事勞務，在此情況下婦女體力負荷相當沉重，在懷孕三個月時，胚胎迅速成長並開始壓迫母體腹部器官，容易造成懷孕婦女食不下嚥的窘境，因此以紅酒補充養分恢復體力，自順月開始以紅酒燉煮家禽的方式給婦女進補，在順月時提供孕婦大量養分，其作用有養胎兒與補母體，其目的在於生產時能有充足體力的產婦，以避免難產的情事發生，以及新生兒有強健的身體以避免早夭。

產婦生產後第三日，有的儀式相當多，對新生兒有三朝之禮、對外家需行報酒之儀、對產婦有壓腹之舉，做月子從壓腹開始，壓腹前三日產婦並不適合進補，月內的雞酒提供大量容易吸收的營養，能快速的調理產婦的生理狀況，爲哺育新生兒做好準備，但隨著酒稅制度實施，紅酒的品質下滑以及紅酒價格上升，使得雞酒必須改以蒸餾米酒代替，在滋養的層面就打了折扣。

（四）興建新居

成家立業是指完婚之後，建立夫妻擁有並且可支配的家業，家業所指的就是財產，而家業最明顯的就是擁有屬於自己的「厝宅」，在傳統社會中，「建新厝」是自地自建的傳統建築，因此從興建、落成到搬遷都有著眾多儀式，在其中也需要紅麴飲食在當中，當作供品與慰勞眾人的辛勞，但在酒造稅實施之後，紅麴相關衍生物的取得逐漸困難，改以其他染料代替紅麴之後，體恤眾人辛勞的心意也在無形中消失了。

1. 興建

興建之初就需要破土或是動土的儀式，此儀式是祈求與安撫土煞，希望祂不要來壞事，造成興建過程不順或者是落成之後家人的不順遂，如俗諺「被人敗風水、恁子孫就能犯著土煞、也是較衰運。」〔註 29〕，因此必須先擇日再進行即是「看日破土」，而且儀式完成後才開始興建，應和了「先破土即動工」的俗諺〔註 30〕，動工的第一步驟是確立方位，「定分金」〔註 31〕的動作即是確立房舍的方位，透過羅盤、絲線以及木樁確立房舍的中軸線以及水平線，房舍的布局也就完成，但此一工序僅限於不挖地基的傳統建築，此項動作不論陰宅或陽宅的興建都必要，房舍的方位與布局完成，接著就是整地工作，所以有「要起厝塡地基」〔註 32〕或「塡土起厝」〔註 33〕而塡土打地基的標準

〔註 29〕東方孝義，《臺日新辭書》（台北：臺灣警察協會，1931），頁 711。
〔註 30〕東方孝義，《臺日新辭書》（台北：臺灣警察協會，1931），頁 834。
〔註 31〕東方孝義，《臺日新辭書》（台北：臺灣警察協會，1931），頁 804。
〔註 32〕東方孝義，《臺日新辭書》（台北：臺灣警察協會，1931），頁 632。

就是分金線，若整地時過程不順遂就會「叫司公來安土」〔註34〕以鎮壓土煞，這部分凸顯地基的平穩是相當重要，起建人也相當重視，因爲地基是建築的一切，而分金線是地基的一切。

《臺灣民間傳統喪葬儀節研究》記載「台南禮俗中完墳後擇日謝土有謝分金的儀式以紅龜、發粿、清圓祭之，以紅湯圓塞前分金洞、以紅發粿塞後分金洞。」〔註35〕「定分金」是陰宅與陽宅都必須的儀式，因此新居興建也會有謝分金的儀式以符合臺灣人對分金的祈求與答謝，這樣的圓滿觀也會出現在臺灣人其他的生活面相當中。

2. 落成

根據《民俗臺灣》的記載「建築落成時、安泰祈願時，也常食用圓仔。由於圓仔有團圓之意，因此每逢喜事必少不了圓仔。」〔註36〕新居落成時食用圓仔是象徵事情圓滿完成，也是感謝工人的辛勤的工作，而俗諺「厝起好安宅」〔註37〕與「厝起好、著安宅神。」〔註38〕是新局落成時祈求家宅神明能庇佑家人一切順遂，在祈願的儀式中，象徵圓滿美好的圓仔就成爲必然的供品，祭祀完畢也就是分享眾人的點心。

3. 搬遷

新居落成後接著就是「搬厝」，擇日搬遷是必然的事情，搬遷當日首先入屋的會是家中神明與祖先，如俗諺中「神明搬請來新厝」〔註39〕因爲神明與祖先最爲重要，在此之前新厝中的家具擺設已經定位但尚未入住，當天就會緊接著舉行「入厝」儀式，此儀式主要是在宴請賓客，亦有先搬厝之後再擇日入厝，「入厝」儀式會在搬遷完成之後舉行，「共人入厝」〔註40〕是親友在事主搬家後去祝賀的活動，也是事主向親友答謝搬家過程中的協助以及宣告居住地點已經改變，根據〈臺灣風俗〉記載是搬遷當天有食用圓仔的情況

〔註33〕東方孝義，《臺日新辭書》（台北：臺灣警察協會，1931），頁633。
〔註34〕東方孝義，《臺日新辭書》（台北：臺灣警察協會，1931），頁14。
〔註35〕徐福全，《臺灣民間傳統喪葬儀節研究》（台北：徐福全，1999），頁505。
〔註36〕林川夫編，〈作爲禮物的粿與粽〉，《民俗臺灣》第六輯（台北：武陵，1990），頁223。
〔註37〕東方孝義，《臺日新辭書》（台北：臺灣警察協會，1931），頁13。
〔註38〕東方孝義，《臺日新辭書》（台北：臺灣警察協會，1931），頁643。
〔註39〕東方孝義，《臺日新辭書》（台北：臺灣警察協會，1931），頁833。
〔註40〕東方孝義，《臺日新辭書》（台北：臺灣警察協會，1931），頁377。

〔註 41〕，而筆者的生活經驗是入厝當天才有食用圓仔的情況，但可以確定的是搬家會有食用圓仔的時機，至於神明與祖先搬到新居之後，其安位須另擇吉日處理，如俗諺「神主看日即要安位。」〔註 42〕。

（五）壽誕禮俗

《臺海使槎錄》的紀錄中紅麵食團即是龜粿或麵龜，從乾隆年間的《重修臺灣府志》以及《續修臺灣府志》都有相同記載，與道光年間的《噶瑪蘭廳志》、《噶瑪蘭志略》以及《東瀛識略》的記載做比對可資證明，以及光緒年間的《臺陽見聞錄》，從康熙末年到光緒年間的紀錄，壽誕皆使用紅麵食團，在《東瀛識略》中明確指出紅麵食團即是紅麴與米或麥粉的揉合物，從中可知紅麴運用在臺灣禮俗飲食中的龜粿是歷史長源的，是一種根深蒂固的人民生活習俗。

1. 康熙 61 年《臺海使槎錄》「生辰，爲紅麵食團，彼此饋祝。神佛誕日，亦用以爲獻。娶婦之家，親友製白麵餅或二十圓、或十圓及簪珥肘酒爲賀。」〔註 43〕
2. 乾隆 12 年《重修臺灣府志》「生辰，爲紅麵食團，彼此饋祝。神佛誕日，亦用以爲獻。娶婦之家，親友製白麵餅或二十圓、或十圓及簪珥肘酒爲賀。」〔註 44〕
3. 乾隆 17 年《重修臺灣縣志》「生辰：爲紅麵食團，彼此饋祝。神佛誕日，亦用以爲獻。娶婦之家，親友製白麵餅及簪珥肘酒爲賀。」〔註 45〕
4. 乾隆 39 年《續修臺灣府志》「生辰，爲紅麵食團，彼此饋祝。神佛誕日，亦用以爲獻。娶婦之家，親友製白麵餅或二十圓、或十圓及簪珥肘酒爲賀。」〔註 46〕

〔註 41〕東方孝義，〈臺灣風俗〉，《語苑》，19 卷 7 期，不詳，頁 76。

〔註 42〕東方孝義，《臺日新辭書》（台北：臺灣警察協會，1931），頁 11。

〔註 43〕清・黃叔璥，《臺海使槎錄》（《臺灣文獻叢刊》第 004 種，台北：臺灣銀行，1957），卷 2，頁 40。

〔註 44〕清・范咸，《重修臺灣府志》（《臺灣文獻叢刊》第 105 種，台北：臺灣銀行，1961），卷 13，頁 400。

〔註 45〕清・王必昌，《重修臺灣縣志》（《臺灣文獻叢刊》第 113 種，台北：臺灣銀行，1961），卷 12，頁 401。

〔註 46〕清・余文儀，《續修臺灣府志》（《臺灣文獻叢刊》第 121 種，台北：臺灣銀行，

5. 道光12年《噶瑪蘭志略》「生辰必以逢一為大壽，名曰『做一』（如六十一謂之七旬開一之類），用紅麵食團俗號『紅龜仔』彼此饋祝。神佛日亦用以為獻。」〔註47〕
6. 道光12年《噶瑪蘭廳志》「生辰，必以逢一為大壽，名曰做一（如年六十一謂之七旬開一之壽）。用紅麵食團，俗呼紅龜，彼此饋祝。神佛誕日亦用此以為獻。一號壽朋，即三壽作朋之意也。」〔註48〕
7. 道光28年《東瀛識略》「遇喜慶事，以紅麴和米粉或麵，範如龜形，炊熟相貽，即以龜稱。澎湖則製成紅雞，為祀神之敬，殆取龜鶴齡長意，而訛為雞。」〔註49〕
8. 光緒17年《臺陽見聞錄》「遇喜慶事，以紅麴和米紛或麵，範如龜形，炊熟相貽，即以龜稱。澎湖則製成紅雞，為祀神之敬。」〔註50〕

《臺灣風俗誌》的資料顯示「祝壽俗稱『做大生日』，通常選定生日前後的吉日盛大舉行，先做大紅龜贈親戚朋友及鄰居，同時邀請參加壽宴。」〔註51〕祝壽用的大紅龜也稱為壽龜，而壽龜所用的粿模是龜形壽字紋，並且其尺寸與重量都比龜粿大且重，每個至少一斤重，而壽龜也是神明聖誕時為神明祝壽用的供品，根據《噶瑪蘭志略》可知祝壽從六十一開始，因六十一是七十的開端，是傳統虛歲的計算方式，因此會與《臺日新辭書》中祝壽從六十開始的實歲計算方式造成混淆，其實是同一年祝壽。

大壽依據實歲年紀區分成六十下壽、七十中壽、八十上壽、九十耆壽以及百歲期頤等五種〔註52〕，而祝壽的意義是祝福長壽，並有繼續長壽的概念

1958），卷13，頁498。

〔註47〕清・柯培元，《噶瑪蘭志略》（《臺灣文獻叢刊》第092種，台北：臺灣銀行，1961），卷11，頁110。

〔註48〕清・陳淑鈞，《噶瑪蘭廳志》（《臺灣文獻叢刊》第160種，台北：臺灣銀行，1963），卷5，頁190。

〔註49〕清・丁紹儀，《東瀛識略》（《臺灣文獻叢刊》第002種，台北：臺灣銀行，1957），卷3，頁34。

〔註50〕清・唐贊袞，《臺陽見聞錄》（《臺灣文獻叢刊》第030種，台北：臺灣銀行，1958），卷下，頁146。

〔註51〕（日）片岡嚴著、陳金田譯，《臺灣風俗誌》（台北：眾文，1980），頁11。

〔註52〕東方孝義，《臺日新辭書》（台北：臺灣警察協會，1931），頁339。

在其中，如同《噶瑪蘭志略》所記載壽龜的數量也有所不同，下壽七十個、中壽八十個、上壽九十個以及耆壽一百個，是依據六十一為七旬之初的概念而設計，隨著年紀增長壽龜數量也增長，也代表年紀越高輩分越高，必須分送的層級越多、必須通知的面向越廣，壽龜的象徵是通知眾人家中作壽，記得準時來「食生日」，「吃桌」與「看戲」是壽宴的規格，宴席上紅酒的運用自然就免不了，然而，漸漸的紅酒被其他酒品取代。

三、換鋪至換紅

喪葬是人生的最後階段，也是人生最後的生命禮俗，此一階段的禮俗儀式相當的豐富，基本上可簡略的分成喪禮、葬禮與祭禮三部分，喪禮從換鋪開始到入殮，葬禮從開壙到拾金完墳，祭禮從腳尾飯開始，但祭禮需區分成換紅之前與換紅之後，換紅以合爐作分界，換紅之後的祭祀合併祭祖討論，但是喪禮、葬禮與祭禮三部分之間不具有時間順序關係，可能同時並行。

從換鋪至換紅的喪、葬、祭三部分儀式中，當中運用圓仔、龜粿、紅圓以及紅燒肉的時機，分成辭生、移棺、完墳、反主以及法事五部分論述，這五部分並無喪禮儀式在其中。

（一）辭生

辭生是屬於祭禮的部分，親人過世的第一次祭祀是腳尾飯，在確定嚥氣後隨即辦理的祭祀，這一次祭祀是在匆促之下準備的，祭祀物品相當簡單，包含兩支白蠟燭、一碗白飯以及一顆鴨蛋，親人過世後第二次祭祀為辭生儀式，「所謂辭生是屍體入棺之前，為死者所備在陽間最後一餐，以示告別人世。其祭品為十二碗食品，與結婚夜『食酒婚桌』之十二道菜內容相同。此時並請一『好命人』將十二道菜一一舉起，且各說一句吉語，然後以箸挾菜對死者比劃，宛若其眞能使用。」〔註 53〕酒婚桌十二道菜係六葷六素，當中福員即是圓仔。

辭生是在陽間的最後一餐，其內容與婚酒桌相同，其中圓仔是紅白色皆有，圓仔代表完整以及圓滿，即是象徵往生親人一生完整結束，也有期許一生圓滿完成，在人間沒有缺憾可以走的無牽無掛。

〔註 53〕（日）鈴木清一郎、馮作民，《增訂臺灣舊慣習俗信仰》（台北：眾文圖書公司，1989），頁 224。

（二）移棺

傳統喪葬流程中，自棺木定位後入殮，其棺木位置不會再做改變，至移棺出山時才有移動，移棺是在出山前才有的儀式，移棺之後棺木位置有「壓棺位」的舉措，如徐福全先生所述「將紅圓（平年十二個，閏年十三個）發粿一個（各插春仔花一支），當棺柩移動後即轉柩或移靈後放置棺位。取其子孫團圓興發之意，春花是取『有春』（即臺諺剩餘之意）。」〔註 54〕，其儀式是在移棺空出空間後，先灑鹽米清淨場地，再放置紅圓以驅鬼靈，其意涵有子孫團圓興盛之意，也涵蓋了神鬼殊途的觀念在其中。

同時就出殯流程而言，出山後返家就是反主，代表隊往生者的喪與葬已先暫告一段落，接者是要面對在世者的心理層面的調適以及人際關係的處置，因此壓棺位的紅圓也暗示著必須漸漸回復正常生活作息。

（三）完墳

墳墓的開造由地理師與土公仔負責，地理師負責墓穴判定以及方位確立，勞動的部分是土公仔的工作，入葬後的後續處裡也是交由土公仔負責，子孫所負責的是建物的巡視以及祭拜，在墳墓建造的重要與新厝建造是等量齊觀的，臺灣傳統習俗中，葬禮的細節有相當多元，可概分成第一年的入葬完墳、前三年的墓地祭祀以及拾金完墳三部分。

1. 入葬完墳

完墳程序經過下葬由土公仔覆土成高於地面的土堆如龜殼，子孫於下葬隔日巡灰〔註 55〕如同巡視工程一般，確定先人墳墓完整，此時亦須準備牲醴祭拜，就徐福全先生所述「台南禮俗中完墳後擇日謝土有謝分金的儀式以紅龜、發粿、清圓祭之，以紅湯圓塞前分金洞、以紅發粿塞後分金洞。」〔註 56〕在葬禮中的謝土與謝分金的儀式，等同新居落成的儀式。

2. 培墓祭祀

臺灣傳統墓地祭祀的習俗是入葬之後的前三年，有年年祭祀的風俗，其主要目的是修補墳土，在風吹雨淋的情況下墳土會流失，避免先人棺木外露，此作法如同家宅的修整，因此會有正月初六「探墓厝」〔註 57〕的動作，以了

〔註 54〕徐福全，《臺灣民間傳統喪葬儀節研究》（台北：徐福全，1989），頁 305～308。
〔註 55〕東方孝義，《臺日新辭書》（台北：臺灣警察協會，1931），頁 390。
〔註 56〕徐福全，《臺灣民間傳統喪葬儀節研究》（台北：徐福全，1989），頁 505。
〔註 57〕東方孝義，《臺日新辭書》（台北：臺灣警察協會，1931），頁 469。

解清明時所需攜帶的物項，以供整補墳墓之用，此時也會準備供品祭拜，墳墓情況調查完成，就是清明培墓的祭祀，「『培墓』者，祭拜且修墳也，先如前述『掛紙』，次於墓前及后土前供三牲或五牲之牲醴。新墳必須五牲且要有豬頭、雞鴨卵、麵粿、紅龜粿等。」〔註 58〕子孫於墓地進行墳土補充、草木修剪以及掛紙修飾，如同宅第的整理與美化，墓地整補完畢後才進行祭祀。

第三年墓地祭祀後，因往生者於這一年已經合爐移入神龕之中，因此第四年不再有墓地祭祀，除非家中有嫁娶或添丁的情況才會再有連續三年墓地祭祀，若該房或該派是人丁興旺的情況，就會形成墓地祭祀連年不絕的情況。

3. 拾金完墳

臺灣傳統土葬習俗，在入土爲安後數年，有進行開墳撿骨再葬的情況，這項工作由土公仔負責完成，程序上會有洗骨、整理、入甕以及再葬，洗骨的工作依據開棺後筋肉殘存的情況而定，曾在公墓中見過將骨骸排成人形，放置在樹蔭下作處理的情境，洗骨工作完成後以「安結綿」作整理與包裝，如俗諺「骨頭接好著安結綿來包咧。」〔註 59〕將骨骸整理完成入甕，入甕之後擇日下葬，據徐福全先生記載「拾金完墳備有多樣祭品以及清圓、龜粿與丁仔粿（新丁粄），清圓祭墓與后土、龜粿與丁仔粿（新丁粄）祭墓，閩籍與粵籍皆同，台南禮俗中完墳後擇日謝土有謝分金的儀式以紅龜、發粿、清圓祭之，以紅湯圓塞前分金洞、以紅發粿塞後分金洞。」〔註 60〕。

第一次完墳與第二次完墳的儀式基本上是一致，而臺灣習俗會有二次葬的情況，與臺灣潮濕氣候是否有著密不可分的關係呢？尚待了解。

（四）反主

「反主後，以事先預備之料理酬謝扛棺者，『子弟』（樂隊）及其他佐事與送葬者。爲『洗淨』（祓除不詳）尚須贈以爆竹、蠟燭、糕仔（菓子）、壽金（金紙）。扛棺者若係以錢僱請則不供酒食，『子弟』則除酒食外別有禮金。」〔註 61〕反主時致謝的喪宴內容與形式，根據徐福全先生記載「昔日喪事呷散

〔註 58〕（日）鈴木清一郎、馮作民，《增訂臺灣舊慣習俗信仰》（台北：眾文圖書公司，1989），頁 343～344。
〔註 59〕東方孝義，《臺日新辭書》（台北：臺灣警察協會，1931），頁 12。
〔註 60〕徐福全，《臺灣民間傳統喪葬儀節研究》（台北：徐福全，1989），頁 505。
〔註 61〕（日）鈴木清一郎、馮作民，《增訂臺灣舊慣習俗信仰》（台北：眾文圖書公

餕，每桌僅有澆醬油之雞肉一碗、三層肉一碗（富者始有紅燒肉）、蔬菜、米酒一瓶，一次出齊而非出巡，但求果腹耳。」〔註 62〕紅燒肉即是三層肉以紅糟醃漬後的食材，並指出是富有家庭才有的變化，但是日治之前紅糟是家家必備的物項，是不分貴賤的，徐福全先生紀錄的時代是酒專賣持續實施的年代，對照《閩南方言與古漢語同源詞典》的資料「閩南習俗，喪事之家答謝吊唁送殯者必出紅糟肉」〔註 63〕顯示喪宴的紅燒肉的消失與酒專賣有著必然的關係。

（五）法事

臺灣傳統喪葬法事有做七、做功德、百日、對年以及合爐，自頭七到百日之間的法事，以「文頭粿」這一項祭品最具代表，文頭粿是以糕粿組合而成的塔狀物，當中會有紅龜粿與紅麵龜，在儀式結束時，除了「送紙敬」也會以此供品回饋親友〔註 64〕，如「所謂『答紙』，係對香典之回禮，喪家接受賻贈之香典，大銀燭糕仔封、花圈等物，因於『三旬』、『五旬』、『七旬』或百日或對年時，以『糕仔』、『饅頭』、『麵龜』等回饋親友以表謝意。」〔註 65〕。

做功德是出殯前的重要法事，而做七亦稱做旬共有七次，奇數旬爲大旬，偶數旬爲小旬，每一旬皆有名稱以辨別主要祭祀者與往生者的關係，做百日是一個重要的分界點，此一儀式中也會包含除靈的舉動，清除靈桌將神主牌移至「尫架桌」顯示已將往生者視同家神，代表喪家自此日能正常生活作息，對往生生者的每日「捧飯」祭拜也在儀式之後結束。

對年與三年祭祀的供品，與紅麴相關的是紅龜粿與圓仔，做對年會備有紅龜粿爲供品之一，做三年會備有紅龜粿與清圓爲供品，由此可得知紅龜粿在忌日祭拜中是作冥壽的概念，而做三年的清圓是搭配合爐儀式，合爐是將新亡者的神主移入家神牌（祖先牌位），以及移除新亡者的香爐，以示與祖先團聚並且往後與祖先同享香火。

司，1989），頁 249。

〔註 62〕徐福全，《臺灣民間傳統喪葬儀節研究》（台北：徐福全，1989），頁 418～419。

〔註 63〕林寶卿編，《閩南方言與古漢語同源詞典》（廈門：廈門大學出版社，1998），頁 250。

〔註 64〕徐福全，《臺灣民間傳統喪葬儀節研究》（台北：徐福全，1989），頁 437～440。

〔註 65〕（日）鈴木清一郎、馮作民，《增訂臺灣舊慣習俗信仰》（台北：眾文圖書公司，1989），頁 264。

第二節　歲時禮俗中的紅麴

一、春季歲時禮俗

臺灣傳統春季歲時禮俗中，有運用到紅麴相關的飲食的時機是農曆正月初一的元旦、農曆正月初九的天公生、農曆正月十五的上元、農曆二月初二的土地公生、農曆二月十九的觀音媽生以及農曆三月初三的上巳或陽曆清明。

春季歲時禮俗中，除了敬神與祭祖的活動之外，具有特色的活動是上元乞龜以及清明嫊餅，凸顯的是臺灣傳統社會中的祈求福報以及養生觀念，紅麴管制之前，家中會備有糟甕以存放紅糟，酒造稅實施之前，家中會自釀酒備用，隨著酒與麴管制的相關法令實施，原料取得變得困難與以往不同，因此以紅花米或紅番米代替紅糟，取代的原則是就地取材能自給自足，蒸餾米酒取代了高價紅酒。

表 4-3、春季禮俗紅麴運用表

節　日	圓仔	龜粿	桃粿	麵龜	麵桃	紅圓	米糕	糟肉	紅酒
元旦							●		●
天公	●	●							●
上元	●	●							●
土地公生	●	●							
觀音媽生	●	●	●						
清明		●						●	

資料來源：筆者整理製表。

（一）元旦

元旦是農曆正月初一，元旦期間運用到與紅麴相關的飲食，是紅米糕以及紅酒，紅米糕呈現文化觀念而紅酒實際的表現養生能力。

根據《重修台灣府志》記載「正月元旦，家製紅白米糕以祀神。於四、五鼓時，拜賀親友。」〔註 66〕紅麴管制之前，紅米糕以糯米蒸熟之後拌入紅

〔註 66〕清・范咸，《重修台灣府志》（《臺灣文獻叢刊》第 105 種，台北：臺灣銀行，1961），卷 13，頁 402。

糟而成，而現今以紅花膏拌入而成，以文化概念是代表新的階段以及新的開始，與婚禮中新娘上花轎前祭拜祖先時的紅米糕是相同含意，慶賀新的一年的開始，也是敬告祖上此一訊息並非祭祀神明，因此時期已送神、未接神，何來神明祭拜，文中的神是指家神即是祖先。

依據《臺灣慣習記事》的資料「視客人饗以年糕及酒肴。酒多爲紹興酒、紅酒、氣酒等，菜肴則以小碟盛豬、雞、鴨、魚等肉充之。」〔註 67〕過年客人到訪，依據關係的親疏而有所差別，紹興酒的使用並不多，招待的對象必定是貴客中的貴客，主因是價格不斐，招待訪客主要使用的是紅酒，主要是過年過節討喜並且符合氣氛，氣酒是蒸餾酒也是較爲低下的酒類，可能是米酒或是番薯酒，招待晚輩時運用，或紅酒用完，春節請春酒的情況會從初一延續至十五才結束，也象徵休憩時刻的結束。

元旦期間飲用屠蘇酒的習慣，臺灣早期亦有此一習俗，在日治初期尙有資料記載，主要目的是冬季的暖體養生，飲用紅酒是此一概念也包含喜慶的意義，《臺灣慣習記事》的資料在酒稅實施之前，因此紅酒至少是再製酒，尙能發揮暖體滋補之效，隨著紅酒不得自釀以及價格攀升，必須購買價低味劣的酒代替，購得的蒸餾酒或混成酒其中養生的能力也差了許多。

（二）天公生

天公是眾多神祇的領袖，從所有廟宇必定有天公爐，並且到廟膜拜第一炷香一定獻給天公，可知其重要性，天公生是在農曆正月初九，在傳統習慣中，會在大廳外的天公爐下設香案祭祀。

《安平縣雜記》中「初九日，玉皇上帝誕・蓋取陽九之義・是日子刻起，家家焚香、點燈燭、放爆竹、燒尺楮以祝壽（比花金有大兩倍者，大三、四倍者，式樣均同。惟中印天官及財子、壽星不同耳）。儉約者僅饌盒而已（隨意裝各色糕餅麻米棗於上，名曰饌盒）。豪放之家，牲牢粿品燦然前陳，演線戲（傀儡，名曰線戲・祀玉皇以此爲大禮）、大戲，延道士諷經，名曰請神。紙糊玉皇帝闕一座，俗名天公紙。是日各廟宇均一體慶祝，就境內鳩金，供演戲牲牢粿品之用。天壇尤爲熱鬧。」〔註 68〕呈現了天公生當日的祭祀活動，

〔註 67〕劉寧顏編，《臺灣慣習記事》（南投：台灣省文獻會，1984）第一卷（上），頁 19。

〔註 68〕清・佚名，《安平縣雜記》（《臺灣文獻叢刊》第 52 種，台北：臺灣銀行，1959），節令，頁 2。

會因財富以及承諾情況不同而分成三種情況，自家祝壽祭祀、自家謝願祭祀、公廟建醮祭祀，這三種形式的供品皆有五牲與紅龜粿，但供品的形式也會發生變化，採用的犧牲是高規格，酒造稅實施之前必然使用紅酒爲敬神的酒醴。

圖 4-3、三層供桌〔註 69〕

自家祝壽祭祀的情況僅是設案備牲醴祭祀，而犧牲中豬與羊會是局部並非整體，而豬羊可能是糟肉的情況，自家謝願祭祀時會搭設天公壇，其形式如上圖分成三層，與生命禮俗中迎娶前拜天公的儀式一樣，此時犧牲必須是完整的因此會使用豬牲架與羊牲架，在酒醴運用紅酒的可能性就很高，畢竟紅酒自古就是祭祀酒醴的上品。

〔註 69〕筆者拍攝於美濃客家博物館，三層供桌是高規格的敬神方式，在天公與三界公聖誕時，民家主人爲神祝壽並且有祈願或謝願時，以及結婚的謝天儀式，才會出現三層供桌。

公廟建醮祭祀，天公神格極高其祭祀供品爲雞、鴨、豬、羊、魚五牲並有酒醴，犧牲必須是完整的因此會使用豬牲架與羊牲架，在酒醴運用紅酒的可能性就很高，此外爲天公祝壽會準備紅龜粿與紅桃粿，象徵年壽的延續，天公醮的概念具備了信眾的祈福舉措，也需準備圓仔以供使用，以象徵圓滿。

天公生慶典中使用的紅酒、圓仔與粿品，在酒造稅之後也漸漸發生變化，紅酒改以米酒進行敬酒，圓仔與粿品的紅糟也被紅花米取代。

（三）上元

農曆正月十五是上元亦稱元宵，是一個多種文化意涵的年節，它是祭祖的日子也是遊藝的日子，它代表新正結束的指標也是祈求一年運道的時機，更是道教天官大帝的聖誕。

《廈門志》的資料表示「上元，以米團祭神及先。」〔註 70〕上元敬神祭祖以圓仔爲供品，象徵祈求保佑今年圓滿順遂，舉家共食也是一種團圓的景象，而上元之後各自工作的地點的不同如長工、夥計等工作必須長期離家，如同臺灣俗諺「吃頭家、睡頭家娘」的吃住都由頭家負責的景況，根據《臺灣通史》「十二月十六日，祀社公，謂之尾衙。工人尤盛，以一年操作至是將散也。而鄉塾亦以上元開課，尾衙放假。外出之人，多歸家度歲。」〔註 71〕得知上元代表著年節結束，各自回工作的的時刻，需各自前往似乎有著啓程惜別之意。

根據《臺灣の家庭生活》資料得知，上元時節會有至廟宇祈福的行爲，其儀式稱爲「乞龜」，祈求的主要目的是求丁與求財，依據祈求項目的不同，紅龜粿分別稱爲丁龜與財龜〔註 72〕，乞龜後願望實現的謝願相當重要，才會有現今還龜時的龐然大龜。對照《臺灣民間祭祀禮儀》的資料「所謂『乞龜』，最初是由廟方供出麵龜、紅片龜等『壽龜』，供信徒擲筊乞賜，待得到神明應允後，即可帶回一隻麵龜或紅片龜，讓全家『呷平安』，或藉以祈求後嗣。」〔註 73〕從日治末期資料與 1949 之後資料的比對，就丁龜的乞龜活動並無改

〔註 70〕清・周凱，《廈門志》（《臺灣文獻叢刊》第 95 種，台北：臺灣銀行，1961），卷 15，頁 641。

〔註 71〕清・連雅堂，《臺灣通史》（《臺灣文獻叢刊》第 128 種，台北：臺灣銀行，1963），卷 23，頁 601。

〔註 72〕池田敏雄，《臺灣の家庭生活》（台北：南天，1944），頁 282。

〔註 73〕徐福全，《臺灣民間祭祀禮儀》（新竹：新竹社教館，1996），頁 160。

變，就財龜的部分發生龜越來越大也越昂貴的變化，這與商人求財、求獲利有關，乞龜活動上元舉行，此日是一年當中休息與勞動的分界，顯示是在祈求一年的好運，紅龜粿在此儀式中代表著生命福分與生命延續。

農曆正月十五也是天官大帝聖誕，其祝壽祭祀的形式會比照水官大帝，三官大帝神格頗高以五牲酒醴以及紅龜粿祝壽，與天公同規格，但此日的活動相當多而被忽略，形成資料不多的情況，《安平縣雜記》有上元請戲，《臺灣文獻叢刊》中元醮尾戲的資料相當豐富，《臺灣文獻叢刊》指出平安戲在冬至前後，而《臺灣》明確指出下元平安戲，三官聖誕都有請戲娛神的舉動，而請戲是祝壽的活動之一。《臺灣文獻叢刊》中指出上元與中元會有建醮祈福儀式，日治時期資料指出建醮祈福必定有食用圓仔，以象徵圓滿。

（四）土地公生

臺灣傳統歲時禮俗的神明祭祀，特別重視天公、三官與土地，天公與三官的誕辰重視從祭祀供品以五牲爲獻可知，而土地的神格不高，但是在誕辰與收成都會祭祀並且演戲，可見其受重視的情況。

農曆二月初二是福德正神聖誕，但各地農人早冬稻作時節不一，可能在神誕之前或之後，無論如何都在神明祝壽的同時也祈求早冬有個好收成，在田地祈求的儀式會準備圓仔，期盼願望能圓滿實現，在神誕祝壽方面會準備龜粿當作供品。

1. 康熙56年《諸羅縣志》「占稻，俗名占仔。有赤、白二色，白者皮薄易舂。六、七月始種，十月收。稻之極美者。」、「早占，有赤、白二色，粒差小。種於園；二、三月種，七、八月收。圓粒，米白而軟，粒短而肥。種於園；三、四月種，八、九月收。」〔註74〕
2. 康熙59年《臺灣縣志》「占仔：米有純白，有赤、白相兼・種於五、六月，成於九、十月。諸稻之中，惟此種最佳，然亦以純白者爲貴。」、「早占：性耐燥，與高地相宜，種於園中。有赤、白二色・春種至秋熟。」〔註75〕
3. 康熙59年《鳳山縣志》「早尖：有赤、白二種。粒小，早熟。種

〔註74〕清・周鍾瑄，《諸羅縣志》(《臺灣文獻叢刊》第141種，台北：臺灣銀行，1962)，卷10，頁191～192。

〔註75〕清・陳文達，《臺灣縣志》(《臺灣文獻叢刊》第103種，台北：臺灣銀行，1961)，輿地志一，頁6。

於二、三月，成於六、七月。園中種之。」、「尖仔：以純白者爲佳，諸稻之極美者。種於五、六月，成於九、十月。田中種之。」〔註 76〕

4. 康熙 61 年《臺海使槎錄》「三縣皆稱沃壤，水土各殊。臺縣俱種晚稻。諸羅地廣，及鳳山澹水等社近水陂田，可種早稻；然必晚稻豐稔，始稱大有之年；千倉萬箱，不但本郡足食，並可資贍內地。居民止知逐利，肩販舟載，不盡不休，所以户鮮蓋藏。」〔註 77〕

5. 道光 25 年 6 月《臺案彙錄甲集》「又據委員署鹿港同知史密會同署嘉義縣准補清流縣知縣王廷幹查驗嘉邑境內，各鄉早稻已於四、五月間全數收割，晚稻尚未插秧，不至成災。」〔註 78〕

諸羅縣於當年農曆二、三月種早占，農曆七、八月收早占，農曆六、七月種占仔，農曆十月收晚稻，農曆十月種麥，隔年農曆二月收麥，糧食種植的情況有二，其一有水陂、水圳的地區爲雙冬，兩期稻作，加上一期麥作，可一年三收，其二看天田地區，國曆十月至隔年四月爲缺水時節，只能種植晚稻與麥形成一年二收。

臺灣縣可於當年農曆二、三月種早占，農曆六、七月收早占，農曆五、六月種占仔，農曆十月收晚稻，實際情況與諸羅縣同，但無種植麥類。

鳳山縣於前年農曆十月或當年農曆正月種早稻，播種時機不同與當地的水量充足與否有關，水源不足地區需前一年十月運用剩餘水量播種，水源充足地區待開春在播種即可，農曆四月收早稻，農曆六月種晚稻，農曆十月收晚稻，水源是否充足都能一年兩穫，而水源充足地區則可一年三獲。

《臺灣文獻叢刊》中土地公誕辰當日請戲祝壽的情況與中秋一致，即是春祈以及秋報，而，根據南臺灣的稻米耕作能一年三穫，可推算出稻米的栽種需四個月，臺灣其他地區一年兩穫，而早冬稱爲六月冬而晚冬稱爲十月冬，臺灣中部稻作在道光年間早冬是至五月收割完畢，勢必提前在正月播種，晚

〔註 76〕清・陳文達，《鳳山縣志》（《臺灣文獻叢刊》第 124 種，台北：臺灣銀行，1961），卷 7，頁 91。

〔註 77〕清・黃叔璥，《臺海使槎錄》（《臺灣文獻叢刊》第 004 種，台北：臺灣銀行，1957），卷 3，頁 51。

〔註 78〕清・不著撰人，《臺案彙錄甲案》（《臺灣文獻叢刊》第 031 種，台北：臺灣銀行，1959），卷 3，頁 176。

冬是六月尚未播種。

春祈秋報是傳統的儀式，臺灣在清領時期稻穀已有一年兩穫的情況，因此增加了半年丸這項與土地神相關的慶典，正說明了半年丸活動僅出現在廈門與臺灣。

（五）觀音媽生

根據《安平縣雜記》觀世音誕辰有二月十九以及六月十九〔註79〕，在《新竹縣志初稿》中觀世音誕辰是九月十九「梵刹風光數竹蓮，觀音生日集嬋娟；瓣香爭向慈雲乞，一滴楊枝灑大千（九月十九日，亦觀世音誕辰‧是日竹蓮寺拈香，婦女最盛）。」〔註80〕，觀世音誕辰之日，信眾茹素並且準備素食供品，日治初期時期資料也顯示農曆二月十九、六月十九、九月十九這三日皆是觀音媽生，觀音是佛教神祇，因此供品皆爲素食、蔬果以及紅桃粿或壽桃，信眾至少在當日必須茹素以示恭敬〔註81〕。

（六）清明

清明的儀式活動有祭祖與嫾餅，清明祭祖著重在墓祭，墓祭在培墳時進行，培墳分成新墳與舊墳，新墳採用鼠麴粿而舊墳採用紅龜粿，《臺灣慣習記事》「小兒等成群遊於各墓地，乃各投與稱作『紅龜粿』之糕餅，糕餅盡，以錢代之，因厭其放惡言辱罵故之，俗曰此爲『約墓粿』。」〔註82〕。

上巳與清明的歲時禮俗已然分不清楚，此一情況在清領時期就是如此，《臺灣文獻叢刊》中提及混淆的成因之一是族群的習俗不同，現今臺灣的歲時禮俗將兩者合併在清明。

嫾餅是一種冷食的餐點，勢必與上巳寒食的文化概念接近，日治末期的資料顯示嫾餅的內容物是荳菜、土荳仁麩、菜脯、豬肉、滸苔、卵燥〔註83〕，現今夜市販賣嫾餅的內容物與日治時期差異不大，只有豬肉的型態不同，在新莊廟街與樹林車站的嫾餅攤是運用紅燒肉，其肉片是瘦肉以紅糟醃漬，其餘地區多採用香腸，《民俗臺灣》中的資料是使用香腸，王華南先生的著作中也是香腸。

〔註79〕清‧佚名，《安平縣雜記》（《臺灣文獻叢刊》第52種，台北：臺灣銀行，1959），節令，頁3～4。

〔註80〕清‧諸家，《新竹縣志初稿》（《臺灣文獻叢刊》第61種，台北：臺灣銀行，1958），卷6，頁256。

〔註81〕武内貞義，《臺灣》（台北：臺灣日日新報，1915），頁610。

〔註82〕劉寧顏編，《臺灣慣習記事》第一卷上（南投：台灣省文獻會，1984），頁91。

〔註83〕東方孝義，《臺日新辭書》（台北：臺灣警察協會，1931），頁390。

夏季飲食宜少油忌飽食，寒食的意義也就在此，提醒世人夏季將至，飲食須有所調整，從潤餅的內容物可見一般，而瘦肉經紅糟醃漬後，油脂所剩無幾，而香腸是肥瘦交雜，似乎已有悖離原意的情況。

二、夏季歲時禮俗

臺灣傳統夏季歲時禮俗中，有運用到紅麴相關的飲食的時機是農曆五月初五的端午節以及農曆六月的半年丸，端午節雄黃酒以紅酒爲基底，呈現養生的文化意涵，半年丸呈現對神明祈願與謝願的圓滿循環，並且豐收對家庭團圓的影響也在此呈現。

表 4-4、夏季禮俗紅麴運用表

節　日	圓仔	龜粿	桃粿	麵龜	麵桃	紅圓	米糕	糟肉	紅酒
端午									●
半年	●								

資料來源：筆者整理製表。

（一）端午節

臺灣清領初期，蔣毓英所著《臺灣府志》的記載，臺灣的酒有氣酒、老酒、番仔酒三種，其中氣酒是蒸餾酒，釀酒原料種類包括飯米、番薯以及甘蔗，以草麴發酵後再行蒸餾，文中老酒即是紅酒，以糯米與紅麴爲原料釀製而成，再者番仔酒是指原住民的姑待酒以及老勿釀。

乾隆年間王必昌所著《重修台灣縣志》開始出現紅麴的製作方式，相近年代亦有王瑛曾《重修鳳山縣志》也出現相同紀錄，同治年間《淡水廳志》顯現紅麴釀紅酒的方式以及製造紅麴時的倍增效果，在光緒年間的《臺灣通志》紀錄，可知從清領初期開始的紅酒紀錄，一直延續至光緒年間，當中文獻資料是越來越詳盡，代表著紅酒的臺灣本土化程度相對提高，人民對紅酒的依賴程度也愈加深刻，更足以證明使用紅酒在臺灣生活中是一種人民習俗。

1. 康熙 24 年《臺灣府志》「酒（有氣酒，有老酒，亦名江東酒，有番仔酒）。」〔註 84〕

〔註 84〕清・蔣毓英，《臺灣府志》（《臺灣文獻叢刊》，南投：文獻會，1993），卷 4，

2. 乾隆 17 年《重修台灣縣志》「酒（有老酒、白酒、燒酒、肅客以老酒爲上）、麴（紅麴以糯米用糟發成之。又有草麴，不用麴蘗，但杵米雜以眾草葉，置蓬蒿中蔭蔽之，經月而成，即白麴也）。」〔註 85〕

3. 道光年間《臺灣紀事》「郡志云，番女嚼米爲酒，非也。番俗釀酒，亦以麯糱爲主。曩有潘君春文者，饒於財，慷慨好賓客，且精飲饌，爲海疆第一家。常招飲，席間見尊壺者面其鼻；余曰：『嘻！此敬君禮也，古矣』。已而出佳釀，有蔥白色與紅赤色者，即周禮所謂盎齊、緹齊也；有澄而味芳冽與釀經歲始熟者，即周禮所謂清酒、昔酒也；又一種濁如油、似可匕筯夾而取者，即東坡酒經所謂三投酒也。」〔註 86〕

4. 同治 10 年《淡水廳志》「酒則蒸米拌麴自釀之，其色紅而味釀。」〔註 87〕

5. 同治 10 年《淡水廳志》「紅粬（或作麴。以米爲之，粬母來內地，少許可造數斗，釀老酒所必需）。」〔註 88〕

6. 光緒 18 年《臺灣通志》「麴，有紅、白二種《南方草木狀》：草麴不用麴糱，但杵米粉雜以眾草。置蓬蒿，蔭蔽之，經月成而，可以釀酒；即今白麴也。紅者來自內地（同上）。紅麴似糯米，用糟發成之（《鳳山縣志》）。紅粬（或作麴），以米爲之；粬母來自內地，少許可造數斗；釀老酒所必需（《淡水廳志》）。」〔註 89〕

7. 光緒 19 年《新竹縣志初稿》「酒則蒸米拌麴以釀之，有雙料、有

頁 76。

〔註 85〕清・王必昌，《重修臺灣縣志》（《臺灣文獻叢刊》第 113 種，台北：臺灣銀行，1961），卷 12，頁 413。

〔註 86〕清・吳子光，《臺灣紀事》（《臺灣文獻叢刊》第 036 種，台北：臺灣銀行，1959），卷 1，頁 31。

〔註 87〕清・陳培桂，《淡水廳志》（《臺灣文獻叢刊》第 172 種，台北：臺灣銀行，1963），卷 11，頁 299。

〔註 88〕清・陳培桂，《淡水廳志》（《臺灣文獻叢刊》第 172 種，台北：臺灣銀行，1963），卷 12，頁 337。

〔註 89〕清・蔣師徹，《臺灣通志》（《臺灣文獻叢刊》第 130 種，台北：臺灣銀行，1961），物產，頁 218。

單料；兼有他港運販來竹者，各色名目難以盡紀。」〔註90〕

據武內貞義《臺灣改訂版》的資料得知，雄黃酒是端午節祭祀的供品之一，並且在祭祀結束之後，家人分食供品、分飲雄黃酒以祈求身體健康，在端午年節中，紅酒以藥酒的形式被運用，是發揮紅酒的滋養效果，而雄黃則是爲了避邪，但在酒稅實施之後紅酒品質下滑，從釀酒的糯米比例減少以及蒸餾米酒比例上升可得證明，加上混成紅酒的出現，滋養的效果更是消失。

日治前期田澤震五的〈本島に於ける酒類工業〉紀錄，臺灣藥酒的製作方式以蒸餾酒爲基底，以混成酒的製程處理，加入紅麴以及藥材等附屬原料〔註91〕，因此藥酒的色調會有偏向紅色的情況，喝雄黃酒是臺灣漢人在端午節的傳統習俗，日治中期武內貞義的《臺灣改訂版》紀錄「正午に粽、牲醴、雄黃酒（紅酒に雄黃といふ著色藥味を加へたもの）を家廟に供へ、放炮、焚香の上一家粽を食し酒を呑み身體の健康を祈る。」〔註92〕，雄黃酒是在紅酒中加入雄黃而成，此一作法與混成藥酒是相似的，反觀現今臺灣藥酒，並無紅麴的運用，既使是臺灣藥酒大本營「隆田酒廠」也不見紅麴的運用。

（二）半年節

在《臺灣府志》的蔣志、高志以及周志的資料顯示，半年丸是家家戶戶以米粉染紅製作而成，未提及紅麴，在《諸羅縣志》的半年丸提出米粉染紅是以紅麴爲染料，由此可推知紅麴運用在半年丸的歷史，至少可從清領初期開始，在康熙、乾隆、道光、同治以及光緒年間的臺灣方志，也有出現相同內容，而記載的區域包括了臺灣西部，道光年間更加入臺灣東北部的記載，由半年丸的資料可知紅麴運用在半年丸的米圓中，從清領初期就已經是歲時禮俗的常態，紅麴的運用一直存在臺灣漢人的生活當中。

半年丸的習俗僅限於臺灣、金門以及廈門，廈門是習俗原鄉、金門是習俗中繼、臺灣是習俗新鄉，這與一年兩穫的氣候條件有著密不可分的關係，耕種時祈願、收成時還願是臺灣習俗中的必然模式，而臺灣早冬俗稱六月冬〔註93〕，在農曆六月的朔日或望日進行對土地神祇的還願，同時又祈求晚冬

〔註90〕清・諸家，《新竹縣志初稿》（《臺灣文獻叢刊》第61種，台北：臺灣銀行，1958），卷5，頁177～178。

〔註91〕田澤震五，〈本島に於ける酒類工業（2）〉，《臺灣商工月報》，第90期，1916年11月，頁13。

〔註92〕武內貞義，《臺灣改訂版》（台北：新高堂，1927），頁1060。

〔註93〕東方孝義，《臺日新辭書》（台北：臺灣警察協會，1931），頁469。

的好收成，而晚冬收成的還願會在冬至前後以「謝平安」的方式進行。

1. 康熙 24 年《臺灣府志》「六月一日，家以米粉抹紅爲丸，供神，俗呼爲『半年丸』，蓋頌禱團圓之意。」〔註 94〕
2. 康熙 56 年《諸羅縣志》「六月一日，雜紅麴於米粉爲丸，俗呼爲半年丸；頌禱團圓之意也。」〔註 95〕
3. 乾隆 12 年《重修臺灣府志》「六月一日，各家雜紅麴於米粉爲丸，名曰『半年丸』。」〔註 96〕
4. 乾隆 29 年《重修鳳山縣志》「六月或朔、或望，家雜紅麯米粉爲丸，曰半年丸。」〔註 97〕
5. 道光 12 年《噶瑪蘭廳志》「六月一日，比戶以紅麴和米粉爲團，泡以糖湯，號曰半年丸。」〔註 98〕
6. 道光 12 年《廈門志》「六月六日，以黍爲粽，薦土神。十五日，造米圓，祀神及祖，名曰『過半年』(薦新穀、獻荔枝，無定日)。」〔註 99〕
7. 道光 16 年《金門志》「六月薦新。初六，以黍爲粽，祭土神。十五日，家各造米圓祀祖及神，謂之半年丸。」〔註 100〕
8. 同治 10 年《福建通志台灣府》「六月一日，各家雜紅麯於米粉爲丸，名曰『半年丸』。」〔註 101〕

〔註 94〕清・蔣毓英，《臺灣府志》(《臺灣文獻叢刊》，南投：文獻會，1993)，卷 6，頁 105。

〔註 95〕清・周鍾瑄，《諸羅縣志》(《臺灣文獻叢刊》第 141 種，台北：臺灣銀行，1962)，卷 8，頁 152。

〔註 96〕清・范咸，《重修臺灣府志》(《臺灣文獻叢刊》第 105 種，台北：臺灣銀行，1961)，卷 13，頁 403。

〔註 97〕清・王瑛增，《重修鳳山縣志》(《臺灣文獻叢刊》第 146 種，台北：臺灣銀行，1962)，卷 3，頁 48。

〔註 98〕清・陳淑鈞，《噶瑪蘭廳志》(《臺灣文獻叢刊》第 160 種，台北：臺灣銀行，1963)，卷 5，頁 192。

〔註 99〕清・周凱，《廈門志》(《臺灣文獻叢刊》第 095 種，台北：臺灣銀行，1961)，卷 15，頁 643。

〔註 100〕清・林焜熿，《金門志》(《臺灣文獻叢刊》第 080 種，台北：臺灣銀行，1960)，卷 15，頁 388～389。

〔註 101〕清・陳壽祺，《福建通志臺灣府》(《臺灣文獻叢刊》第 084 種，台北：臺灣銀行，1960)，卷 58，頁 211。

9. 光緒 21 年《安平縣雜記》「六月十五日，各家雜紅麴於米粉爲丸，名曰『半年丸』，以祀神及祖先。」〔註 102〕

根據《廈門志》的資料，農曆六月以粽子祭拜土地神明，以米丸祭祀祖先以及神明，尚有供品是新收成的稻穀以及當令水果，但祭祀日期並不一致，此一情況是配合收成的期程有關，見《金門志》此記載與《廈門志》完全相同。

根據《諸羅縣志》記載半年丸移植到臺灣之後，其文化意義已經模糊，僅剩團圓的表象意義，其深層意涵應是今年雙冬得以豐收，得以確立家業方能迎接唐山家人至臺團圓。

見《重修鳳山縣志》的記載，儀式進行的日期並不一致，但都配合每月祭祀土地神明的日子。日治時期《臺灣風俗誌》「各家搓『圓仔』敬家神。」〔註 103〕的記載，可知半年丸風俗在日治時期尚存，此一習俗自臺灣清領初期就存在，一直延續至日治，甚至可知紅麴運用在禮俗飲食，在康熙年間已經是民間習俗。

半年丸此一習俗的圓仔，以清圓的方式呈現，即是米圓是紅白混雜並且煮熟之後加入甜湯，運用圓仔象徵圓滿的文化意涵，以答謝土地神祇的庇佑得以有早冬的好收成，並盼望土地神明繼續保佑這塊田地，在晚冬的種植能順遂豐收，然而半年丸的儀式與謝平安的儀式相較之下簡單許多，主要是早冬收成以及晚冬耕種的間隔短暫，此時出現休閒活動也不符合傳統觀念，才會出現半年丸與冬尾戲的落差。

三、秋季歲時禮俗

臺灣傳統秋季歲時禮俗中，有運用到紅麴相關的飲食的時機是農曆七月的七夕與中元以及農曆九月的立冬。

七夕爲七娘媽祝壽同時，以圓仔爲幼兒祈福或者以龜粿爲成年女兒求親，而中元爲地官祝壽並祭祖準備臺灣習俗中象徵喜慶的紅色飲食，代表祭品的豐盛，以及最大誠意，在立冬之日，以紅雞酒或紅酒釀進行補冬，此舉有著提示季節轉換所伴隨而來的飲食調整。

〔註 102〕清・佚名，《安平縣雜記》（《臺灣文獻叢刊》第 052 種，台北：臺灣銀行，1959），風俗，頁 13。

〔註 103〕（日）片岡嚴著、陳金田譯，《臺灣風俗誌》（台北：眾文，1980），頁 44。

表 4-5、秋季禮俗紅麴運用表

節　日	圓仔	龜粿	桃粿	麵龜	麵桃	紅圓	米糕	糟肉	紅酒
七娘媽	●	●							●
中元	●	●	●						●
立冬									●

資料來源：筆者整理製表。

（一）七夕

農曆七月初七是七夕，此一年節的民俗儀式相當的豐富，在生命禮俗有小孩揹絭以及成丁成年的儀式，在歲時禮俗中有女子乞巧、男子祭魁以及七娘媽生聖誕，眾多儀式以七娘媽核心發展而成。

慶賀七娘媽聖誕的同時進行小孩揹絭的還願與祈願，成年禮與答謝神恩，女子祈求靈巧能學會更多家事技能，根據《嘉義管內采訪冊》「七月七日，讀書人爲魁星帝君聖誕．世傳爲牛女渡河，謂之『七夕』，亦謂『七娘媽生』。莊社家家殺雞烹酒，備嗜萊龍眼各品物，在廳堂前，向天禮拜，祈禱消災改厄。」〔註 104〕的內容可知雞酒是重要的祭祀品項。

女子成年儀式使用紅龜粿與粽子，此一部分在生命禮俗中已經論述，揹絭行事，習慣在幼兒滿月、四月、周歲時由幼兒的親長向神明祈求揹絭，主要目的是祈求幼兒的平安、禳除精怪的作祟〔註 105〕，祈求的神明以註生娘、媽祖、七娘媽與觀音媽居多，常見的是註生娘絭、媽祖絭、七娘媽絭與觀音媽絭，祈求之日因人而異，但在出姐母宮之前，每年答謝之日在該位神明的聖誕。

根據日治時期《民俗臺灣》記載的資料「七娘媽生：要做軟粿。即先搓成湯圓狀，中央再用指甲掐一個凹洞。如果家中有十六歲的女孩子，那還要另外作紅龜粿、粽子。」〔註 106〕準備軟粿，此一物項是製成圓仔後，

〔註 104〕清．佚名，《嘉義管內采訪冊》（《臺灣文獻叢刊》第 58 種，台北：臺灣銀行，1959），打貓南堡，頁 38。

〔註 105〕簡榮聰，〈臺灣民間「揹絭」淺探〉，《臺灣文獻》，第 41 卷第 3/4 期，1990 年 12 月，頁 91。

〔註 106〕林川夫編〈臺灣吃的習俗資料——出於台北艋舺〉，《民俗臺灣》第七輯（台北：武陵，1991），頁 200。

於中央位置按壓凹陷以成型的，用於神明聖誕勢必需要以紅糟染紅以應氣氛。

（二）中元

農曆七月十五是有祭祖、普渡、迎城隍與地官聖誕的儀式，在屬性相同的儀式混雜後，以普渡爲眾人的焦點，普渡並不限定當日，不論是官方的城隍厲祭還是民間的地官聖誕，都是醮典的型態，因此在臺灣習俗中勢必會運用到圓仔，爲地官祝壽勢必運用到紅龜粿，至於祭祖與普渡需要運用到龜粿與圓仔，應該是醮典儀式轉移後形成的模式。

1. 康熙 24 年《臺灣府志》「中元，人家各祀所出，以楮作錢銀、綺錦焚之，又爲畫衣裳雜服，上書菩薩經文，名爲經衣，延僧登壇説法，撒物食羹飯，俗謂『普施盂蘭盆會』。」〔註 107〕
2. 康熙 56 年《諸羅縣志》「祭邑厲也。古祭法有泰厲、公厲、族厲，此厲祭之所自始。明洪武三年，詔各府州縣歲祭無祀鬼神。其制：壇方、廣各一丈五尺，高二尺；前陛三級，餘無階，繚以垣。今郡縣之制不一。先期三日，牒告城隍。至日，迎城隍神位於壇主其事；用羊一、豕一、爵三。設無祀鬼神牌於壇下左右，題『本縣境內無祀鬼神』；用羊二、豕二解置於器，酒醴、羹飯、冥衣羅列甚備。其行禮，止於城隍神位前。每歲春清明日、秋七月十五日、冬十月一日，凡三祭。」〔註 108〕
3. 康熙 59 年《鳳山縣志》「七月十五日，作盂蘭會·以一老僧主之·黃昏後，登壇説法，設酒食以祀鬼，謂之『普施』。人家亦以是日追薦祖先，與清明同其孝享。而説者謂是日乃地官赦罪，使赴厲壇之祭；今而祭其祖先，是以有罪待祖先也。噫！春露秋霜，孰無報本之思？謂以有罪待祖先，此正所謂強詞奪正理耳，惡足訓乎！」〔註 109〕

〔註 107〕清·蔣毓英，《臺灣府志》（《臺灣文獻叢刊》，南投：文獻會，1993），卷 6，頁 105。

〔註 108〕清·周鍾瑄，《諸羅縣志》（《臺灣文獻叢刊》第 141 種，台北：臺灣銀行，1962），卷 4，頁 63。

〔註 109〕清·陳文達，《鳳山縣志》（《臺灣文獻叢刊》第 124 種，台北：臺灣銀行，1961），卷 7，頁 86～87。

4. 道光初年《彰化縣志》「七月初一至三十日，俗尚普度，即佛家盂蘭會也・比邱登壇說法，設食以祭無祀孤魂，曰普施。凡寺廟皆有普施。先期一夜，燃放水燈，絃歌喧雜，火燭輝煌，照耀如晝，街巷聚眾祭祀，曰童子普。唱戲曰壓醮。」〔註110〕
5. 同治 6 年《治臺必告錄》「臺地七月中元節近，向有普度之俗，糜費極多。如祭享祖先，有餘者犧牲、粢盛，固宜求備，而不必家家演戲設醮；無力者亦當量家有無，盡其致孝之誠。」〔註111〕
6. 光緒 21 年《安平縣雜記》「境眾有趁是夕在家中張燈結綵、陳設牲醴粿品、自已作普度者，有另擇一日或演戲或不演戲者，各隨其便。就城內而論，自七月初一起，至三十日止，普度者相續不絕。」〔註112〕

農曆七月初一普渡儀式開始，因各家或地區進行日期不同才會延續一個月，因此在《彰化縣志》以及《安平縣雜記》中的資料才會如此，但還是會以農曆七月十五日爲主要，而普渡儀式中其實包含了三種祭祀，官方舉行的城隍厲祭並不包含其中。

首先地官祝壽，紅酒以及龜粿的運用是必然的情況，從焚化天公金、大壽金的型態可見祝壽的意涵，三官聖誕其規模與天公聖誕相同，供五牲、酒醴與紅龜粿，而《民俗臺灣》提及「在七月盂蘭盆會與冬至、歲末時，要製粉好做湯圓與粿。」〔註113〕提及圓仔運用與中元的醮典有關，而醮典是地官聖誕的慶祝活動之一，見《安平縣雜記》「若民間祭祝神祇之禮，歲逢神誕，里人鳩資建醮演戲備物致祭，或分區段互賭勝負，以牲牢豐盛者爲勝。若上元、中元，均建醮一天；中元兼蘭盆會焉。」〔註114〕。

地官祭祀結束後接著祭拜祖先，祖先與天神比較算是位階較低下，以相

〔註110〕清・周璽，《彰化縣志》（《臺灣文獻叢刊》第 156 種，台北：臺灣銀行，1962），卷 9，頁 287。

〔註111〕清・丁日健，《治臺必告錄》（《臺灣文獻叢刊》第 017 種，台北：臺灣銀行，1959），卷 5，頁 369。

〔註112〕清・佚名，《安平縣雜記》（《臺灣文獻叢刊》第 052 種，台北：臺灣銀行，1959），節令，頁 5～6。

〔註113〕林川夫編，〈臺灣吃的習俗資料——出於台北艋舺〉《民俗臺灣》第七輯（台北：武陵，1991），頁 181。

〔註114〕清・佚名，《安平縣雜記》（《臺灣文獻叢刊》第 52 種，台北：臺灣銀行，1959），官民四季祭祀典禮，頁 19。

同供品祭祀祖先是合理的，也符合以祖配天的觀念，根據《臺灣の家庭生活》所描述，中元普度準備的龜粿有兩種，白色甜龜粿未明確提及用途，而紅甜龜粿是供奉神明與祖先之用〔註 115〕，與《民俗臺灣》的資料「中元：要作甜龜粿、焿粽祭拜祖先。」〔註 116〕是相吻合的。

最後才是宴請好兄弟，無祀孤魂與祖先是同位階，但因疏遠因此殿後，可見普度儀式在臺灣習俗中是相當重要。

（三）立冬

立冬時節，調製以紅酒爲主要材料的雞酒與酒釀，調整身體機能以面對季節轉換以及提共晚冬收成所需的充沛體力，顯現紅酒在歲時進補有著重要地位。

立冬是太陽曆的節氣，九月是太陰曆的月份，兩者的配對會有日期上有前後的落差，但是根據《重修臺灣府志》「九月自寒露至立冬止，常乍晴乍陰，風雨不時；謂之九降（又曰九月烏）。」〔註 117〕的資料所述，立冬在傳統的認定上是屬於秋天的節氣，是秋冬交接的節氣，臺灣俗諺「立冬補冬，補嘴孔」代表在此節氣會有進補的習俗，此習俗也在提示季節轉換中，飲食上有調整的必要。

在《民俗臺灣》「傳統上，在立冬這一天都要進補，稱作補冬。主婦們會燉一鍋麻油雞，或者豬肉、鴨肉等，給全家人補身去寒。有些人家還會吃酒釀（甜酒），酒釀的作法是在蒸過的糙米中，放入紅釉（酒作的麴）讓它發酵。」〔註 118〕的資料表示立冬會運用雞酒以及酒釀進補，以這些暖身補身的飲食以抗冬季的寒冷，並提醒季節即將轉換。

從語彙的運用當中，呈現了日治時期在紅酒運用中變化，《臺灣慣習記事》中雞酒會以紅酒烹調，《臺日新辭書》中紅酒開始有正紅酒的語詞〔註 119〕，顯現紅酒已經發生分級，因此民間語詞需要對紅酒作出區隔，此一現象對雞酒勢必發生養生能力下降的情況，最終更因價格居高不下而以米酒取代紅酒烹調雞酒。

〔註 115〕池田敏雄，《臺灣の家庭生活》（台北：南天，1944），頁 81。

〔註 116〕林川夫編，〈臺灣吃的習俗資料——出於台北艋舺〉《民俗臺灣》第七輯（台北：武陵，1991），頁 200。

〔註 117〕清．范咸，《重修臺灣府志》（《臺灣文獻叢刊》第 105 種，台北：臺灣銀行，1961），卷 13，頁 409。

〔註 118〕林川夫編，〈臺灣吃的習俗資料——出於台北艋舺〉《民俗臺灣》第七輯（台北：武陵，1991），頁 191。

〔註 119〕東方孝義，《臺日新辭書》（台北：臺灣警察協會，1931），頁 478。

《臺日新辭書》中沈酒〔註120〕就是《民俗臺灣》中提及的酒釀，而無論以紅麴或白麴釀製的沈酒皆是以糯米爲原料〔註121〕，顯見酒釀的營養相當豐富，而《民俗臺灣》強調紅酒釀的歲時進補，紅麴以糯米爲原料而特許白麴僅以飯米爲原料，當中糯米與飯米的營養成分差異，代表紅酒釀的營養必定高於白酒釀。

糯米沈是一種糯米用量相當高的酒類，因此呈現甜味高於其他酒類，這是符合米多則酒甜的原則，糯米沉在酒造稅之後，隨著酒麴管制實施，不論紅酒沉與白酒沉民家都不能自行製作，須向店家購買，至酒類專賣實施後，民間不得釀酒僅能向官營酒廠購置，酒釀不在生產之列，自然無從購得，因此現今在歲時進補中，紅雞酒與紅酒釀不曾見過，這轉變的發生與紅麴管制有著必然的關係。

四、冬季歲時禮俗

臺灣傳統冬季歲時禮俗中，有運用到紅麴相關的飲食的時機是農曆十月十五的下元、農曆十一月的冬至、農曆十二月二十四的送神以及農曆十二月三十的除夕。

下元爲水官祝壽，其規格與天官、地官相同，與之日期相近的謝平安則是感謝土地神庇佑得以豐收，冬至祭祖所用的米圓，代表一年豐收以及一家團圓，送神之日以清圓爲供以爲祈福，除夕時圍爐飲紅酒以表喜慶。

表4-6、冬季禮俗紅麴運用表

節　日	圓仔	龜粿	桃粿	麵龜	麵桃	紅圓	米糕	糟肉	紅酒
下元	●	●	●						●
冬至	●	●							
送神	●								
除夕									●

資料來源：筆者整理製表。

〔註120〕東方孝義，《臺日新辭書》（台北：臺灣警察協會，1931），頁564。
〔註121〕東方孝義，《臺日新辭書》（台北：臺灣警察協會，1931），頁616。

（一）下元

農曆十月十五日是下元，在臺灣習俗中有城隍厲祭、水官聖誕以及謝平安的儀式，此一歲時禮俗成形比較晚，可算是臺灣本土產的歲時禮俗，也是休憩意味濃重的年節，它是結合了晚冬豐收代表整年經濟寬裕的喜悅、對土地神明庇佑的感謝以及神明祝壽的戲曲娛樂的產物，祝壽的龜粿以及酬謝儀式圓滿的圓仔，在這個時節必然不會缺席。

1. 乾隆 17 年《重修臺灣縣志》「府縣學、崇聖祠、文廟、社稷、山川等壇祠春秋二祭，並上中下元厲祭，共銀一百九十六兩二銀錢。」〔註 122〕
2. 道光 12 年《噶瑪蘭廳志》「十月十五日，各家焚香，備牲醴、燒金紙，作三界壽。蓋以上元爲天官，中元爲地官，下元爲水官。」〔註 123〕
3. 道光 16 年《彰化縣志》「其以正月、七月、十月之望爲三元日，則自北魏始。蓋其時尊信道士寇謙，襲取張氏之説，而配以首月，爲之節候耳。今臺俗不知三官所由來，而家家祀之，且稱爲三官大帝。以上元爲天官誕，則曰天官賜福；以中元爲地官誕，則曰地官赦罪；以下元爲水官誕，則曰水官解厄。謬妄相沿，牢不可破。故考其由來，祀三官者，知三官之所自始也。」〔註 124〕
4. 光緒 19 年《新竹縣志初稿》「十月十五日爲下元，家備牲醴祀三官大帝。城莊揚旗擊鼓，弦歌載道，恭迎東嶽神像；其著紙枷相隨者，與七月十五例同。」〔註 125〕
5. 光緒 21 年《安平縣雜記》「十月十五日，下元，水官誕・人家多備饌盒、燒紙慶祝。」〔註 126〕

〔註 122〕清・王必昌，《重修臺灣縣志》（《臺灣文獻叢刊》第 113 種，台北：臺灣銀行，1961），卷 4，頁 129。

〔註 123〕清・陳淑鈞，《噶瑪蘭廳志》（《臺灣文獻叢刊》第 160 種，台北：臺灣銀行，1963），卷 5，頁 193。

〔註 124〕清・周璽，《彰化縣志》（《臺灣文獻叢刊》第 156 種，台北：臺灣銀行，1962），卷 5，頁 159。

〔註 125〕清・鄭鵬雲，《新竹縣志初稿》（《臺灣文獻叢刊》第 061 種，台北：臺灣銀行，1959），卷 5，頁 180。

〔註 126〕清・佚名，《安平縣雜記》（《臺灣文獻叢刊》第 052 種，台北：臺灣銀行，1959），

6. 1915《臺灣》「水官菩薩の聖誕日（下元又俗に三界公生といふ）早朝卓子を天公燈下（普通臺灣人の家には天井より一對の提燈を下げ天公燈といふ。）に案排し五牲、紅龜を供へ香を上り燭を點し金紙を燒き爆竹を放ち劇を演じ以て平安ならんとを祈る。」〔註127〕

在《重修臺灣縣志》中，官方冬季城隍厲祭從農曆十月一日改成農曆十月十五日，這項改變與民間稻作季節有關，在晚冬收割完畢之後進行，這也是考量經費與人力的情況所做的調整，而下元水官聖誕祭祀從道光年間開始出現。

水官祭祀規格與天公生相同，採用五牲、酒醴與紅龜粿並且請戲酬神，以祈求平安，「謝平安」儀式在光緒年間的《雲林縣采訪冊》以及《嘉義管內采訪冊》開始出現，「冬至前後自十月至十一、二月，村莊皆演劇酬神曰謝平安。」〔註128〕謝平安又稱冬尾戲也是酬謝土地神明的活動，其舉行時間與下元重疊並且是在晚冬收成之後，而在上元與中元會有公廟建醮演戲，此時下元當然不例外，因此水官聖誕與冬尾戲是合一的儀式，既然是醮典活動，圓仔的運用也是必然。

透過水官聖誕的醮典祈求平安，演戲酬神之外也是慰勞眾人一年辛勞，也是在豐收之後眾人才有餘力，進行籌錢請戲娛神娛人。

（二）冬至

根據《臺灣文獻叢刊》的資料，臺灣冬至以米圓祭祀的習俗，從清領時期開始就有記載，《臺灣府志》資料所述冬至製作圓仔祭祖，並以圓仔進行餉耗活動，以敬家中器具的神明，慰勞器物一年的付出令生活舒適，在《噶瑪蘭廳志》中米圓是以紅麴染色與半年丸一致，因此冬至米圓運用紅麴的年代，應該與半年丸是並無二致，是在清領時期開始就已經是生活中的習俗。

冬至是太陽曆的節氣，與太陰曆的配對大約是在十月下旬到十一月中旬，其規律不易掌握，冬至此節氣所呈現的特徵在日照時間的差異，是夜最長日最短的一日，若就陰陽的論點則是陰極盛則陽氣升的轉捩點，也代表新

節令，頁7。

〔註127〕武內貞義，《臺灣》（台北：臺灣日日新報，1915），卷，頁616。

〔註128〕清・倪贊元，《雲林縣采訪冊》（《臺灣文獻叢刊》第37種，台北：臺灣銀行，1959），斗六堡，頁27。

周期的開始，這個觀點應該是古代三正曆法的殘留，新的一年祭祖相當重要，除此之外，冬至也是四時祭祖中的冬祭，而圓仔是此年節重要的祭祀供品。

1. 康熙 24 年《臺灣府志》「冬至，以米粉作丸，遍祀群神及家先，合長幼團圓而食之，謂之『亞歲』。」〔註 129〕

2. 康熙 35 年《臺灣府志》「冬至，人家作米丸祀眾神及祖先，舉家團圞而食之，謂之『添歲』；即古所謂『亞歲』也。門扉器物各粘一丸其上，謂之『餉耗』。是日，長幼祀祖、賀節，略如元旦。」〔註 130〕

3. 康熙 59 年《台灣縣志》「十一月冬至，致祭祠宇，張燈演戲，與二月十五日同；謂之『祭冬』。家各磨米爲丸，祀先祭神，闔家皆食，謂之『添歲』。凡百器物，各黏一丸於上，謂之『餉耗』。」〔註 131〕

4. 道光 12 年《噶瑪蘭廳志》「冬至節，家家搗米粉爲湯圓，祭神祀先之後，各黏一丸於門棖，謂之餉耗。小兒女和紅麴諸色，作花、鳥、人物狀，以相誇耀。」〔註 132〕

冬至是在二期稻作收成之後的年節，農家呈現休息的狀態，挨粿的時間比較多不會匆忙，挨粿其實指的是以石磨磨糯米或飯米成漿，漿汁入粿袋後擠壓去除水分，形成濕潤的糯米粉或飯米粉，此型態是製作各式米製糕粿的主要原料，如圓仔、龜粿、菜頭粿、甜粿、發粿都需要經過此一程序。

在《民俗臺灣》中「冬至：要做紅白二種顏色的湯圓，其中有十二顆雞蛋大的，稱爲圓仔母，紅白各六顆。」〔註 133〕冬至圓仔與其他節日的圓仔有所不同，此一節日全家共食圓仔，寓意一年圓滿、全家團圓以及年歲的增加。

〔註 129〕清・蔣毓英，《臺灣府志》（《臺灣文獻叢刊》，南投：文獻會，1993），卷 6，頁 106。

〔註 130〕清・高拱乾，《臺灣府志》（《臺灣文獻叢刊》第 065 種，台北：臺灣銀行，1960），卷 7，頁 192。

〔註 131〕清・陳文達，《臺灣縣志》（《臺灣文獻叢刊》第 103 種，台北：臺灣銀行，1961），輿地志一，頁 64。

〔註 132〕清・陳淑鈞，《噶瑪蘭廳志》（《臺灣文獻叢刊》第 160 種，台北：臺灣銀行，1963），卷 5，頁 193。

〔註 133〕林川夫編，〈臺灣吃的習俗資料——出於台北艋舺〉《民俗臺灣》第七輯（台北：武陵，1991），頁 201。

圖 4-4、挨粿〔註 134〕

（三）送神

根據《嘉義管內采訪冊》的資料，送神之後的送年餽贈是以甜粿、紅柑、雞鴨，餽贈之物必然自家會預留以備年節所用，而甜粿包含的項目極多，有米圓、龜粿、糖粿（發粿）等，而《臺灣通史》提及歲時禮俗必食米圓，而送神的主要意義是整理家庭環境，具送舊迎新之意義，再配合《臺灣民間祭祀禮儀》的紀錄「用甜湯圓、糖果是希望諸神隱惡揚善。」〔註 135〕，因此送神之日會運用米圓。

1. 康熙 35 年《臺灣府志》「臘月二十四日，各家拂塵。俗傳百神將以是夕上閶闔謁帝，凡神廟及人家各備儀供養，併印幡幢、輿馬儀從於楮上焚而送之，謂之『送神』。」〔註 136〕
2. 乾隆 36 年《澎湖紀略》「臘月二十四日，謂之小除。各家掃舍宇、

〔註 134〕立石鐵男，〈民俗圖繪（15）〉，《民俗臺灣》，第 2 卷，第 10 期，1942 年 10 月，頁 27。

〔註 135〕徐福全，《臺灣民間祭祀禮儀》（新竹：新竹社教館，1996），頁 208。

〔註 136〕清・高拱乾，《臺灣府志》(《臺灣文獻叢刊》第 065 種，台北：臺灣銀行，1960)，卷 7，頁 192。

備牲醴果品，又置紙幡幢車馬舟楫之類，與楮帛同焚而送之；謂是日爲送神節，言竈君於是日上天見天帝云。」〔註 137〕

3. 乾隆 39 年《續修臺灣府志》「紙馬幢幡送竈神，山肴野簌雜前陳；廚門長幼交羅拜，頻祝休言辣臭辛（臘月二十四夜，備幢幡、輿馬、儀從於楮焚而送之，謂之送神。設肴果於竈前，合家男女拜祝曰：『甘辛臭辣，灶竈君莫言』）。」〔註 138〕

4. 道光 16 年《彰化縣志》「十二月廿四日，備紙輿馬祀神曰送神。前一、二日，家掃塵埃，以期潔淨，取革故鼎新之意，謂歲將更始也。」〔註 139〕

5. 光緒 22 年《嘉義管內采訪冊》「十二月二十四日，送神。家備牲醴祀神，燒金紙，另以一張印輿馬在紙上，曰『雲馬』。同金紙燒化．家家各掃淨屋宇塵埃，謂歲將更新也。親朋戚友，備甜粿、紅柑、雞鴨等物相贈．農家以土產之物相饋。俗曰『送年』。」〔註 140〕

6. 1918 年《臺灣通史》「稻之糯者爲朮，味甘性潤，可以磨粉，可以釀酒，可以蒸糕。臺人每逢時歲慶賀，必食米丸，以取團圓之意，則以糯米爲之也。端午之粽，重九之粢，冬至之包，度歲之糕，亦以糯米爲之。蓋臺灣產稻，故用稻多也。」〔註 141〕

農曆十二月二十四是小年夜，舉行送神的儀式，送灶神是受重視活動，其文化意義清潔家中一切，令來年居家環境舒適，而灶腳是煙垢最多，而灶更是其中之最，也是最難完全清理，因此希望灶神能隱家中惡、揚家中善，俗話說「吃人嘴軟，拿人手短」期望以甜食祭祀灶神，可多說好話，更有在

〔註 137〕清・胡健偉，《澎湖紀略》（《臺灣文獻叢刊》第 109 種，台北：臺灣銀行，1961），卷 7，頁 157。

〔註 138〕清・余文儀，《續修臺灣府志》（《臺灣文獻叢刊》第 121 種，台北：臺灣銀行，1962），卷 26，頁 985。

〔註 139〕清・周璽，《彰化縣志》（《臺灣文獻叢刊》第 156 種，台北：臺灣銀行，1962），卷 9，頁 287～288。

〔註 140〕清・佚名，《嘉義管內采訪冊》（《臺灣文獻叢刊》第 058 種，台北：臺灣銀行，1959），斗六堡，頁 27。

〔註 141〕清・連雅堂，《臺灣通史》（《臺灣文獻叢刊》第 128 種，台北：臺灣銀行，1963），卷 23，頁 605。

祭祀灶神時，直接將糖密塗抹在灶神圖像的嘴巴的行爲。

送眾神回天庭的日子，而灶神是家中器具的神祇，需要另行祭拜，受到此一規格的禮遇可見其重要，這與一日三餐皆須透過它完成，並須承受火烤、煙燻以及炭灰，是勞苦功高的器具神祇，而家中最難清理的區域也在此日清理完畢，因此以清圓祭祀以示灶神辛苦且圓滿的完成工作，同時慶賀艱鉅工作的完成。

（四）除夕

農曆十二月三十日是除夕，全家圍爐守歲，除夕準備糖粿（年糕）祭祖，而在祭祖之後，圍爐之時不分男女老幼一同食饌飲酒並且守歲，一夜狂歡以慶賀一年平安、犒賞一年辛勞，紅酒的飲用是必然的情況，而在寒冷的冬夜中飲酒亦是養生的舉動，保持身體的溫熱並驅除體內濕氣，以保身體的強健。

1. 康熙 24 年《臺灣府志》「是夕，各門外爆竹聲傳，謂之『辭歲』。設酒殽，一家老少合坐而食，謂之『圍爐』。蓋終歲之勞，一夕之歡，皆係內地人民流寓到臺，則與內地相彷彿云。」〔註 142〕
2. 康熙 56 年《諸羅縣志》「是夕祀先禮神，響爆竹以辭歲。焚香張燈，圍爐飲酒，坐以待曙。」〔註 143〕
3. 康熙 59 年《臺灣縣志》「除夕，備牲醴粿羞，張燈爆竹，祀先祭神，曰『辭年』。既畢，合家團飲，曰『守歲』。」〔註 144〕
4. 康熙 59 年《鳳山縣志》「是夕祀先、禮神，謂之『辭年』。祭畢，舉家擁爐飲酒，謂之『守歲』；爆竹之聲不絕焉。」〔註 145〕
5. 1901 年《臺灣慣習記事》「視客人饗以年糕及酒肴。酒多爲紹興酒、紅酒、氣酒等，菜肴則以小碟盛豬、雞、鴨、魚等肉充

〔註 142〕清・蔣毓英，《臺灣府志》(《臺灣文獻叢刊》，南投：文獻會，1993)，卷 6，頁 106～107。

〔註 143〕清・周鍾瑄，《諸羅縣志》(《臺灣文獻叢刊》第 141 種，台北：臺灣銀行，1962)，卷 8，頁 153。

〔註 144〕清・陳文達，《臺灣縣志》(《臺灣文獻叢刊》第 103 種，台北：臺灣銀行，1961)，輿地志一，頁 64。

〔註 145〕清・陳文達，《鳳山縣志》(《臺灣文獻叢刊》第 124 種，台北：臺灣銀行，1961)，卷 7，頁 87。

之。」〔註 146〕

6. 1908 年〈宜街酒況〉「查紅酒爲宜地農家之嗜好，每至晚獲收竣，農民預籌多少爲旨酒製額，是以紅酒之醇洌獨冠於他處。」〔註 147〕

7. 1911 年〈製酒狀況〉「宜蘭製酒公司，際此舊曆歲暮，銷售頗多，自前日來釀造澤鹿酒、双料酒、紅酒以供販賣，十分忙碌，如頭圍羅東兩處製造場，目下晝夜釀造，每日購買之人，接踵而至，該組合幾有應接不暇之勢云。」〔註 148〕

8. 1928 年〈紅酒大缺〉「臺南專賣支局，一月中煙酒銷售，爲値舊正前後，故其成績，大見良好，較諸去年，加約成餘，第一種老紅酒，邇來需要激增雖當局傾全力製造，猶不能充分供給，近更時常間斷，現每次到著，皆須依從前賣行標準分配，而紅煙亦然，日來郡部，紅酒殆已售罄，一般酒徒，頗爲所苦。」〔註 149〕

蔣毓英《臺灣府志》所記載，當時臺灣的酒類是氣酒、老酒以及番仔酒，臺灣漢人所飲用的酒與日治初期的酒品變化不大，因此清領初期，除夕圍爐闔家共飲，必有紅酒的使用，而圍爐待天明其目的是元旦的子時祭拜，以迎接新年的第一刻，臺灣俗諺：「初一早，初二早，初三睡到飽。」也就是描述除夕到元旦這一個夜晚的守歲以及爲清晨祭祀做準備。

根據《臺灣慣習記事》的資料表示元旦宴客會使用紅酒款待客人，而前一夜守歲時，自家人飲用紅酒對自己人好一點並不爲過，此夜是慰勞親人一年辛勞的日子、慶賀親人一年平安的時刻。

《漢文臺灣日日新報》〈宜街酒況〉顯現酒造稅之前，農民在晚冬收成之後預備釀酒的舉措，從預留糯米以供釀紅酒代表紅酒的重要性高過糧食，因此明確的了解到紅酒在民家生活當中的重要，以及《漢文臺灣日日新報》〈製酒狀況〉呈現酒造稅之後、酒專賣之前製酒業在農曆年前忙於應付酒類需求的景況，《臺灣日日新報》〈紅酒大缺〉報導顯示農曆新年期間前後，民間對

〔註 146〕劉寧顏編，《臺灣慣習記事》（南投：台灣省文獻會，1984）第一卷（上），頁 19。

〔註 147〕〈宜街酒況〉，《臺灣日日新報》（漢文版），1908-02-07。

〔註 148〕〈製酒狀況〉，《臺灣日日新報》（漢文版），1911-01-22。

〔註 149〕〈紅酒大缺〉，《臺灣日日新報》（日文版），1928-02-05。

紅酒的需求是相當大。

日治時期的四筆資料，分別是酒稅實施前、酒造稅實施、酒專賣執行三個時期，反映紅酒在臺灣年節的需求相當大，可想見紅酒在臺灣習俗中是重要的項目之一。

第五章　結　論

「文化」二字的定義必須包含物質層面、制度層面以及精神層面，而紅麴這項物品皆符合，因此形成所謂的紅麴文化，紅麴文化是米文化的一個次級文化，並且可將紅麴文化再細分成紅酒文化叢以及紅糟文化叢，由此可知紅麴文化的內涵是相當豐富深厚，日治時期的管制導致飲食品質的嚴重低落，以及價格持續的攀升，導致紅酒被米酒取代，產生紅酒在民間幾乎失去養生功能以及其符合慶典氣氛的顏色也消失。

長榮大學臺灣研究所莊惠惇教授表示：「我曾閱讀法國社會學家 Michel de Certeau 獲得一些啓發，他在研究日常生活中文化的演練時提到，被殖民者爲了與政治社會結構對抗，必然會找到維持生計的策略（tactics），以至發明一些物質文化；那些看起來只是湊合著用（making do）的物質文化，其實反映著底層的生活智慧，更是人民已沉默的方式反抗霸權的展現。」〔註 1〕

臺灣紅麴文化在清領時期有著多元的發展，在日治時期面對制度的轉變，產生紅麴運用的改變以及民俗文化的調整，臺灣紅麴文化的轉變，正如法國社會學家 Michel de Certeau 所言，以沉默的方式反抗霸權，其方式是以調整次級文化物質，以延續主流文化，從中也發現執政者在經濟與文化中矛盾的抉擇。

日治時期實施多項專賣制度，其中酒專賣對人民生活影響最深遠，鹽專賣管控了鹽的製造與買賣，但生活上鹽的用量有限、用途不廣，鴉片專賣影響的人數有限，並且是富有人家爲主要族群，此政策是掌握使用毒品人數，

〔註 1〕莊惠惇，〈原味菜市場——現代與後現代飲食文化的交織〉，《國文天地》，第 29 卷第 4 期，2013 年 09 月，頁 40。

菸葉專賣影響也有限，菸品是高價物品，不是一般人會經常使用，樟腦專賣掌握重要工業原料，對人民生活更是無直接的改變，此四項專賣透過總督府管控以達品質一致，對人民禮俗生活不造成阻礙並且增進稅收，因此在日治初期就實施。

日治時期酒稅徵收均有其時空背景，不論酒稅或麴稅中日歷史皆有，對人民生活方式或形式不會造成重大改變，但酒專賣卻是影響深遠，臺灣的禮俗生活中酒是重要品項，從舊慣調查的資料中可知，酒在臺灣禮俗生活中的地位是相當清楚，麴在臺灣日常生活中是不可或缺的，糟在臺灣常民生活是無所不在的，因此酒的專賣在日治中期才因國際情勢轉變而實施。

賀來總務長官的財政專業應該給予肯定，在面對一次大戰爆發後，立即掌握到財政上的難處，田健治總督幾度掙扎不願碰觸酒專賣，但形勢比人強不得不低頭，就執政者的能力而言，是具有遠見以及堅持，此時經濟與文化的權衡有著不得不的原由。

酒造稅與酒專賣的實施，確實對臺灣紅麴文化產生改變，酒造稅造成釀酒技術的逐漸流失，酒造稅與酒專賣形成酒糟漬物製作傳統的消失，因紅麴管制產生了紅麴地下化，以及禮俗飲食中添加物的改變，這些物質與技法層面的改變直接影響到傳統生活觀念。

清領與日治初期臺灣人民自給自足與克勤克儉是日常生活的核心價值，這些核心價值在酒造稅與酒專賣制度中漸漸流失，民家自行釀酒此一自給自足行爲被改變，民家酒糟漬物的運用是克勤克儉的舉動也被改變，或被保留在少數家庭的角落並且因非法而不能張揚。

在清領與日治初期，臺灣民家在喜慶中，烹調雞酒以紅酒爲主要液體，紅酒是具備喜悅的文化意義並且有養生能力，漸漸的紅酒被蒸餾米酒取代，雞酒所顯現的紅酒文化也逐漸消失，臺灣禮俗的祭祀運用紅酒敬神，以呈現最大誠意，也隨著酒專賣實施之後，被價格較爲低廉的米酒取代。

紅糟是一種養生物，紅糟肉是將三層肉以紅糟醃漬；目的在軟化纖維、轉化脂肪，在田調中發現紅糟肉也可稱紅燒肉，但市面上不常見，而有店家表示以紅糟醃漬的商人很少見，多以染料代之，這現象與紅糟這項重要原料取得不易有關。

麵、粿以及糟肉中染色以及發酵的添加物，由原本的紅糟改成只剩染色能力的紅花米或紅番米，而這類染色物原料原先是藥用植物，漸漸被染色植物取代，添加物從釀酒剩餘物並且多功效，變成經由提煉藥用植物而成的染色物質，最後由一般染色植物提煉而成的物質，這樣的改變顯現了飲食品質低落，同時也代表飲食所具備的養生能力不再完整，而麵、粿以及糟肉所呈現的紅糟文化也伴隨不再明顯。

紅酒與糕粿是禮俗活動中必然出現的品項，是分福與食福的重點，更是人際關係互動中重要禮品，隨著麥食文化的快速進入，以及米食文化的逐漸被取代，造成社交活動中禮物項目的改變，如紅酒被黃酒取代、粿品被糕餅取代，這些課題還有待了解。

紅酒是一種養生物，酒專賣實施之後，紅酒從再製酒逐漸的成爲混成酒，成爲蒸餾酒爲主的物品，紅麴只是染色物，失去釀造酒所具備的大量營養物質，從台南官田隆田酒廠的展示資料得知，釀造酒經長期發酵是液體蛋糕，釀造酒經短期發酵是液體麵包，釀造酒是營養價值極高的酒類，而蒸餾酒的營養價值是比不上的。

自日治時期酒專賣實施之後，造成臺灣紅麴文化的傳統技藝流失，酒專賣在臺灣實施近八十年，日治實施二十多年而國民政府實施五十多年，而移風易俗不是一朝一夕能形成的，因此這歷史責任該由創立者承擔或是延續者負責，這是有待釐清的課題，本文著重在日治時期的轉變，至於 1949 之後，紅露酒成爲紅酒代名詞，但爲何有「八年紅老酒」的裝瓶銷售，其中代表的涵義爲何？紅露酒銷售下滑終至樹林酒廠被整併，下滑的因素爲何？尚待後續的研究，待他日深入探討了解。

參考書目

一、專書

（一）中文

1. 漢・鄭玄注，唐・賈公彥，《周禮注疏》（《景印文淵閣四庫全書》第 90 冊，台北：臺灣商務，1983～1986）。
2. 晉・嵇含，《南方草木狀》（《景印文淵閣四庫全書》第 589 冊，台北：臺灣商務，1983～1986）。
3. 後魏・賈思勰，《齊民要術》（《景印文淵閣四庫全書》第 730 冊，台北：臺灣商務，1983～1986）。
4. 宋・葉庭珪，《海錄碎事》（《景印文淵閣四庫全書》第 921 冊，台北：臺灣商務，1983～1986）。
5. 宋・李昉，《太平御覽》（《景印文淵閣四庫全書》第 893～901 冊，台北：臺灣商務，1983～1986）。
6. 宋・陶穀，《清異錄》（《景印文淵閣四庫全書》第 1047 冊，台北：臺灣商務，1983～1986）。
7. 宋・朱翼中，《北山酒經》（《景印文淵閣四庫全書》第 844 冊，台北：臺灣商務，1983～1986）。
8. 宋・蘇轍，《欒城後集》（《景印文淵閣四庫全書》第 1112 冊，台北：臺灣商務，1983～1986）。
9. 宋・蘇軾，《東坡全集》（《景印文淵閣四庫全書》第 1107-1108 冊，台北：臺灣商務，1983～1986）。
10. 宋・李之儀，《姑溪居士後集》（《景印文淵閣四庫全書》第 1120 冊，台北：臺灣商務，1983～1986）。

11. 宋・莊綽，《雞肋編》（《景印文淵閣四庫全書》第 1039 冊，台北：臺灣商務，1983～1986）。
12. 宋・黃震，《黃氏日抄》（《景印文淵閣四庫全書》第 707～708 冊，台北：臺灣商務，1983～1986）。
13. 宋・吳氏《中饋錄》（《欽定古今圖書集成》第 88～90 冊，台北：鼎文，1976）。
14. 宋・陳元靚《新編纂圖增類羣書類要事林廣記》（《續修四庫全書》第 1218 冊，上海：上海古籍，2002）。
15. 宋・王十朋，《梅溪後集》（《景印文淵閣四庫全書》第 1151 冊，台北：臺灣商務，1983-1986）。
16. 宋・虞儔，《尊白堂集》（《景印文淵閣四庫全書》第 1154 冊，台北：臺灣商務，1983～1986）。
17. 元・佚名《居家必用事類全集》（《續修四庫全書》第 1184 冊，上海：上海古籍，2002）。
18. 元・忽思慧，《飲膳正要》（《續修四庫全書》第 1115 冊，上海：上海古籍，2002）。
19. 元・魯明善，《農桑衣食撮要》（《景印文淵閣四庫全書》第 730 冊，台北：臺灣商務，1983～1986）。
20. 元・趙文，《青山集》（《景印文淵閣四庫全書》第 1195 冊，台北：臺灣商務，1983～1986）。
21. 明・徐炬，《新鐫古今事物原始》（《續修四庫全書》第 1237～1238 冊，上海：上海古籍，2002）。
22. 明・宋應星，《天工開物》（《續修四庫全書》第 1115 冊，上海：上海古籍，2002）。
23. 明・繆希雍，《先醒齋廣筆記》（《景印文淵閣四庫全書》第 775 冊，台北：臺灣商務，1983～1986）。
24. 明・方以智《物理小識》（《景印文淵閣四庫全書》第 867 冊，台北：臺灣商務，1983～1986）。
25. 明・董紀，《西郊笑端集》（《景印文淵閣四庫全書》第 1231 冊，台北：臺灣商務，1983～1986）。
26. 明・李時珍，《本草綱目》（《景印文淵閣四庫全書》第 772～774 冊，台北：臺灣商務，1983～1986）
27. 明・方孝孺，《遜志齋集》（《景印文淵閣四庫全書》第 1235 冊，台北：臺灣商務，1983～1986）。
28. 明・邵寶，《容春堂集續集》（《景印文淵閣四庫全書》第 1258 冊，台北：臺灣商務，1983～1986）。

29. 清，《皇朝文獻通考》(《景印文淵閣四庫全書》第 632～638 冊，台北：臺灣商務，1983～1986)。
30. 清・郝玉麟，《福建通志》(《景印文淵閣四庫全書》第 527～530 冊，台北：臺灣商務，1983～1986)。
31. 清・謝旻，《江西通志》(《景印文淵閣四庫全書》第 513～518 冊，台北：臺灣商務，1983～1986)。
32. 清・徐倬，《御定全唐詩》(《景印文淵閣四庫全書》第 1472～1473 冊，台北：臺灣商務，1983～1986)。
33. 清・盧之頤，《本草乘雅半偈》(《景印文淵閣四庫全書》第 779 冊，台北：臺灣商務，1983～1986)。
34. 清・查愼行，《敬業堂詩集》(《景印文淵閣四庫全書》第 1326 冊，台北：臺灣商務，1983～1986)。
35. 清・蔣毓英，《臺灣府志》(《臺灣文獻叢刊》，南投：文獻會，1993)。
36. 清・丁紹儀，《東瀛識略》(《臺灣文獻叢刊》第 002 種，台北：臺灣銀行，1957)。
37. 清・黃叔璥，《臺海使槎錄》(《臺灣文獻叢刊》第 004 種，台北：臺灣銀行，1957)。
38. 清・藍鼎元，《東征集》(《臺灣文獻叢刊》第 012 種，台北：臺灣銀行，1958)。
39. 清・丁日健，《治臺必告錄》(《臺灣文獻叢刊》第 017 種，台北：臺灣銀行，1959)。
40. 清・李元春，《臺灣志略》(《臺灣文獻叢刊》第 018 種，台北：臺灣銀行，1958)。
41. 清・唐贊袞，《臺陽見聞錄》(《臺灣文獻叢刊》第 030 種，台北：臺灣銀行，1958)。
42. 清・不著撰人，《臺案彙錄甲案》(《臺灣文獻叢刊》第 031 種，台北：臺灣銀行，1959)。
43. 清・吳子光，《臺灣紀事》(《臺灣文獻叢刊》第 036 種，台北：臺灣銀行，1959)。
44. 清・倪贊元，《雲林縣采訪冊》(《臺灣文獻叢刊》第 037 種，台北：臺灣銀行，1959)。
45. 清・佚名，《安平縣雜記》(《臺灣文獻叢刊》第 052 種，台北：臺灣銀行，1959)。
46. 清・佚名，《嘉義管內采訪冊》(《臺灣文獻叢刊》第 058 種，台北：臺灣銀行，1959)。

47. 清・鄭鵬雲，《新竹縣志初稿》（《臺灣文獻叢刊》第 061 種，台北：臺灣銀行，1959）。
48. 清・高拱乾，《臺灣府志》（《臺灣文獻叢刊》第 065 種，台北：臺灣銀行，1960）。
49. 清・林焜煌，《金門志》（《臺灣文獻叢刊》第 080 種，台北：臺灣銀行，1960）。
50. 清・陳壽祺，《福建通志臺灣府》（《臺灣文獻叢刊》第 084 種，台北：臺灣銀行，1960）。
51. 清・六十七，《番社采風圖考》（《臺灣文獻叢刊》第 090 種，台北：臺灣銀行，1961）。
52. 清・柯培元，《噶瑪蘭志略》（《臺灣文獻叢刊》第 092 種，台北：臺灣銀行，1961）。
53. 清・周凱，《廈門志》（《臺灣文獻叢刊》第 095 種，台北：臺灣銀行，1961）。
54. 清・陳文達，《臺灣縣志》（《臺灣文獻叢刊》第 103 種，台北：臺灣銀行，1961）。
55. 清・范咸，《重修臺灣府志》（《臺灣文獻叢刊》第 105 種，台北：臺灣銀行，1961）。
56. 清・胡健偉，《澎湖紀略》（《臺灣文獻叢刊》第 109 種，台北：臺灣銀行，1961）。
57. 清・王必昌，《重修臺灣縣志》（《臺灣文獻叢刊》第 113 種，台北：臺灣銀行，1961）。
58. 清・余文儀，《續修臺灣府志》（《臺灣文獻叢刊》第 121 種，台北：臺灣銀行，1958）。
59. 清・陳文達，《鳳山縣志》（《臺灣文獻叢刊》第 124 種，台北：臺灣銀行，1961）。
60. 清・連雅堂，《臺灣通史》（《臺灣文獻叢刊》第 128 種，台北：臺灣銀行，1963）。
61. 清・蔣師徹，《臺灣通志》（《臺灣文獻叢刊》第 130 種，台北：臺灣銀行，1961）。
62. 清・周鍾瑄，《諸羅縣志》（《臺灣文獻叢刊》第 141 種，台北：臺灣銀行，1962）。
63. 清・王瑛增，《重修鳳山縣志》（《臺灣文獻叢刊》第 146 種，台北：臺灣銀行，1962）。
64. 清・周璽，《彰化縣志》（《臺灣文獻叢刊》第 156 種，台北：臺灣銀行，1962）。

65. 清・陳淑鈞，《噶瑪蘭廳志》(《臺灣文獻叢刊》第 160 種，台北：臺灣銀行，1963)。
66. 清・連雅堂，《雅言》(《臺灣文獻叢刊》第 166 種，台北：臺灣銀行，1963)。
67. 清・陳培桂，《淡水廳志》(《臺灣文獻叢刊》第 172 種，台北：臺灣銀行，1963)。
68. 清・邱文鸞，《臺灣旅行記》(《臺灣文獻叢刊》第 211 種，台北：臺灣銀行，1965)。
69. 林進發，《臺灣統治史》(臺北：民眾公論社，1935)。
70. 陳君愷，《狂飆的年代：1920 年代臺灣的政治、社會與文化運動》(台北：日創社，2006)。
71. 蔡錦堂，《戰爭體制下的臺灣》(台北：日創社，2006)。
72. 林川夫，《民俗臺灣》(台北：武陵，1990～1991)，第 1～7 輯。
73. (日)臺灣慣習研究會、劉寧顏編，《臺灣慣習記事》(台中：台灣省文獻會，1984)，第 1～7 卷。
74. 徐福全，《臺灣民間祭祀禮儀》(新竹：新竹社會教育館，1995)。
75. 徐福全，《臺灣民間傳統喪葬儀節研究》(台北：徐福全，1999)。
76. 林滿紅，《茶、糖、樟腦業與臺灣之社會經濟變遷：1860～1895》(《臺灣研究叢刊》台北：聯經，1997)。
77. 王世慶，《清代臺灣社會經濟》(《臺灣研究叢刊》台北：聯經，1994)。
78. 簡榮聰，《臺灣粿印藝術：臺灣民間粿糕餅糖塔印模文化藝術之研究》(台北：漢光文化，1999)。
79. (日)片岡巖著、陳金田譯，《臺灣風俗誌》(台北：眾文，1980)。
80. 東方孝義，《臺日新辭書》(台北：臺灣警察協會，1931)。
81. (日)鈴木清一郎、馮作民，《增訂臺灣舊慣習俗信仰》(台北：眾文圖書公司，1989)。
82. 林寶卿編，《閩南方言與古漢語同源詞典》(廈門：廈門大學出版社，1998)。
83. (日)柳宗悅著、石建中譯，《民藝四十年》(桂林：廣西師範，2011)。
84. 李亦園，《信仰與文化》(台北：巨流，1978)。
85. 烏丙安，《民俗學原理》(瀋陽：遼寧教育，2001)。
86. 上海市糧油工業公司技校、上海市釀造科學研究所，《發酵調味品生產技術(中)》(北京：輕工業，1979)。
87. 黃克武編，《食巧毋食飽》(台北：中華飲食，2009)。

88. 王秋桂編，《飲食文化綜論》（台北：中華飲食，2009）。
89. 張珣編，《人神共歆》（台北：中華飲食，2009）。

（二）日文

1. 不詳，《佐久間久馬太》（台北：臺灣救濟團，1933）。
2. 今村儀一，《臺灣重要樹木造林各論》（台南：臺南州立嘉義農林學校，1931）。
3. 片岡巖編著，《臺灣風俗誌》（台北：臺灣日日新報，1921）。
4. 井出季和太，《臺灣治績誌》（台北：台灣日日新報社，1937）。
5. 田代安定，《臺灣街庄植樹要鑑》（台北：臺灣總督府民政部殖產課，1900）。
6. 池田敏雄，《臺灣の家庭生活》（台北：東都，1944）。
7. 杉山靖憲，《臺灣歷代總督之治績奥付》（東京：帝國地方行政會，1922）。
8. 杉本良，《專賣制度前の臺灣の酒》（東京：杉本良，1932）。
9. 拓南社，《拓南社農林業要錄》（不詳：拓南社，不詳）。
10. 武內貞義，《臺灣》（台北：臺灣日日新報，1914）。
11. 武內貞義，《臺灣》（台北：臺灣日日新報，1915）。
12. 武內貞義，《臺灣（改訂版）》（台北：新高堂，1927）。
13. 持地六三郎，《臺灣殖民政策》（台北：南天書局，1912）。
14. 梶原通好，《臺灣農民生活考》（台北：緒方武藏，1941）。
15. 福田要，《臺灣の資源と其經濟的價值（二）》（台北：新高堂，1922）。
16. 臺灣總督府研究所，《臺灣總督府研究所報告（第二回）》（台北：臺灣總督府研究所，1913）。
17. 臺灣總督府殖產局，《臺灣造林法》（台北：臺灣總督府殖產局，1913）。
18. 臺灣總督府殖產局林務課，《苗圃及造林實行法》（台北：臺灣總督府殖產局林務課，1915）。
19. 臺灣總督府警務局，《理蕃誌稿》（台北：臺灣總督府警務局，1918～1938），第1～4編。
20. 臺灣總督府營林局，《臺灣行道樹及市村植樹要鑑（上卷）》（台北：臺灣總督府營林局，1920）。
21. 臺灣總督府殖產局，《臺灣造林主木各論（前篇）》（台北：臺灣總督府殖產局，1921）。
22. 臺灣總督府專賣局，《臺灣酒類專賣法規（全）》（台北：臺灣總督府專賣局，1922）。

23. 臺灣總督府殖產局，《臺灣造林主木各論（後篇）》（台北：臺灣總督府殖產局，1923）。
24. 臺灣總督府專賣局，《臺灣酒專賣史（上、下）》（台北：臺灣總督府專賣局，1941）。

二、期刊論文

（一）中文

1. 王世慶，〈海山史話（上）——三峽及樹林鎮〉，《臺北文獻》，第37期，1976年09月。
2. 宋錦秀，〈臺灣傳統安胎暨「胎神」的觀念〉，《臺灣史研究》，第3卷第2期，1996年12月。
3. 范雅鈞，〈日治時期臺灣專賣制度的推行與影響〉，《臺灣學通訊》，第45期，2010年09月。
4. 潘子明，〈創造古寶的新價值——紅麴〉，《科學發展》，441期，2009年9月。
5. 鄭安晞，《日治時期蕃地隘勇線的推進與變遷（1895～1920）》（國立政治大學民族研究所博士論文，指導教授: 許雪姬，2010）。
6. 鍾淑敏，〈賀來佐賀太郎〉，《臺灣學通訊》，第45期，2010年09月。
7. 簡榮聰，〈臺灣民間「掯豢」淺探〉，《臺灣文獻》，第41卷第3/4期，1990年12月。
8. 簡榮聰，〈臺灣民間掯豢再探〉，《臺灣文獻》，第46卷第4期，1995年12月。
9. 簡榮聰，〈臺灣「原始」傳說與海洋文化的類緣關係（上）（下）〉，《臺灣源流》，第6期～第7期，1997年06月～1997年09月。
10. 簡榮聰，〈臺灣土地信仰面面觀〉，《臺灣史蹟》，第39期，2001年12月。
11. 簡榮聰，〈臺灣民間醮典文化〉，《臺灣月刊》，第253期，2004年01月。

（二）日文

1. 〈例規——問稅〉，《財海》，第24期，1908年5月。
2. 藤本鐵治，〈臺灣酒の研究一斑1～11〉，《財海》，第16期～第28期，1907年9月～1908年9月。
3. 藤本鐵治，〈臺灣酒の研究一斑補遺2～8〉，《財海》，第34期～第40期，1909年3月～1909年10月。
4. 嗜酒生，〈研究〉，《臺灣稅務月報》，第19期，1911年7月。
5. 上村次郎，〈簡易財務用語21～30〉，《語苑》，第9卷第四期～第10卷第 1 期，1916 年 4 月～1917 年 1 月。
6. 佐佐木舜一，〈蘇木臺灣に產す〉，《臺灣博物學會會報》，第 6 卷第 24 期，1916 年 7 月。
7. 田澤震五，〈本島に於ける酒類工業〉，《臺灣商工月報》，第 89 期～第 91 期，1916 年 9 月～1916 年 11 月。
8. 東方孝義，〈臺灣ヮ風俗 1～6〉，《語苑》，第 12 卷第 5 期～第 12 卷第 11 期，1919 年 05 月～1919 年 11 月。
9. 東方孝義，〈臺灣風俗 1～26〉，《語苑》，第 18 卷第 1 期～第 20 卷第 12 期，1925 年 1 月～1927 年 12 月。
10. 山田金治，〈和蘭人により高雄州屏東郡竝に潮州郡管內蕃地に齊らせられたる蒲葵〉，《臺灣山林會報》，第 55 期，1930 年 11 月。
11. 山田金治，〈臺南州新豐郡及び高雄州旗山郡下に見るすはう（蘇木）に就て〉，《臺灣山林會報》，第 61 期，1931 年 5 月。
12. 不詳，〈蘇木〉，《商工彙報》，第 5 期，1931 年 6 月。
13. 神谷生，〈過去二十年間に於ける本島酒類消費の變遷〉，《專賣通信》，第 41 卷第 12 期，1933 年 8 月。

三、報刊

1. 〈酒國一新〉，《臺灣日日新報》（漢文版），1897-03-27。
2. 〈臺灣酒類〉，《臺灣日日新報》（漢文版），1898-08-06。
3. 〈製酒業狀況〉，《臺灣日日新報》（漢文版），1903-09-09。
4. 〈十年來之臺灣〉，《臺灣日日新報》（漢文版），1906-01-01。
5. 〈本島酒釀造額〉，《臺灣日日新報》（漢文版），1906-05-09。
6. 〈隘線之現狀〉，《臺灣日日新報》（漢文版），1906-11-17。
7. 〈製酒者備付一定帳簿〉，《臺灣日日新報》（漢文版），1907-11-10。
8. 〈宜街酒況〉，《臺灣日日新報》（漢文版），1908-02-07。
9. 〈酒類查定石數〉，《臺灣日日新報》（漢文版），1908-03-13。
10. 〈酒家開業〉，《臺灣日日新報》（漢文版），1908-06-11。
11. 〈臺中酒業〉，《臺灣日日新報》（漢文版），1909-05-01。
12. 〈造酒管束〉，《臺灣日日新報》（漢文版），1909-06-10。
13. 〈研究造酒〉，《臺灣日日新報》（漢文版），1909-08-04。
14. 〈臺北街庄（四）〉，《臺灣日日新報》（漢文版），1909-08-31。
15. 〈臺北街庄（六）〉，《臺灣日日新報》（漢文版），1909-09-02。
16. 〈臺北街庄（七）〉，《臺灣日日新報》（漢文版），1909-09-04。

17. 〈選擇稅吏〉，《臺灣日日新報》（漢文版），1910-04-06。
18. 〈酒價標準〉，《臺灣日日新報》（漢文版），1910-05-18。
19. 〈查定酒數〉，《臺灣日日新報》（漢文版）， 1910-06-12。
20. 〈製酒狀況〉，《臺灣日日新報》（漢文版），1911-01-22。
21. 〈本年之釀造界〉，《臺灣日日新報》（漢文版），1911-04-12。
22. 〈嘉義製造酒量〉，《臺灣日日新報》（漢文版），1911-05-26。
23. 〈臺南造酒量〉，《臺灣日日新報》（漢文版），1911-06-04。
24. 〈臺北造酒額〉，《臺灣日日新報》（漢文版），1911-06-07。
25. 〈違犯酒稅規則〉，《臺灣日日新報》（漢文版），1913-02-14。
26. 〈準備始政展覽〉，《臺灣日日新報》（漢文版），1915-04-30。
27. 〈共進會委員〉，《臺灣日日新報》（漢文版），1915-11-26。
28. 〈紅糟製造公司〉，《臺灣日日新報》（漢文版），1916-02-06。
29. 〈酒造業者祝宴〉，《臺灣日日新報》（日文版），1916-06-03。
30. 〈紅糟廉價發兌〉，《漢文臺灣日日新報》（漢文版），1917-01-17。
31. 〈紅酒需要增加〉，《臺灣日日新報》（日文版）， 1919-12-15。
32. 〈臺灣の酒　其名も響の好い　紅酒　滋養に富み經濟的で年產實に二千萬圓〉，《臺灣日日新報》（日文版），1922-01-23。
33. 〈新紅酒の紅梅賣出し〉《臺灣日日新報》（日文版），1922-11-30。
34. 〈專賣酒紅梅　頗る不評判　質も悪いが名も悪い〉《臺灣日日新報》（日文版），1923-03-02。
35. 〈專賣酒中賣行の最も好いのは紅酒　十二年度の三倍に增加〉《臺灣日日新報》（日文版），1925-10-20。
36. 〈第三號紅酒出售〉《臺灣日日新報》（日文版），1925-11-29。
37. 〈紅酒大缺〉《臺灣日日新報》（日文版），1928-02-05。
38. 〈不許發公債買製腦　考慮移出紅酒內地〉《臺灣日日新報》（日文版），1934-01-15。
39. 〈臺灣紅酒移出內地　改正法規則無問題　田端局長在神户談〉《臺灣日日新報》（日文版），1934-01-12。
40. 〈始政四十年記念　臺灣博覽會　要求經費五十萬圓〉《臺灣日日新報》（日文版），1934-08-14。
41. 〈臺北の老紅酒　內地賣出は有望　清水酒課長の談　吉野丸遲れて入港〉《臺灣日日新報》（日文版），1935-02-24。

附　錄

附錄一、酒稅條例與臺灣日日新報出刊日期對照表

法令字號	發布日期	《臺灣日日新報》刊出日期
明治 31 年律令第 17 號	1898.07.19	《臺灣日日新報》1898-07-23
明治 31 年府令 61 號	1898.07.23	《臺灣日日新報》1898-07-26
明治 31 年府令 62 號	1898.07.23	
明治 31 年府令 63 號	1898.07.23	
明治 34 年府令第 8 號	1901.03.19	
明治 35 年律令第 4 號	1902.06.10	
明治 36 年府令第 6 號	1903.01.23	《臺灣日日新報》1903-03-07
明治 37 年府令第 19 號	1904.03.01	《臺灣日日新報》1904-03-12
明治 38 年法律第 1 號	1905.01.13	
明治 38 年律令第 14 號	1905.12.14	《臺灣日日新報》1905-12-15
明治 39 年法律第 31 號	1906.04.10	
明治 39 年律令第 11 號	1906.08.28	《臺灣日日新報》1906-08-28
明治 40 年律令第 6 號	1907.08.31	《臺灣日日新報》1907-09-05
明治 40 年府令第 79 號	1907.10.05	
明治 40 年府令第 80 號	1907.10.05	《臺灣日日新報》1907-10-10
明治 40 年府令第 83 號	1907.10.16	《臺灣日日新報》1907-10-19
明治 40 年府令第 89 號	1907.11.01	《臺灣日日新報》1907-11-06

明治 40 年府令第 90 號	1907.11.01	《臺灣日日新報》1907-11-06
明治 42 年律令第 6 號	1909.12.15	《臺灣日日新報》1909-12-17
明治 42 年律令第 7 號	1909.12.15	《臺灣日日新報》1909-12-17
明治 43 年府令第 14 號	1910.03.09	《臺灣日日新報》1910-03-10
明治 43 年府令第 15 號	1910.03.10	《臺灣日日新報》1910-03-19
明治 43 年律令第 9 號	1910.11.01	
明治 43 年律令第 10 號	1910.11.01	《臺灣日日新報》1910-11-09
明治 43 年府令第 77 號	1910.11.01	《臺灣日日新報》1910-11-09
明治 43 年府令第 78 號	1910.11.01	《臺灣日日新報》1910-11-09
大正元年府令 57 號	1912.12.20	
大正 2 年府令 98 號	1913.11.23	
大正 3 年府令 32 號	1914.05.13	《臺灣日日新報》1914-05-21
大正 6 年律令第 1 號	1917.10.01	《臺灣日日新報》1917-10-04
大正 6 年府令第 48 號	1917.10.01	《臺灣日日新報》1917-10-07
大正 9 年律令第 8 號	1920.08.01	《臺灣日日新報》1920-08-12
大正 9 年府令第 45 號	1920.08.01	《臺灣日日新報》1920-08-11
大正 10 年律令第 2 號	1921.02.25	《臺灣日日新報》1921-02-27
大正 11 年律令第 3 號	1922.05.05	《臺灣日日新報》1922-05-06
大正 11 年府令第 109 號	1922.05.05	
臺灣省行政長官公署令	1946 年	《臺灣省酒類專賣規則》內容比照日治時期酒類專賣令

附錄二、臺灣漢文日日新報酒造稅規則全文

〈就酒造稅規則而言（一）〉

曩者所發佈臺灣酒造稅規則之解釋。世人或不能保無存疑義者。是以記者往訪當局。詢以規則之解釋。茲揭其要點。以供讀者之參考。若合該規則而觀之。蓋信所益者不淺矣。

▲曰酒類者。凡含有酒精分之飲料。總稱之之辭雖皆應課稅然在臺灣製造麥酒。則不課其稅。是葢欲人之奮起而釀造之也。

▲酒精可以勿論。雖不能爲飲料。若混以水。則適爲飲料者。亦照飲料酒之例。而辨理之。惟關於工業用酒精戾稅。今正行妥議。（第一條）

▲酒類之分爲釀造。蒸溜。再制之三種者。蓋爲酒之品位及製造之慣法等其他。計厥便宜。乃於稅率設有等差也。（第二條）稅率之大體。雖以酒精分之多寡。爲其標準而定之者。然釀造酒及再制酒。比諸蒸溜酒。品位優等者爲多。因而酒質亦爲高尚。故其□設有等差也。

▲酒精分之稅率。有二十以下三十以下三十以上之別者。蓋重視需要者之慣習。又酒類與酒類。爲物質的分類者也。

▲曰酒精之容量每一個者。大體與所謂酒精分每一度者同。即指蒸溜水之中。所含酒精分之度數而言者也。（第三條）曰純酒精者。即謂百分之中。百分皆爲酒精者。然究其實際。蓋無百度之酒類也。

▲攝氏檢溫器之十五度。在世界爲平溫度。此平溫度。所以判別物質之膨脹與否也。酒加以溫度則膨脹。膨脹則比重漸輕。（第四條）製造場一個所

云云者。一人有二個所以上之製造場者。須與免許之□件。分別調查。又一個所之製造場。彼跨一公道。或隔一□溝者。應視爲二個所之製造場與否。亦不無議論及之者。然此事于施行規則。別有規定也。（第五條）因民法上之相續。即家督相續。遺產相續等。將承繼酒造業者。不須得新免許。但報明其事。則足矣。

▲彼不因相續。欲承繼酒造業。須得新免許者。爲須調查其承繼者之人格。及豫防脫稅與徵稅費等。而始有此規定也。（第六條）規定酒類之販賣者。每營業場□個所。應行報明者。爲恐販賣者與製造業者。互相結托。以圖脫稅。而欲約束之也。（第七條）規定一個年間。若非製造十二石以上。則不得免許者蓋爲豫防。

自家用酒。五鬥或一石之製造者。爲數孔多。有關於徵稅費之故也。

▲酒類製造業者。爲自己便宜計。不能製造十二石以上之時。雖應課十二石之稅。然爲天災事變。不能製造之時。若有證明。則可免稅。

▲酒精容量。爲二十以下者。則爲製造者計利益也。（稅率參照）（第九條）

〈就造酒稅規則而言（二）〉

▲在本島之藏酒。自來原爲不多。故納稅期使與造石數查定期相近。就每月所售之款。得以納稅。是亦爲造酒業者計便利也（第十條）

▲斟酌貯藏或金融之關係等。若有相當之擔保。則應納之稅。可以寬期。其有根據擔保者。可寬期至三個月。擔保物暫得以土地或某種之有價證券也。（第十一條）雖一旦製爲酒類。經查定之後。應行課稅。然如爲製造味淋及紅酒等。而製成之原料酒。則不課其稅。是蓋爲避二重之課稅也。

▲爲既犯規則不能實查石數之時。則如盡行消費之時。應爲查定證據。（第十四條第十五條）

▲曰粕漉者。以變味酒類。混和上等之粕。更爲濾過者也。而在於此時。若酒量增加。則應行課稅。是蓋欲防彼以粕漉之名。而圖脫稅者之奸策也。（第十六條）原料用酒類。不以之爲原料。勿論應行課稅。然此時則照製成之時。所檢定石數。而課其稅。蓋若不然。其酒減少。則與普通之時。權衡失當。若控除缺減。而爲課稅。則彼經查定之酒。因久爲貯藏。其量缺減者。亦不得不與以如此之恩典也。（第七條）

▲酒母、酒蒲、醪、酒清者。皆爲製成之原料。此等均含有酒精分。故欲離收稅官吏監視之時。則行課稅。是蓋爲防其脫稅故也。（第十八條）

▲爲災害或腐敗。應廢棄之酒。若細逕事實。非爲虛謬。則得免稅。然持出於製造場以外。雖果遇前記之事。然亦不免其稅。是蓋爲在製造場以外。則不能細查其事實也。（第十九條）爲製醋然。而製與造酒同一之醱酵物者。在內地亦恒有之。故若不爲約束。則有脫稅之虞。又於製醋以外。而造酒精醱酵者。亦不能不爲約束也。（第二十一條）

▲酒製造者、販賣者。若不記載於帳簿。則在脫稅之時。難以舉證。爰皆命之調製帳簿也。（第二十三）

〈就造酒稅規則而言（三）〉

▲因欲豫防脫稅。故爲收稅官吏者。對於酒類製造者。或販賣者。其帳簿及書類竝製造場販賣場倉庫麴室等。與夫材料即米蕃薯甘蔗等之原料。製造用之器物類。其他不論何物。許檢查之。或監督上爲必要之處分（第二十四條）

▲爲收稅官吏者。對於酒類製造者或販賣者所有之酒。得使之提出貨樣。而爲檢查者。是亦爲豫防脫稅之故也（第二十五條）

▲搬運酒或可爲酒之醱酵物。在於途中。收稅官吏。亦得檢查之。詢以何來何去。此時若視有脫稅逋稅之虞。則停止其運搬。貨物即酒或可爲酒之醱酵物。及積載之之船車。得爲封印。苟不戒愼。濫破封印。則爲刑法上之重罪犯。此尤營是業者。不得不知也（第二十六條）曰酒甑者。係蒸酒之器械。臺灣人普通稱之爲熬酒桶。欲製造酒甑。應請願於該管地方廳。而受厥許准。若一旦受免許者。欲行相續。則但如酒造業者。將相續之時。繕稟報明。則得繼承之也。

▲此酒甑若非得以上之免許者。或不受製造酒類之免許者。則不得持有之。故不營斯業者。若家有是物。應報明該管廳。託爲保管。或經官檢查不得不爲破毁。然則不製造酒者。若家有酒甑。應行設法。切勿惟物是惜。爲所發見。致幹罪戾。是爲至要也。（第二十七條第二十八條）

▲不受第五條之免許。而造酒者。對其所製石數。照第三條所定。而課以稅金。竝科以稅金五倍之罰金。譬如不受免許。而密造時酒一石。則應課五圓之稅金。竝科二十五圓之罰金。然規則所定。罰金不得不滿三十圓。故

在於此時。應科三十五圓也。該稅金宜即時納清。（第二十八條）

〈就酒造稅規則而言（四）〉

▲製造酒類及酒甑之人。怠於報明相續。或販賣酒類。及已廢業之時。怠於報明者。則處以二圓以上二十圓以下之罰金（第二十九條）

▲受製造酒類之免許者。若帳簿所記載。不爲確實。或隱匿酒類。及有種種不正之行爲。冀免於查定。或有欲免之行徑者。則對於其石數。處以稅金五倍之罰金。而所規定之罰金。又不得不滿三十圓。故雖隱蔽一鬥之酒。亦宜科三十萬之罰金（第三十條）所製之酒。其石數既受查定。譬如腐敗或罹火災。抑爲地震等。有所損害。苟不爲實報。詐少爲多。以冀免稅。而貪不當得之利。仍處以稅金五倍之罰金。而在此時之罰金。亦如前條不得下三十圓（第三十一條）製造酒類者。其所製之酒、〇、醪、酒蒲、酒清等。於未經查定石數之時。爲販賣。或爲質入。抑爲消費。及不受許准。而運出製造場以外者。雖非爲欲免於查定。然亦被處以十圓以上百圓以下之罰金（第三十二條）

▲爲製造酢醪及饅頭或麵包。而製造如酒精醱酵物即醪者。亦須照第二十一條。受厥免許。若不受免許。擅爲製造。或有受免許。而以其醱酵物。付諸他人。或爲質入。抑爲飲料。及不受許准。而運出製造場以外。則課與酒相同之稅。且處以其稅二倍之罰金。該罰金亦不得下三十圓（第三十三條）酒類製造者及販賣者。若隱匿酒之原料品及帳簿書類等。則被處五圓以上三百圓以下之罰金（第三十四

條）

▲酒類製造者或販賣者。其製造或消費之時。若出入之帳簿。記載不實。及應報明政府者。不行實報。或怠於報明。是時則被處三圓以上三十圓以下之罰金（第三十五條）

附記。昨紙本稿中。第二十七條之處。在括弧內。所謂二十七條二十八條者。

係第三十八條之誤也。

〈就酒造稅規則而言（五）〉

▲不問用以製酒。用以製酢。苟以所製之〇、醪、酒蒲、酒清。免於檢查。或欲免之者。則處以三十圓以上五百圓以下之罰金（第三十六條）

▲收稅官吏。若有所質問。不爲實告。或拒其執行職務。抑避忌之。而加以障害者。除處以三圓以上三十圓以下之罰金而外。有刑法正□者。則依刑法罰之（第三十七條）

▲製造酒甑。或藏有是物者。苟不經許可。則被處十圓以上百圓以下之罰金。其酒甑沒收（第三十八條）以上所記犯罪。及犯施行規則者。不用刑法之宥恕減刑。及再犯加重。數罪俱發之例。故雖事有可憫。亦不爲減刑。且數罪俱發之時。各別科刑（第三十九條）

▲酒類製造者。或販賣者。若爲未成年者。或禁治產者。則照本規則及從本規則所發命令之規定。應用於當業者之罰則。科其法定代理人。但於其業務之上。與成年者有同一能力之未成年者。則適用於未成年者（第四十條）酒類製造者。或販賣者。其代理人、戶主、家族、同居者、雇人、及從事斯業者。關於業務。有違反本則及施行規則者。則罰其製造者。或販賣者（第四十一條）

▲對於廢止酒類之製造者。及其相續人。在造石稅完納前。均適用本則（第四十三條）（完）

〈再就酒稅規則而言〉

曩日所揭就造酒稅規則而言之記事。尚有未備之點。茲再補錄如左。

▲關於酒類製造者及販賣者。記載帳簿。及收稅官吏。檢查建築物及材料或帳簿書類其他物件。竝隱匿帳簿及書類之諸罰則。又帳簿之記載。或事實之報告。有虛僞或怠慢者之罰則。及第四十條第四十一條之罰則彼非受造酒免許者。而製造酢醪等。亦可適用之。

▲與本規則施行有關係之白粬紅粬麴等酵母之約束總督得以府令規定之。

▲從來製造酒類酢醪甑等者。在本規則施行後。欲繼續製造。自來十一月起算。在十五日之期間內。不得不請諸地方廳。而受厥許可。

▲從來之販賣酒者。苟欲如前販賣。應自十一月一日起算。五日間以內。報明於廳。以上二項之期間。雖許爲繼續營業。然限於現營斯業者。

▲從來之酒類製造者或販賣者。在本規則施行當時。所積存之酒。應於三十日間以內。以其酒名及石數。報明於該管廳。若在所定期限內。不爲報明。則科以第三條之稅金。

附錄三、《黃氏日抄》紅麴政策榜文

宋・黃震〈六月二十八日禁造紅麯榜〉

米所以救命。酒止於行禮。一日無食則死。百日無酒不妨。故古先聖人拳拳於民。食至重。酒則除。祭祀奉親外。餘皆禁而不飲。後世官司以酒爲利。縱民飲酒糜壞米谷。此已大關世道然。所壞者猶止秫米耳。撫州風俗多飲紅酒。不獨醖釀秫米。又盦壞食米爲紅麯。此事最害民食然。間猶境內之用耳。臨川崇仁接境一帶。如白虎窐。如上城。如馬嶺。如航步。如眾湖等處。專有一等麯戶。壞食米爲紅麯。公然發販與四方民旅。如衢州。龍游遍賣鄰路。之狀是絕本州百姓之性命。以資四遠無賴之狂昏。其爲不仁莫此爲甚然。在常年喫了飽飯。不知天地不顧罪福猶可諉。爲習俗之常。今經大荒。餓死無數。今獲存者皆是更生。此時而不痛革又待何時。備榜五處仰麯戶上畏天誅下畏官法。日下速行改業。別去營生。仍仰都官保正鄰甲。各行嚴戒覺察。如有故違定行徒斷。革没坼屋移徙立。賞錢一千貫。十八界許諸色人。捉造麯器具併見造新麯。到州告首即時支賞。後於犯人名下追解。其餘諸縣。分帖請行禁戢。

宋・黃震〈第二榜〉

到處州郡皆靠酒息。又比元額逓年增添。獨撫州制於抱息。酒戶總一箇大。州府只納得百來貫錢。無他郡十分之一。又是二十年前之額。今時酒價比舊增多少。而納官獨無分文之增。是撫州一郡利源全歸酒戶。縱不得此百來貫。亦初不計利害。今酒戶反敢頡頏驕傲恃此。身爲官司趍辦之人。動輒羣到官司喧鬨。本州近以大荒之後。米穀可惜。自於城外六七十里。航步等五處。禁遞年販泄外州。麯戶壞米爲麯。於在城初無榜文於酒戶。初無妨礙乃亦與麯戶。平日人情稔熟之故。成羣到官横身攔截。欲借酒戶官錢之名。求免麯戶私麯之禁。酒戶自擅。州郡之利。州郡未嘗仰酒戶之息。果何所恃。而自認爲驕子耶。罰不及眾。蕭必達爲倡首之人。疎長枷鎖錮身引押下。盦麯壞米。地頭白虎窯。上城馬嶺。航步眾湖五處。各示眾一日。取各處鄰保及兩都都官已號令。訖狀申如酒戶。向後再有紊煩。定取會鄰州二十年前酒額比對。見今酒額照例增錢。

宋・黃震〈第三榜〉

紅麯壞食米。撫州經此飢荒。人得更生之時。合盡照金谿縣例。以麴麯爲白酒。昨緣請教於寄居尊上程帥。參故於在城酒戶畧開一路。而特禁村市造紅麯之家。今在外者。未必皆盡依官司之禁。而在城者反先犯官司之禁。自早米新熟。盦造已及一月。酒戶若了自店之用。儘已有餘。卻又代爲村市多造。公然販出城外。如此則是本州之禁。村市盦麴專爲在城酒戶等。一網兠盡利源之地。而於愛惜食米。初未有益也。截自八月初一日爲始。並不許酒戶市戶等私盦紅麴。如有已盦造者。須於三五日辟邏了當。莫留遺蹤。初一日以後。有造者並照村市已行約束。賞錢一千貫。許諸色人告首犯人。重斷移徙仍榜九門。自廿五日爲始。並不許人搬販紅麴出城。有犯並根究盦造之家。照前項約束。施行門頭守把軍人。隱蔽縱容重斷開落名粮。

宋・黃震〈咸淳八年中秋勸種麥文〉

太守去歲。特特勸爾農種麥。爾農何故尚多不種。或謂田主以種麥乃佃戶之利。恐遲了種禾。非主家之利。所以不容爾種。不知主佃相依。當養根本佃戶。夏間先收得麥。則秋間有本不至欠租。亦是主家之利。況收麥在四月。種禾在五月初。不因麥遲了種禾。縱使田主不欲多種。撫州無限山坡高地。又因何不種。今年本州禁盦紅麴。既無紅麴須用麯麴。明年麥必直錢。此正是爾農種麥之一機。太守故不敢憚煩。特特再勸。明年太守官滿不復在此。勸爾種麥矣。若又不種。將來萬一天時不測。肚飢無可接濟。莫教思量太守之言。太守勸爾至再其情切矣。幸爾速種毋或失時。

附錄四、傳統酒醬醋釀造方式整理表

附錄 4-1

酒類製作資料，筆者整理，資料來源《齊民要術》，卷七；《事林廣記別集》，卷八；《北山酒經》，卷下。

釀造法	原　料					製作流程							
	稻	麥	稷	黍	菽	浸麴	淘米	蒸米	濾麴	製醪	發酵	上糟	煮酒
神麴餅酒（僕射家法）				●		●	●	●		●	●		
			●			●	●	●		●	●		
	●					●	●	●		●	●		
神麴黍米酒方一				●		●	●			●	●		
神麴黍米酒方二				●		●	●			●	●		
神麴粳米醪法	●					●	●	●	●	●	●		
神麴酒方				●		●	●	●		●	●	●	
河東神麴方				●		●	●	●		●	●		

釀白醪法(皇甫家法)	●					●	●	●	●	●	●	●	
秦州春酒法				●		●	●	●		●	●		
頤酒法				●		●	●	●		●	●		
河東頤白酒法				●		●	●	●		●	●	●	
笨麴桑落酒法				●		●	●	●	●	●	●	●	
笨麴白醪酒法	●					●	●	●	●	●	●		
蜀人作酴酒法		●				●	●	●	●	●	●		
粱米酒法			●			●	●	●	●	●	●	●	
穄米酎法			●			臥漿	●	●		●	●		
黍米酎法				●		臥漿	●	●		●	●		
粟米酒法一			●			●	●	●		●	●	●	
粟米酒法二			●			●	●	●		●	●	●	
粟米爐酒法			●			●	●	●	●	●	●		
白醪酒法一				●		●	●	●		●	●		
白醪酒法二				●		●	●	●		●	●		
冬米明酒法	●					臥漿	●	●		●	●		
夏米明酒法				●		●	●	●		●	●		
朗陵何公夏封清酒				●						●	●		
愈瘧酒法				●		臥漿	●	●		●	●		
䣼酒法				●		●	●	●		●	●		

夏雞鳴酒法				●		臥漿	●	●		●	●		
黍米法酒				●		●	●	●		●	●		
當粱法酒				●			●	●		●	●		
秔米法酒	●						●	●		●	●		
法酒方				●			●	●		●	●		
桑落酒法				●		●	●	●		●	●		
東陽醞法（再加紅麴）	●						●	●		●	●	●	●
酒麴秘方	●						●	●		●	●	●	
白酒麴方	●						●	●		●	●	●	
雞鳴酒	●						●	●		●	●		
李仙醞	●						●	●		●	●		
拙婦甕酒法	●						●	炒米		●	●		
猥酒	●						●	●		●	●	●	
武陵桃源酒法	●					●	●	●	●	●	●	●	
眞人變髭發方	●						●	●		●	●		
冷泉酒法	●						●	●		●	●		

附錄 4-2

醋類製作資料，筆者整理，資料來源《齊民要術》，卷七、卷八；《事林廣記別集》，卷八；《本草綱目》，穀之四。

醋釀造法	原　料					製作流程							
	稻	麥	稷	黍	菽	淘米	蒸米	醪A	醪B	醪C	攪拌	發酵	上糟
治酒酢法		●					炒黑			●		●	
大酢法			●			●	●	●				●	
秫米神酢法一			●			●	●	●			●	●	●
秫米神酢法二（蒸煮）			●			●	●	●				●	●
秫米神酢法三			●			●	●	●				●	●
粟米、麴作酢法			●			●	●	●				●	●
秫米酢法			●			●	●	●			●	●	●
大麥酢法		●				●	●	●			●	●	●
燒餅作酢法		●					燒烤	●				●	
迴酒酢法			●			●	●		●		●	●	●
動酒酢法一									●		●	●	
動酒酢法二			●			●	●		●		●	●	
神酢法一		●					●	●				●	●
神酢法二			●			●	●	●				●	●
糟糠酢法										●	●	●	●
酒糟酢法										●		●	
糟酢法			●							●		●	
大豆千歲苦酒法					●				●			●	

小豆千歲苦酒法			●		●				●			●	
小麥苦酒法		●							●			●	
水苦酒法	●					●	●	●				●	
新成苦酒法一				●		●	●	●				●	
新成苦酒法二			●			●	●	●				●	
麥黃醋		●				浸	●	●				●	
糟醋法										●	●	●	
麩醋										●	●	●	
米醋	●					●	●	●				●	
糯米醋	●					●	●	●				●	
粟米醋			●			●	●	●			●	●	
小麥醋		●				●	●	●					
大麥醋		●				●	●	●				●	

附錄 4-3

醬類製作資料，筆者整理，資料來源：《齊民要術》，卷八；《事林廣記別集》，卷八；《本草綱目》，卷二十五。

醬釀造法	原料					製作流程						
	稻	麥	稷	黍	菽	洗	蒸	製麴	製酵	攪拌	日曬	上糟
醬					●	●	●	拌麴	●	●	●	
食經麥醬法		●				●	●	●	●		●	
生黃豆醬		●			●	●	●	●	●		●	
麵醬法		●				●	●	●	●		●	
大麥醬		●			●	●	●	●	●	●	●	
苑豆醬		●			●	●	●	●	●		●	

造醬法		●			●			●	●		●	
豆油法		●			●	●	●	●	●	●	●	●
大豆醬法		●			●		炒	●	●		●	
小豆醬法		●			●			●	●		●	
豌豆醬法		●			●	●	●	●	●		●	
麩醬法		麩					●	●	●		●	
甜麵醬		●					●	●	●		●	
小麥麵醬		●						●	●		●	
大麥醬		●			●	●	●	●	●		●	
麻滓醬		●			麻			●	●		●	

附錄五、1906 年臺灣總督歲收細目對照表

全文十年來之臺灣（1906-01-01）				總督府府報	
地租	2945523 圓	森林收入	85614 圓	內地稅	4706478 圓
製茶稅	451741 圓	醫院收入	104593 圓	海關稅	1499648 圓
砂糖消費稅	1239834 圓	鐵道收入	1170455 圓	噸稅	12437 圓
礦業稅	28940 圓	囚徒工錢及製作收入	103012 圓	官業及官有財產收入	13283220 圓
契稅	10000 圓	官有地小作料	173858 圓	印紙收入	382720 圓
出港稅	14100 圓	官有物貸下料	7672 圓	諸免許及手數料	4525 圓
織物消費稅	16340 圓	印紙收入	382720 圓	雜收入	108380 圓
輸出稅	387325 圓	諸准許及經理料	4525 圓	官有物拂下代	15786 圓
輸入稅	1112323 圓	稅關雜收入	18465 圓		
船噸稅	12437 圓	懲罰及沒收金	45788 圓		
郵便電信收入	665926 圓	辨償金	21687 圓		
食鹽收入	840050 圓	雜入	22440 圓		
樟腦收入	5195916 圓	物品賣下	12507 圓		
阿片收入	3670194 圓	圖書賣下	3279 圓		
煙草收入	1265930 圓	合計 20013194 圓		合計 20013194 圓	

附錄六、紅酒相關歌謠整理表

附錄 6-1

〈思食病子歌〉

臺灣俗曲集上（臺灣俗曲集中，道光丙戌年；臺灣俗曲集下，光緒丁亥年）

正月桃花開，娘今病子無人知，君今問娘愛食物，愛食山東香水梨。
二月春草青，娘今病子面青青，君今問娘愛食物，愛食生蠔來打生。
三月人播田，娘今病子心艱難，君今問娘愛食物，愛食老酒一大瓶。
四月日頭長，娘今病子面黃黃，君今問娘愛食物，愛食白蜜酸楊桃。
五月人爬船，娘今病子心悶燜，君今問娘愛食物，愛食海澄双糕潤。
六月六毒天，娘今病子心希希，君今問娘愛食物，愛食烏葉紅荔枝。
七月人普施，娘今病子心無意，君今問娘愛食物，愛食漳州鹹酸甜。
八月是中秋，娘今病子面憂憂，君今問娘愛食物，愛食浦南文旦柚。
九月九降風，娘今病子心忙忙，君今問娘愛食物，愛食鴨母焄烏參。
十月人收冬，娘今生子腹空空，君今問娘愛食物，愛食老酒焄雞角。
十一月是冬天，娘今抱子倚床墘，君今問娘愛食物，愛食羊肉焄薑絲。
十二月年頭邊，娘今抱子倚門邊，君今問娘愛是物，愛穿青衣來過年。

附錄 6-2

〈病囝歌〉

（日）片岡巖著、陳金田譯，《臺灣風俗誌》（台北：眾文，1980），頁 279。

正月順來桃花開，娘仔今病子無人知，哥仔今問娘愛食物，要食唐山香水梨。
二月順來田草青，娘仔今病子面青青，哥仔今問娘愛食物，要食枝尾樣仔青。
三月順來人播田，娘仔今病子心艱難，哥仔今問娘愛食物，要食老酒一大瓶。
四月順來日頭長，娘仔今病子面黃黃，哥仔今問娘愛食物，要食唐山烏樹梅。
五月順來人爬船，娘仔今病子心悶燜，哥仔今問娘愛食物，要食海頂双糕輭。
六月順來碌礡天，娘仔今病子倚床邊，哥仔今問娘愛食物，要食旺萊炒豬肝。
七月順來人普度，娘仔今病子無奈何，哥仔今問娘愛食物，要食枝尾酸楊桃。
八月順來是中秋，娘仔今病子面憂憂，哥仔今問娘愛食物，要食蕭壠文旦柚。
九月順來厚葡萄，娘仔今病子心焦燥，哥仔今問娘愛食物，要食老酒焄鴨母。
十月順來人冬收，孩兒落土腹內空，哥仔今問娘愛食物，要食二瓶老酒焄雞公。
十一月順來是冬天，娘仔今抱子倚門邊，哥仔今問娘愛食物，要食羊肉炒薑絲。
十二月順來是年邊，娘仔今抱子靠床墘，哥仔今問娘穿什麼，要穿綾羅要過年。

附錄 6-3

〈病子歌〉

東方孝義，〈臺灣風習〉，《語苑》，18 卷 1 期，頁 23～24、18 卷 2 期，頁 65～66。

正月巡來桃花開，娘仔今病子無人知，君仔今問娘欲食物，要食唐山香水梨。
二月巡田春草青，娘仔今病子面青青，君仔今問娘欲食物，要食枝尾樣仔青。
三月巡來人播田，娘仔今病子心艱難，君仔今問娘欲食物，要食老酒一大瓶。
四月巡來日頭長，娘仔今病子面黃黃，君仔今問娘欲食物，要食唐山烏樹梅。
五月巡來人爬船，娘仔今病子心悶燜，君仔今問娘欲食物，要食海澄双糕潤。
六月巡來碌礡天，娘仔今病子倚床邊，君仔今問娘欲食物，要食旺萊炒豬肝。
七月巡來人普度，娘仔今病子無奈何，君仔今問娘欲食物，要食枝尾酸楊萄。
八月巡來是中秋，娘仔今病子面憂憂，君仔今問娘欲食物，要食蕭壠文旦柚。
九月巡來厚葡萄，娘仔今病子心焦躁，君仔今問娘欲食物，要食老酒焄鴨母。
十月巡來人收冬，娘孩兒落土腹內空，君仔今問娘欲食物，要食二瓶老酒焄雞公。

十一月巡來是冬天，娘仔今抱子倚門邊，君仔今問娘欲食物，要食羊肉炒薑絲。
十二月巡來是年邊，娘仔今抱子靠床墘，君仔今問娘穿甚麼，要穿綾羅要過年。

附錄 6-4

〈病子歌〉

王灝、梁坤明，《台灣人的生命之禮：成長的喜悅》(《臺灣智慧叢刊 19》，台北：臺原，1992)，頁 29～31。

正月算來桃花開，娘仔病子無人知，哥來問娘愛吃什麼？愛吃山東香水梨。
二月算來田草青，娘仔病子面青青，哥來問娘愛吃什麼？愛吃枝尾桃仔青。
三月算來人播田，娘仔病子心艱難，哥來問娘愛吃什麼？愛吃唐山烏樹梅。
四月算來日頭長，娘仔病子面黃黃，哥來問娘愛吃什麼？愛吃紅肉李仔糖。
五月算來顧船渡，娘仔病子面籠黑，哥來問娘愛吃什麼？愛吃鹹菜煮豬肚。
六月算來碌礡天，娘仔病子倚床邊，哥來問娘愛吃什麼？愛吃唐山紅荔枝。
七月算來人普施，娘仔病子心無意，哥來問娘愛吃什麼？愛吃羊肉炒薑絲。
八月算來是中秋，娘仔病子面憂憂，哥來問娘愛吃什麼？愛吃麻豆文旦柚。
九月算來九降風，娘仔病子心茫茫，哥來問娘愛吃什麼？愛吃馬薯炒海參。
十月算來人冬收，孩兒落土腹肚鬆，哥來問娘愛吃什麼？愛吃麻油炒雞公。
十一月算來是冬天，娘仔抱子笑微微，哥來問娘愛吃什麼？愛吃咱子滿月圓。
十二月算來是年兜，娘仔看子白泡泡，哥來問娘愛吃什麼？愛吃麻油甜土豆。

附錄 6-5

〈十月花胎歌〉

郭立誠，《中國生育禮俗考》(台北：文史哲，1971)，頁 144-146。

大家來聽只條代　我今卜來念花胎　養育二字干苦代　乎恁大家朗總知
我今卜來念出聲　勸恁列位朋友兄　我念花胎是有影　恁今著來詳細聽
正月花胎龍眼大　父母有身大受磨　袂食卜吐眞坐掛　眞眞干苦無看活
二月花胎肚員員　一粒宛然那荔枝　田螺吐子爲子死　生子性命治水墘
三月花胎人眞善　父母懷胎干苦年　腳酸手軟歸身變　倒落眠床咳咳千
四月花胎分腳手　肚尾親像生肉留　爲著生子難得求　三分腹肚不時憂
五月花胎分鼻嘴　好物任食都未肥　腳盤宛然那匱水　腰骨親像塊卜開

六月花胎分男女　恐驗胎神兮參滋　三分那是有世事　靜符緊食葛身軀
七月花胎兮煞位　一日一日大肚歸　行著有時大心愧　一個腹肚圓錐錐
八月花胎肚凸凸　早暗代志著知防　這號干苦不敢廣　失頭著叫人罩摸
九月花胎兮振動　爲著病子不成人　花粉減抹歸斗籠　無食腹肚亦未空
一家大小亂直返　各人尚想抄頭毛　摸著查埔說有秧　歡喜趙破三塊磚
生著查某面憂憂　一個面孔打葛球　戥戥彩彩冏從就　無省卜恰人應酬
生了三日做完滿　油飯厝邊倖一盤　戇徍看見塊流涎　治塊想卜食雞肝
三日做了做滿月　油飯無到閣再炊　戇徍愛食不敢說　伸手來塊捻雞皮
滿月做了四月日　戇徍想卜食雞翅　一日無想卜作失　好呆恁廣未朝直
閣無外久做度祭　看見戇徍眞笑科　歡喜有了未曉說　一日親像狗吹螺
一歲二歲手裡抱　三歲四歲塗腳趖　生著查某無省好　驚了別日做彪婆
五歲六歲漸漸大　有時頭燒甲耳熱　就討靈符來乎掛　看到腰子眞受礎
七歲八歲眞肴炒　一日顧伊二枝腳　那是不縛就卜拍　調督即未做青柴
九歲十歲教針子　驚伊四繪去庚糸　一日都著教未是　有嘴廣甲無嘴舌
十一十二發打罵　只去著那學做衫　不通食到卜做媽　手野不八提菜籃
十三十四學煮菜　一塊面棹辨兮來　別日即有好徍婿　不學到時汝著知
十五十六卜返大　驚了塊人去風花　別日卜捧人飯碗　既未將來無收山
十七十八做親成　一半歡喜一半驚　去那有緣得人痛　父母塊伊好名聲
有孝不敢討嫁粧　不孝受氣嫌無物　干乾飼子無論飯　瓊眞起來眞無長
飼著有孝查某子　三分代志返來行　是伊油麻菜子命　提來物件歸大廳
飼著不孝查某子　親成五什人人驚　開嘴著卜討物件　無論多少葉塊行
有孝查某行做前　出山倩人夯龍鐘　報答親恩眞敢用　吩咐鼓吹倩香亭
不孝查昧眞正敢　一箇親像破菜籃　來到卜恰人相罵　少想卜來討麻衫
有孝查某有情份　刁工閣來做三巡　听伊塊哮無宿困　卜硯籃拔報親恩
不孝全無惜本份　無用閣卜想通春　食到汗流無宿回　少想倫侃人衫裙
有孝跪塊一直哮　不孝也無泪滓流　有孝等候燒靈厝　不孝查某嫌箱久
有孝查某來寄庫　不孝偷提馬茶蘇　有孝查某是眞苦　不孝愛食大腸圓
父母痛子在心頭　子孝父母放水流　尋無幾箇想兮到　兮曉順情來行孝
父母生子干苦代　有孝兮人天地知　養育深恩親像海　盡心報答既應該
眾人來聽今著散　聽到既即無因單　乎恁父母耳耳看　心肝親像打算盤

附錄 6-6

〈花胎病子歌〉

郭立誠，《中國生育禮俗考》(台北：文史哲，1971)，頁 147～151。

正月病子在心內　那卜講出驚人知　看著物件逐項愛　沾沾叫哥買入來
卜央人買驚呆世　問娘想食省セ個　セ項買甲歸大下　愛食汝著加治提
二月病子人愛困　三當粥飯無愛呑　思食白糖泡藕粉　叫兄去買一角銀
一碗藕粉泡鄭鄭　白糖趕緊參恰甜　問娘汝是省セ病　面色簡下即年青
三月病子人嘴秤　腳手酸軟烏暗眩　酸澀買甲歸內面　愛食樹梅鹽七珍
我緊行瓦共娘問　面色簡下即青黃　專食酸澀無食飯　想著心頭替娘酸
四月病子人畏寒　趕緊綿裘提來拌　專專愛唾白皮爛　思食竹笋羣鯉干
看娘冥日連連困　粥飯半嘴無愛呑　卜食鯉干羣竹笋　差人恰緊買來羣
五月病子者青慘　愛食仙查甲油柑　姊妹相招來相探　叫咱鴨母群烏參
看娘消產共落肉　嘴爛唾甲歸塗腳　粥飯未食干乾飽　那愛油柑甲仙查
看娘酸澀食袂善　著請先生不通延　我甲今日者看現　腹肚簡兮即大乾
病甲七月野塊病　不時不日思食甜　腹肚一日一日鄭　勸哥不免請先生
斟酌共娘恁看覓　即知娘仔有花胎　頂重下輕行未在　倩人替娘即英皆
八月人野眞干苦　腳酸手軟失袂摸　心肝即遭卜省步　愛食馬薯炒香菰
我緊伐落去料理　加炒香菰參馬薯　嘴仔文文成歡喜　不知汝落治冬時
九月即共君實說　打算敢是落後月　趕緊買菜乎阮配　今日卜食一柯粥
醬瓜群肉好不好　恰鹽不者食不落　後日就有子通抱　免得本成奉笑無
十月倒治眠床內　人眞干若報君知　去叫產婆來看覓　扣那明白通返才
腹內囝仔塊發作　央人共咱叫產婆　看娘束拔眞煩惱　恨咱小人腳手無
產婆來到講野袂　囝仔都野未翻胎　腹肚痛甲花花說　下死都也無辨胚
產婆今來塊等候　扣姊這個第一賢　打算時間亦未到　不通思心目屎流
敢下爲子無性命　阿君汝眞不知驚　腹肚嬌絞倖僥痛　痛甲講話未出聲
廳頭清香燒三支　卜下正神相扶持　是男是女緊出世　不通延踐逞校時
產婆共咱援腹肚　囝仔雖時生落塗　加再神明罩保護　不知查某亦查埔
一時聽著囝仔聲　三步拼做二步行　入來看著即知影　想見替娘著一驚
產婆手勢正實好　囝仔出世威隨落　今生過手無煩惱　問君有水亦是無
今我來去拴燒水　手巾煞提做一堆　著洗恰袂荷遭鬼　生子了後即落威

記得都無一牒久　返才煞塊洗身軀　緊共君仔伊吩咐　衫著加包恰工夫
娘子汝生頭上子　身軀洗好煞和名　實在眞水得人痛　囝仔姓高名金城
囝仔抱來治眠床　昨冥一苦到天光　就緊拴乎產婆返　伊來塊咱歸冥方
紅包我包一百銀　恰袂乎人笑雞孫　小可錢銀永無論　著恰汁來共阮巡
人著做好有補所　頭胎即兮生查埔　雖然緊快袂干苦　腹肚飫甲面卜烏
紅包一百是無罪　產婆相辭就返回　阿針布仔倩人洗　開廚桔餅就去提
一塊桔併做四周　塊腹著煞煮麻油　煞參一杯紅露酒　後日骨頭即袂抽
麻油進前搭來勸　灶腳燒酒歸大缸　煞炒一碗麻油飯　著食面色即袂黃
只款不者好脛婿　不免我講逐項知　拴卜乎我做月內　野未三日雞免刣
炒飯肉酒捧到位　二項排排做一堆　叫娘恰苦食幾嘴　月內無食人未肥
茶古底威捧入內　嵌鍋過帝汗去抬　汝拴桔餅甲炒飯　甘草亦未買入門
甘草央人買百一　煞捧碗頭搭冬蜜　今日十月閏二七　二九通好做三日
開錢無人咱這款　阿君姓高名新元　是咱將前有發愿　著恰進前諒早拴
冬蜜甘草捧到位　湯匙甌仔捧做堆　一下皆看即年水　心肝想著十分開
趕緊叫君收去勸　飼甘草水在眠床　三日那卜銃油飯　浸米著愛五斗缸
人廣諒加無諒小　糯米緊糴十四石　買卦蝦米眞青尺　二九下罩金議燒
三日門好是二九　糯米汝糴十四包　大概按算敢有到　諒加通倖厝邊兜
著買豬油甲味素　買有十斤兮香菰　著尋恰闊兮地所　作三十塊新敢胡
二九親戚來者多　朋友姉妹早交倍　我塊驚恁無工藝　拜託共阮鬪刣雞
人客歸宮全到位　排排坐坐做一堆　看著我子面形水　心肝想著十分開
諒早牲禮準備好　廳頭香燭紅和和　厝邊眞乎我呵老　兮曉共阮鬪伐落
人人欣善咱好命　富貴不達咱兮名　人個只款敢有影　子兒面形親像兄
燒金放炮在吟前　油飯捧出見人倖　門口兮人圍鄭鄭　囝仔大小塊三精
聽見外面下下叫　油飯咱銃十幾石　香菰蝦米參袂小　能逢呵老咱即著
囝仔飫甲哀哀哭　有人食甲鼻那流　一手一丸食無到　走返因厝捧碗頭
外口兩甲下下趙　敢是囝仔底無著　我治房宮想愛笑　按盞手骨簡未燒
有兮歸碗捧塊走　有人脫衫起來包　起嘴擺腳朗來到　雄雄走甲相爭頭
我閣出來皆看覓　青冥允龜亦有來　朗食有著上加再　打算五路通巢知

附錄七、總督府專賣局檔案

字　號	典藏號	文件名稱
專 3525	00100309001	大正十一年度白麴、紅麴製造納付命令
專 2778	00100434005	仝年度紅麴製造命令納付　（大正十三年十一月十二日附）
專酒 2958	00100507004	大正十四年度紅麴委託製造決議
專酒 2721	00100569005	大正十五年度造酒用紅麴樹林酒工場ニ於テ製造決議并本件樹林酒工場長へ通牒
	00100319005	紅麴製造申告書孫進生
	00100319006	紅麴製造申告書黃煙春
	00100319007	紅麴製造申告書陳圭璋
	00100319008	紅麴製造申告書洪賜
	00100319010	紅麴製造廢止ニ付屆出賴永水
	00100319011	紅麴製造廢業屆林佛國
專庶購 414	00101106004	紅麴製造用陸稻粳白米賣買契約
專 2139	00101106005	紅麴製造用陸稻粳白米賣買契約
專庶購 8	00101106006	紅麴仕込試驗用水稻在來種粳白米賣買契約
專庶購 412	00101250004	紅麴製造用陸稻粳玄米賣買契約
專庶購 498	00101250005	紅麴製造用陸稻粳玄米賣買契約
專庶購 724	00101250006	紅麴製造用水稻在來種粳玄米賣買契約
專庶購 565	00101322004	紅麴製造用陸稻粳玄米賣買契約

專庶購 670	00101322005	紅釉製造用水稻粳玄米賣買契約
專庶購 759	11001322006	紅釉製造用陸稻粳玄米賣買契約
專庶購 880	00101426002	紅釉製造用陸稻粳玄米賣買契約
專酒 2045	00100434003	大正十三年度白釉製造納付命令
專 819	00100434004	大正十三年度白釉製造納付命令
專酒 1456	00100507005	大正十四年度白釉製造納付命令
專酒 1087	00100569006	大正十五年度白釉製造納付命令
專酒 963	00100627004	昭和二年度白釉製造命令
專酒 1208	00100572009	特許白釉試驗用トシテ購入
專酒 613	00100687005	昭和三年度白釉製造命令
專酒 726	00100752006	昭和四年度白釉委託製造納付命令
專酒 781	00100811010	昭和五年度酒造用白釉ハ所要量ノ約四割ハ宮前工場ニ於テ製造殘部ハ特許白釉製造所及藤川類藏ニ委託製造方決議
專酒 415	00100884005	昭和六年度白釉製造關係
專酒 426	00100937004	昭和七年度白釉製造納付命令（特許白釉製造所代表者山本富次郎）附昭和六年四月一日附專酒第四一五號ノ一白釉製造納付命令書ニ依リ貸與ノ器具機械返卻方藤川類藏へ通知
專酒 2106	00101881009	速成紅酒製造方決議
專酒 2194	00101882002	大正十一年告示第百０五號酒類及酒精定價中改正
專酒 3119	00101882004	大正十一年告示第百０五號酒類及酒精中改正
專 3076	00100761005	米酒及紅酒ノ製造ニ關スル試驗施行方決議（大正十二年十月十日附）
專庶購 448	00101042006	紅酒製造用長糯玄米賣買契約（昭和九年九月十一日附）
專庶購 148	00101106010	紅酒製造用長糯米購入
專庶購 675	00101106009	紅酒製造用長糯米賣買契約
專庶購 473	00101106007	紅酒製造用長糯米賣買契約
專庶購 609	00101106008	紅酒製造用長糯米賣買契約

附錄八、日治時期大事與酒稅實施對照表

始政（無方針主義）時期（1895 年～1915 年） 1895 年 5 月乙未戰爭～1915 年的西來庵事件爲止		
1895 年 （明治 28 年）	乙未戰爭。	
1896 年 （明治 29 年）	「六三法」實施。 在日「臺灣賣卻論」囂塵甚上。 開始全台戶口普查。	
1897 年 （明治 30 年）	林少貓抗日。 實施鴉片專賣。	
1898 年 （明治 31 年）	兒玉源太郎總督，後藤新平民政長官赴臺就任。 保甲制度、壯丁團設立，以輔助警力之不足。 土地調查業務開始。	課徵地方稅（釀酒與製麴產業繳納營業稅與製造稅）。
1899 年 （明治 32 年）	臺灣總督府醫學校正式成立。 食鹽、樟腦實施專賣制度。	
1900 年 （明治 33 年）	台北、台南開辦公共電話。	
1901 年 （明治 34 年）	頒布臺灣公共埤圳規則。 頒布「臨時臺灣舊慣調查會」規則。	
1902 年 （明治 35 年）	基隆的自來水系統完成	
1903 年 （明治 36 年）		

1904 年 （明治 37 年）	日俄戰爭爆發。	地方稅加徵酒甑稅。
1905 年 （明治 38 年）	土地調查業務結束。 臺灣總督府不再需要接受中央政府的補助。 臺灣實施戶口調查。	調整酒甑稅。
1906 年 （明治 39 年）	嘉義兩度發生地震，死千餘人。 「六三法」改爲「三一法」。 佐久間佐馬太總督到任。	
1907 年 （明治 40 年）	新竹北埔事件。 台北自來水工程開始動工。 理蕃計畫開始。	課徵酒造稅並實施酒麴管制，釀酒廠家產量規定十二石。 酒甑稅取消。
1908 年 （明治 41 年）	縱貫鐵路（基隆至高雄）全線通車。 完成第三座自來水廠。 打狗港（高雄）正式破土建港。	
1909 年 （明治 42 年）	台北自來水工程完工使用。	提高釀酒廠家產量規定二十石。
1910 年 （明治 43 年）	日本國會通過「阿里山森林開發官營案」，決定由官方興建並管理此鐵路。	
1911 年 （明治 44 年）	阿里山鐵路開通。 東部鐵路全線通車。	
1912 年 （大正 1 年）	林杞埔事件。 臺灣總督府新廳舍動工。	
1913 年 （大正 2 年）	台北市開始通行公共汽車（台北～圓山）。	
1914 年 （大正 3 年）	「太魯閣戰爭」理蕃計畫結束。	
1915 年 （大正 4 年）	阿里山鐵路全線完成。 西來庵事件。	
同化（內地延長主義）時期（1915 年～1937 年） 1915 年西來庵事件～1937 年中日戰爭爆發爲止。		
1916 年 （大正 5 年）	嘉義、南投、台中大地震。 蘇花古道開始多次整修拓寬。 興建桃園大圳。	

1917 年 （大正 6 年）		提高釀酒廠家產量規定五十石。
1918 年 （大正 7 年）	中央山脈橫斷公路完成。	
1919 年 （大正 8 年）	頒布臺灣教育令，確立日本在臺的教育制度。 臺灣總督府新建築完成。 臺灣總督府首任文官總督田健治郎到任。	
1920 年 （大正 9 年）	臺灣地方行政制度變更，全島劃分爲 5 州 2 廳，下轄 3 市 47 郡，郡下轄之街庄爲今日鄉鎮之基礎。 嘉南大圳開工。	酒造稅率提升，紅酒稅則從一石五圓贈至十一圓。
1921 年 （大正 10 年）	「三一法」改爲「法三號」。	酒造稅率提升，紅酒稅則從一石十一圓贈至十六圓。
1922 年 （大正 11 年）		實施酒類專賣。 徵收民營酒場。
1923 年 （大正 12 年）	蘇花古道開始整修拓寬完工。	
1924 年 （大正 13 年）		
1925 年 （大正 14 年）	桃園大圳竣工。 臨海公路，爲了使此路能通行車輛施工。	
1926 年 （昭和 1 年）		
1927 年 （昭和 2 年）		紅麴製造僅剩樹林酒場。
1928 年 （昭和 3 年）	總督府設立台北帝國大學。 台北基隆間鐵路開通式於基隆隧道內舉行。	
1929 年 （昭和 4 年）	鼓山車站設站。	
1930 年 （昭和 5 年）	嘉南大圳正式通水啓用。 霧社事件。	
1931 年 （昭和 6 年）		

<table>
<tr><td>1932 年
（昭和 7 年）</td><td>臨海道路（今蘇花公路）竣工。</td><td></td></tr>
<tr><td>1933 年
（昭和 8 年）</td><td>南迴公路開始興工。</td><td>麻栗葉揉出紅色汁液的記載出現。</td></tr>
<tr><td>1934 年
（昭和 9 年）</td><td></td><td>出現臺灣酒回銷內地的建議。</td></tr>
<tr><td>1935 年
（昭和 10 年）</td><td>新竹、台中大地震。
竹南、苗栗地震。
適逢日本統治台灣 40 週年，舉辦始政四十周年紀念臺灣博覽會。
南迴公路竣工。</td><td>臺灣酒回銷內地方式確定可行。</td></tr>
<tr><td>1936 年
（昭和 11 年）</td><td>台北松山機場竣工。</td><td></td></tr>
<tr><td>1937 年
（昭和 12 年）</td><td>中日戰爭起，台灣進入戰時體制。</td><td></td></tr>
<tr><td colspan="3">皇民化政策時期（1937 年～1945 年）
1937 年盧溝橋事～1945 年二次大戰結束。</td></tr>
<tr><td>1938 年
（昭和 13 年）</td><td>實施經濟警察制度，從事物資統制、分配。</td><td></td></tr>
<tr><td>1939 年
（昭和 14 年）</td><td>新高港開工典禮在梧棲舉行。
皇民化、工業化、南進基地化。</td><td></td></tr>
<tr><td>1940 年
（昭和 15 年）</td><td>臺灣第一座交通號誌在台北御成町開始運轉。</td><td></td></tr>
<tr><td>1941 年
（昭和 16 年）</td><td></td><td></td></tr>
<tr><td>1942 年
（昭和 17 年）</td><td></td><td></td></tr>
<tr><td>1943 年
（昭和 18 年）</td><td>盟軍開始空襲臺灣。
實施六年制義務教育。</td><td></td></tr>
<tr><td>1944 年
（昭和 19 年）</td><td></td><td></td></tr>
<tr><td>1945 年
（昭和 20 年）</td><td></td><td></td></tr>
</table>